世界の
行政簡素化政策

レッド・テープを切れ

OECD【編】

山本哲三【訳】

日本経済評論社

経済協力開発機構（OECD）

経済協力開発機構（OECD：Organisation for Economic Co-operation and Development）は，民主主義を原則とする30カ国の先進諸国が集まる唯一の国際機関であり，グローバル化の時代にあって経済，社会，環境の諸問題に取り組んでいる。OECDはまた，コーポレート・ガバナンスや情報経済，高齢化等の新しい課題に先頭になって取り組み，各国政府の新たな状況への対応を支援している。OECDは各国政府がこれまでの政策を相互に比較し，共通の課題に対する解決策を模索し，優れた実績を明らかにし，国内及び国際政策の調和を実現する場を提供している。

OECD加盟国は，オーストラリア，オーストリア，ベルギー，カナダ，チェコ，デンマーク，フィンランド，フランス，ドイツ，ギリシャ，ハンガリー，アイスランド，アイルランド，イタリア，日本，韓国，ルクセンブルク，メキシコ，オランダ，ニュージーランド，ノルウェー，ポーランド，ポルトガル，スロバキア，スペイン，スウェーデン，スイス，トルコ，英国，米国である。欧州委員会もOECDの活動に参加している。

OECDが収集した統計や，経済，環境，社会の諸問題に関する研究成果は，加盟各国の合意に基づく条約，指標，原則と同様にOECD出版物として広く公開されている。

本書はOECDの事務総長の責任のもと発行される。本書で表明されている意見や主張は必ずしもOECDまたはその加盟諸国の公式見解を反映するものではない。

Originally Published in English and French under the titles:
"Cutting Red Tape: National Strategies for Administrative Simplification"
"Éliminer la paperasserie: DES STRATÉGIES NATIONALES POUR SIMPLIFIER LES FORMALITÉS ADMINISTRATIVES"

©OECD 2006
©『世界の行政簡素化政策――レッド・テープを切れ――』Japanese language edition, Organisation for Economic Co-operation and Development, Paris, and Nihon Keizai Hyoronsha Co., Ltd., Tokyo 2007

補遺Ⅰ，Ⅱ，Ⅲ，ⅣⅣは，OECD発行の"Businesses' Views on Red Tape: Administrative and Regulatory Burdens on Small and Medium-sized Enterprises"の主要部分を訳した物であり，日本語版にのみ追加されたものである。

原文英語版から日本語への翻訳は日本経済評論社の責任で行った。

はしがき

　行政負担の削減に向けた政策は，いまや政治の最優先課題の一つとなっている。直接的な国家コントロールの緩和・撤廃ということが，1998年から2003年の間の規制改革の主要なテーマをなしていた。だがいまや，その重点は，貿易，投資，および起業家精神の発展を阻害する障壁の廃止に置かれている。このことは，行政の簡素化が，経済パフォーマンスおよび生産性の改善といった広義の政策でも，重要なテーマとなることを意味している。

　行政簡素化に関して，OECDはすでに2003年にレポート「レッド・テープからスマート・テープへ（"From Red Tape to Smart Tape"）」を発表しているが，このレポートは行政簡素化の話題がまだ目新しかったときの比較的限定された諸国におけるケース・スタディに基礎を置いたもので，その分析対象も行政的規制の簡素化に用いられる手段に限定されていた。だが，行政簡素化への期待は今日ますます膨らんでおり，多くの国で，政府はレッド・テープを削減するため，暫定的な簡素化イニシアティブに代え，より包括的な簡素化プログラムを打ち出すようになってきている。当時は斬新であったワンストップショップのような手段も，すでに多くの国で採用されている。それどころか，いまやOECD諸国では，定量的な手法に焦点を置いた新規の政府計画や政策イニシアティブが実施されつつある。とはいえ，行政簡素化はそう容易ではない。もし行政簡素化のさらなる前進に向け，これまでの経験から教訓を得たいのであれば，このレポートは時宜を得た，価値のあるレポートといえよう。

　近年，行政簡素化に多大な努力が傾けられているが，それは行政負担を削減し，経済パフォーマンスを改善したいというビジネス界からの圧力が強まって

いることによる。行政の効率化および透明性に関し，市民の期待が増大していることもその要因といってよい。行政簡素化の将来にとって重要と思われる問題群を列記すると，以下の通りである。

- 電子政府の問題を含め，こうした簡素化努力は，他の公共部門のパフォーマンスの改善に向けた努力にどのような影響を与えるのであろうか。
- （地方分権により）行政手続の多くが地域・地方に集中した場合，中央政府と下位レベル政府との調整はどのようになされるのか。
- ビジネス環境を一段と改善するため，政府はどんな目標を設定し，達成すればよいのか。
- 行政文化の変革に立ち塞がる障壁はどのようにすればもっと容易に克服できるのか。
- 行政負担の削減努力は，どのようにすれば長期に持続可能とされるのか。

OECDの経済改革レポート，「成長への挑戦（Going for Growth）」（2005年）は，すべての加盟国の政策優先課題をセットで包括しており，経済指標でその大部分を裏づけることによって，構造改革による経済パフォーマンスの改善が可能であることを示している。同レポートでは，九つの加盟国で行政負担と規制負担の削減が，また七つの加盟国で行政改革と規制環境の改善が，優先課題としてリストアップされている。また，同レポートは，経済指標の分析を通して，経済活動を制限するような規制を施している国は，同時にビジネス活動にとって重荷となるような厄介な行政手続を課す傾向にあることを明らかにしている。OECDは10数年前から，製品市場，労働市場の規制改革に関する独自の調査・分析を行っているが，経済的規制と行政的規制のこうした正の相関は，「製品市場規制」の指標が更新された2003年においても続いている。市場アクセスを自由化する改革，また市場活用型の規制機構が果たす役割を高める改革は，経済成長に貢献するばかりか，それと同時に行政手続や行政負担を削減するように思える。規制負担が緩和された環境のなかでは，規制改革は一段と支持されやすくなり，規制と経済成長の間に好循環が生まれることにもなるので

ある。

　本レポートの作成作業は，OECDパブリック・ガバナンス委員会の作業計画の一環として，委員会に設置されている規制管理・改革作業部会によって開始された。本レポートは，Fiorenza Barazzoni, Fabienne Cerri および Glen Hepburn が率いるパブリック・ガバナンス・地域開発局の局長，部長の下で準備され，Rolf Alter の指導と Josef Konvitz の監督のもとで作成された。本レポートの作成過程では Lydia Jorgensen が有益な助言を与えてくれた。また，「規制の質の指標プロジェクト」に携わっている Claire Miguet とその同僚が，国際比較の図・表を提供してくれた。ここに感謝の意を表する。2006年9月18,19日の作業部会の会合における議論に従い，Flemming Norling Olsen がこのレポートの下書きを作成し，Jennifer Stein がレポートの編集と最終ドキュメントの製作に責任を負った。最後になるが，本レポートは多くの国の専門家，政府官僚および作業部会の加盟国メンバーから得た情報に拠るところが多い。関係者に感謝の意を表したい。

目　　次

はしがき　i
概　　要　xiii

序　　章 ……………………………………………………………… 1

第1章　行政簡素化戦略 …………………………………………… 3

　1．簡素化戦略は規制の質を向上させる戦略の一環である　3
　2．規制ルールづくりにおける事前改善措置　10
　　　A．規制影響分析（RIA）　13
　　　B．規制手続のさらなるチェック　18
　　　C．新規規制の流れのコントロール　19
　3．既存の規制負担の事後検討　20
　　　A．簡素化努力の目標設定　20
　　　B．簡素化戦略の定量ベースでの確保　29
　4．簡素化戦略の実行　41
　　　A．簡素化努力へのコミットメント　41
　　　B．規制の簡素化　45
　5．結　　び　51

第2章　簡素化の手段 ……………………………………………… 55

　序　55
　1．電子ベースの配信メカニズム　56
　　　A．伝統的なワンストップ・ショップから集権的な政府ポータ

　　　　　　ルサイトへ　58
　　　　B．電子政府サービスの結合　65
　　　　C．データの共有と標準化　71
　　2．プロセス・リエンジニアリング　75
　　　　A．ライセンス手続の簡素化　76
　　　　B．法令遵守の促進　81
　　3．結　び　85

第3章　簡素化の制度的な枠組み　89

　序　89
　　1．単一目的の組織体　90
　　2．行政簡素化機関　91
　　3．規制改革機関　92
　　4．外部委員会　95
　　　　A．永続的な機関　95
　　　　B．暫定的ないし特別のタスクフォース　97
　　5．多層的な政府間調整　100
　　6．結　び　101

結論と将来の方向性　103

　　1．結　論　103
　　2．将来の方向性　105
参考文献　109

─────────────────

補Ⅰ　調査結果　117

　　1．直接的な行政遵守コスト　117

2．間接的な行政遵守コスト　130
　　3．規制と行政手続の質　131
　　4．規制行政の質　134

補Ⅱ　調査結果の総括 …………………………… 141

補Ⅲ　調査の詳細な説明と調査結果 …………………… 143

　1．調査方法　143
　　1.1　目　　標　143
　　1.2　調査の範囲　143
　　1.3　質 問 書　145
　　1.4　標　　本　146
　　1.5　フィールドワーク　147
　　1.6　回答率と結果の一貫性　148
　2．行政遵守コスト　153
　　2.1　行政遵守コストという用語で何を意味するのか　153
　　2.2　調査で採用したアプローチ　153
　　2.3　主要な調査結果　154
　3．企業の間接的なコスト　166
　　3.1　調査で採用したアプローチ　166
　　3.2　主要な調査結果　166
　4．規制の質　169
　　4.1　調査で採用したアプローチ　169
　　4.2　主要な調査結果　170
　5．規制行政の質　180
　　5.1　調査で採用したアプローチ　180
　　5.2　主要な調査結果　181

補Ⅳ　調査質問書 ………………………………………… 193
　　1．調査実施主体：OECD（後援：参加政府，経済団体代表）　193
　　　セクションA：企業項目　194
　　　セクションB：雇用規制の質　196
　　　セクションC：雇用規制に関する行政対応の質　197
　　　セクションD：雇用規制の行政遵守コスト　200
　　　基礎情報（選択可能）　204

解　　題　207
　　はしがき　207
　　Ⅰ．本書の構成と主要な内容　208
　　Ⅱ．三つの課題　210
　　　1．規制改革と行政簡素化との関連　210
　　　2．遵守コストの測定と行政簡素化の目標値の設定　213
　　　3．電子政府の推進　216
　　Ⅲ．日本は何を学ぶべきか　222
　　　1．行政改革への取り組み方　222
　　　2．ビジネス調査の必要性　224
　　　3．制度・機関の問題点　226
　　おわりに　229

用語解説　235
あとがき　249

目　次　ix

ボックスリスト

　　重要な論点　xxi
　　ボックス1．1　規制の質およびパフォーマンスの改善に向けた2005年のOECDの指導原理　5
　　ボックス1．2　途上国の行政簡素化　6
　　ボックス1．3　ポルトガルの立法・行政簡素化計画（Simplex 2006）　11
　　ボックス1．4　ドイツ，ギリシャおよびイタリアの事前コントロールの強化に向けた新たな法律　12
　　ボックス1．5　有効なRIAの確保に向けたOECDのガイドライン　15
　　ボックス1．6　イギリスの簡素化戦略　29
　　ボックス1．7　標準コスト・モデルを使用している国々のネットワーク　34
　　ボックス1．8　標準コスト・モデルの方法　34
　　ボックス1．9　標準コスト・モデルでのベンチマーキング　36
　　ボックス1．10　ベルギー，フランスの測定努力　39
　　ボックス1．11　規制の簡素化　45
　　ボックス1．12　EU立法の簡素化の促進　50
　　ボックス2．1　電子政府と行政簡素化　57
　　ボックス2．2　電子行政に関するフランスのAdele計画　61
　　ボックス2．3　カナダ，ニュージーランド，およびデンマークのワンストップ・ビジネス・ポータル　62
　　ボックス2．4　韓国の専門的なワンストップ・ポータル　64
　　ボックス2．5　米国の電子政府イニシアティブ　67
　　ボックス2．6　より優れた政府に向けて：電子政府に関するOECDレポート　70
　　ボックス2．7　OECD諸国におけるデータ共有型ソリューションの事例　72
　　ボックス2．8　ビジネス向けICTインフラの調和：ICTAL計画　74
　　ボックス2．9　事例：オランダとデンマークにおけるライセンス手続の容易化　78
　　ボックス3．1　ビジネス規制負担の削減に向けたオーストラリア政府タスクフォースの仕事　98
　　補-ボックス1　行政遵守コストが中小企業に逆進的な影響を与える理由　120

図表リスト

　　図1-1　行政簡素化を担当している政府機関　6
　　図1-2　行政負担を削減する政府計画　9
　　図1-3　主にビジネスに焦点を置いた行政負担の削減努力　23
　　図1-4　ビジネスを起ち上げるのに必要な期間　26
　　図1-5　ビジネスを起ち上げるのに必要な手続の数　27
　　図1-6　行政負担の範囲を評価するのに用いられる調査　30
　　図2-1　行政負担削減のためのテクニック　56

図2-2	ビジネス向けライセンス取得手続の簡素化	77
図2-3	地方政府レベルにおける許認可・ライセンスの見直しと改革：現在進行中の計画	80
図2-4	中央政府レベルにおける許認可・ライセンスの見直しと改革：現在進行中の計画	80
付表1	行政簡素化を担っている政府機関	112
付表2	欧州諸国の標準コスト・モデル	114
補-図1	年間遵守コスト——国別の中小企業1社当たり平均額	118
補-図2	年間遵守コスト——国別の従業員1人当たり平均額	118
補-図3	規制領域別の年間遵守コスト——全調査国の平均値	119
補-図4	企業規模別の従業員1人当たり年間行政的コスト	119
補-図5	企業規模および経済分野が環境遵守コストに及ぼす効果——全調査国の平均値	122
補-図6	経済分野別の年間遵守コスト——全調査国の平均値	123
補-図7	経済分野別の従業員1人当たり年間行政的コスト——全調査国の平均値	123
補-図8	年間売上高との対比で見た総行政的遵守コストの国別比率	124
補-図9	ビジネス・セクターのGDPおよび一国規模のGDPとの対比で見た行政遵守コストの国別比率	126
補-図10	各規制領域で認められた遵守コストの変化	128
補-図11	国別・規制領域別に見た従業員1人当たり年間平均遵守コスト	129
補-図12	雇用規制の間接的コスト——全調査国の平均値	131
補-図13	規制の質——全調査国の平均値	132
補-図14	規制タイプ別の遵守認知度	133
補-図15	規制情報のわかりやすさと一貫性	134
補-図16	行政決定に関する情報入手の効率性および容易さ	135
補-図17	規制領域別に見た企業1社当たりの年間許可申請件数	136
補-図18	規制領域別に見た従業員1人当たりの年間許可申請件数	137
補-図19	国別調査サンプルの大きさ	148
補-表1	サンプルの大きさと国別および規制領域別の回答率	149
補-図20	企業規模別の調査サンプルの大きさ	150
補-図21	経済分野別の調査サンプルの大きさ	151
補-図22	調査時に先立つ2年間の企業業績の指標	152
補-図23	総遵守コスト——国別の企業1社当たりの平均額	155
補-図24	国別および政策領域別に見た内部コストと外部コストの比率	156
補-図25	企業規模別に見た総遵守コストの売上高に占める比率	156
補-図26	国別および規制領域別に見た総遵守コストのシェア	157
補-図27	年間行政遵守コスト——国別および企業別に見た従業員1人当たりの平均額	158
補-図28	年間行政遵守コスト——国別および経済分野別に見た企業1社当たりの平均額	159

目　次　xi

補-図29　企業の観点から見た調査時前2年間の税関連遵守コストの変化　160
補-図30　企業の観点から見た調査時前2年間の雇用関連遵守コストの変化　161
補-図31　企業の観点から見た調査時前2年間の環境関連遵守コストの変化　161
補-図32　規制遵守コストが増大した主要な理由——全調査国の平均値　162
補-図33　規制遵守コストが増大した主要な理由——国別分析　164
補-表2　すべての中小企業（従業員1〜498人）の年間行政遵守コストの推定値（1998年）　165
補-図34　雇用規制によって生み出された間接的な遵守コスト——国別および質問項目別の分析　167
補-図35　企業の観点から見た雇用規制の正規従業員および非正規従業員の必要度に及ぼす影響　168
補-図36　税規制の質——全調査国の平均値　171
補-図37　税規制の質——各国政府がもっとも高い比率で同意・不同意の回答を受け取った質問事項　171
補-図38　雇用規制の質——全調査国の平均値　173
補-図39　雇用規制の質——各国政府がもっとも高い比率で同意・不同意の回答を受け取った質問事項　174
補-図40　環境規制の質——全調査国の平均値　175
補-図41　環境規制の質——各国政府がもっとも高い比率で同意・不同意の回答を受け取った質問事項　176
補-図42　「貴方の事業に影響を及ぼすような新規規制の策定プロセスで政府から協議への誘いを受けていますか」という質問事項に同意した中小企業の比率　177
補-図43　企業の観点から見た規制タイプ別の遵守レベル　178
補-図44　企業の観点から見た企業規模別の遵守レベル　179
補-図45　雇用規制に関する情報を効果的に入手できているか　182
補-図46　税規制に関する情報を効果的に入手できているか　182
補-図47　環境規制に関する情報を効果的に入手できているか　183
補-図48　雇用規制に関する行政決定ないし許認可を効果的に得ているか　184
補-図49　雇用規制に関する行政決定ないし許認可を効果的に得ているか——各国政府からもっとも高い比率で同意・不同意の回答を受け取った質問事項　185
補-図50　税規制に関する行政決定ないし許認可を効果的に得ているか——全調査国の平均値　186
補-図51　税規制に関する行政決定ないし許認可を効果的に得ているか——各国政府からもっとも高い比率で同意・不同意の回答を受け取った質問事項　187
補-図52　環境規制に関する行政決定ないし許可を効果的に得ているか——全調査国の平均値　188
補-図53　環境規制に関する行政決定ないし許認可を効果的に得ているか——各国政府からもっとも高い比率で同意・不同意の回答を受け取った質問事項　188
補-図54　規制領域別に見た企業1社当たりの年間平均許認可申請件数　189

解題-図1　行政簡素化と規制改革の関連　212
解題-図2 a　規制負担のカテゴリー　214
解題-図2 b　標準コスト・モデルの構造　215
解題-図3 a　汎用受付システムの導入率の推移　217
解題-図3 b　業務別の実施率　218
解題-図4　電子政府の実現イメージ　219
解題-図5　橋本政権における行政改革の推進主体　227

概　　要

　行政負担の削減に向けた政策は，いまや政治の最優先課題の一つとなっている。直接的な国家コントロールの緩和・撤廃ということが，1998年から2003年の間の規制改革の主要なテーマをなしていた。だがいまや，その重点は，貿易，投資，および起業家精神興隆に対する障壁の廃止に置かれている。このことは，行政の簡素化が，経済パフォーマンスおよび生産性の改善といった広義の政策でも，重要テーマとなることを意味している。時代遅れの行政規制や質の低い行政規制はイノベーションを阻害し，参入障壁を形成することで貿易，投資，および経済効率に不必要なバリアーを築くおそれがある。行政が経済に負わせるこうした負担は，許認可，申請書類の提出，政府への報告・届出の義務といったかたちで規制コストに関係している。なかでもレッド・テープ（行政形式主義・繁文縟礼）は，とくに中小規模の事業者の重荷になっており，新規企業の起ち上げにディス・インセンティブを与え，起業を躊躇させるおそれがある。こうした効果は，企業により多くのコストを負担させることで，グローバル市場における競争力を弱めることにもなる。それというのも，グローバル市場におけるビジネス競争力は，国内の規制環境，行政環境の効率性によってかなりの影響を受けるからである。とはいえ，規制の完全な停止は，適当な選択肢とはいえない。その解法の鍵は，規制の質に関し厳しい規制改革計画を採用し，規制をそうした質的な基準に見合ったものにすることにある。

　行政の簡素化は，規制影響分析（RIA），パブリック・コンサルテーション（市中協議）などと並び，規制の質を改善する一つの手段である。OECD諸国における行政負担の削減努力は，主にコスト効率面で行政的規制を改善したいという加盟国政府の渇望に駆り立てられたものであった。直接的な行政遵守コストは，規制の遵守に必要な手続やペーパーワークに要する時間と金銭から成

っている。また、規制が企業の生産性やイノベーションを後退させる場合には、間接的ないしダイナミックな規制コストも発生する。行政簡素化には、規制コストの削減という直接的な効果以外に、それを達成するのに用いられる政策措置や規制慣行が同時に行政の透明性、説明責任を高めるという間接的な効果もある。

行政簡素化に関して、OECDはすでに2003年にレポート「レッド・テープからスマート・テープへ」を発表しているが、このレポートは行政簡素化の話題がまだ目新しかったときの比較的限定された諸国におけるケース・スタディに基礎を置いたもので、その分析対象も行政的規制の簡素化に用いられる手段に限定されていた。だが、行政簡素化への期待は今日ますます膨らんでおり、多くの国で、政府はレッド・テープを削減するため、暫定的な簡素化イニシアティブに代え、より包括的な簡素化プログラムを打ち出すようになってきている。当時は斬新であったワンストップショップのような手段も、すでに多くの国で採用されている。それどころか、いまやOECD諸国では、定量的な手法に焦点を置いた新規の政府計画や政策イニシアティブが実施されつつある。とはいえ、行政簡素化はそう容易ではない。もし行政簡素化のさらなる前進に向け、これまでの経験から教訓を得たいというのであれば、このレポートは時宜を得た、価値のあるレポートといえよう。

簡素化の戦略

簡素化戦略の経験は国によって異なる。さまざまな政府システムを所与とすれば、各政府が規制改革で異なる優先順位をつけるのは当然であろう。したがって、規制政策と負担削減に関する動向もまた多様なのである。だが、本レポートで言及されるOECD諸国にかぎっていえば、行政簡素化に関する負担削減政策において、いくつかの重複する動きを確認することができる。

概　要　xv

　本レポートの重要な結論は，行政簡素化は，ますます，それぞれの国の全体的な規制管理システムのなかに埋め込まれつつあるということである。過去において，行政簡素化は，しばしば暫定的な計画，もしくは分野別計画を基礎に企画されてきた。だが，本レポートで言及されるほとんどの国は行政負担を削減すべく，いまやもっと長期的，分野横断的ないわゆる「政府全体的な」アプローチを採っている。いわば行政簡素化は，ますます規制政策の立案プロセスのなかに埋め込まれつつあるのである。こうした簡素化戦略は次の二つの側面に焦点を置いている。一つは，新規規制によって生まれる負担を事前にコントロールする戦略であり（フロー概念），もう一つは，負担の重い既存規制を事後に見直す戦略である（ストック概念）。大部分の国はいまだ規制の事後見直しに重点を置いているが，新たに生じる行政負担を最小化すべく，新規規制の導入や既存規制の見直しに先立ち手続上規制を制御する傾向も着実に浸透してきている。こうした制御は，主に，規制影響分析（RIA）のプロセスを通してなされている。

　RIAの焦点は，特段行政負担の削減に置かれているわけではないが，それは新たに重荷となる規制を取り除くのを援助するといってよい。RIAは，新規規制の提案ないし既存規制の調整に際し，規制目標を実現する均整のとれた政策手段の選択を可能にするが，それにとどまらず，その選択が，透明性，公衆への説明責任，および厳密な分析に基づく規制の決定といった諸制約の下で行われることを保証している。それゆえ，RIAは，かなり透明な規制環境の下で政府の合理的な政策選択を推進することで，規制の制御機能を果たしているといってよい。付言すれば，RIAは多くの場合，政権の中枢に置かれた特定機関によって審査ないし承認を受けている。

　だが，事前の規制ルールを作成することで，規制の管理を改善しようとする試みには限界もある。そうした限界の一つは，潜在的な規制負担の事前の測定値が実際に経験される現実の負担と往々にして異なることにある。こうした問

題に対処するため，規制が意図した効果を発揮するよう，自動的な見直し手続を導入することもできる。こうした制度の下では，規制は実施後，必ず見直されることになる。これにより，規制のパフォーマンスを当初の仮定に対しチェックすることができる。また，いくつかの国は，中小企業への規制の影響を評価する特別措置を講じている。そうした手続のなかには，中小事業者へのインパクトを最小化しつつ，定められた目標を達成できるような規制代替策（オルタナティブ）の評価も含まれている。ほかの手法として，中小事業者の見解を十分に汲み取ることができるよう，特別の相談コーナーを設けるようなアプローチもある。

　行政簡素化においても行政負担の計測が，多くの国で負担削減計画の一大部分を占めるようになってきている。計測の執行（とその後の負担削減計画）の焦点は一般にビジネスに置かれ，中小企業に特別の考慮が払われるケースも多い。だが，それだけではなく，市民や非営利部門など，いわゆる公衆に負わせられる負担についても，それを計測し，削減する動きがある。計測技法の洗練度は国によって異なるが，多くの国が，行政負担の源泉に関し詳細な検討を可能にする洗練度と正確度の高い技法の開発に向け動いているのは明らかである。OECDは，2005年に，22カ国中19カ国の政府から行政負担の削減計画があるとの報告を受けているが，そのなかの14カ国は負担の計測システムを整えており，9カ国は負担削減の数値目標を設定している。

　多くの国の計測システムは，オランダで開発され，その後他の国々で導入・改修された標準コスト・モデル（SCM）にその基礎を置くものとなっている。いくつかの欧州諸国は，2003年に，行政負担を計測するとき同一の方法的なアプローチを用いることを確約した非公式なネットワーク，すなわちSCMネットワークを形成した。このネットワークは，オーストリア，フィンランド，ドイツ，アイルランド，ラトビア，ルクセンブルク，イギリス，ノルウェー，スウェーデン，デンマーク，ベルギー，フランダース（ベルギー），オランダ，

フランス，ハンガリー，イタリア，チェコ，ポーランドおよびエストニアで構成されている。SCMは，単一の規制義務がビジネスに負わせる負担を計測するため，当該規制に関する法律をいくつかの情報提示義務に分解することになる。このモデルの持つ力は，単に行政負担ないしコストがその詳細にわたり高度なレベルで計測されるというだけではなく，政策領域全般にわたり首尾一貫した数字が得られるところにある。加えて，このモデルを採用することで，政府は負担削減の数値目標を設定し，長期にわたり簡素化政策がどの程度目標に向け前進しているかを計測できることにもなる。

簡素化の手段

簡素化手段を用いる目的は，規制によって影響を受けている人々が費やす時間と資源を削減できるよう，政府の情報義務管理を改善することにある。実際，簡素化手段は，それにより，政府が広範な簡素化戦略を実行できるメカニズムを与えてくれる。また，それらは行政的規制の透明性，説明責任を改善する効果をも有している。

行政負担を削減するため，多くの行政簡素化手段——ワンストップ・ショップ，プロセス・リエンジニアリングなど——がいまもOECD諸国の間で使用され続けている。最近のこの分野でのイノベーションは，簡素化のプロセスを促進するため，ますます情報技術を用いるようになってきている点にある。こうした簡素化手段は，組織や物理的施設の創設というより，電子政府を介して，すなわちウェブ・ベースの配信プラットフォームを通して盛んに利用されるようになってきている。

だが，こうしたIT化は，省庁および政府機関の間で調整問題を引き起こしており，電子政府によるサービスが近い将来「政府全体の」アクセス・ポイントの提供に連結される可能性について問題を提起している。加盟諸国で発展を

みた簡素化の削減手段や削減計画の多くは，中央政府レベルでの行政負担の削減に重点を置いているが，こうした動きは下位レベルの政府でも問題になってきている。下位レベルの政府もまた，自らがビジネス関係者や市民に負わせている負担に考慮を払うようになってきており，中央政府のレベルで開発され，実験された簡素化手段を，それに手を加えながら利用するに至っている。

簡素化手段の焦点は，必ずしも行政負担の削減を実現する電子的手法の利用にかぎられるわけではない。ライセンス手続の簡素化を含むプロセス・リエンジニアリングは，いまも加盟国の行政負担を削減するのに重要な役割を演じている。また，簡素化手段の焦点は中央政府に置かれる場合が多いが，下位レベルの政府がビジネス関係者や市民に負わせている負担の削減にもっと重点が置かれてもよい。法令遵守の促進は，簡素化のためのもう一つの重要な手段である。こうした領域でのイノベーションには，これ以外にも不必要な検査・監査ないしデータ提出義務を削減する，いわゆるリスク・ベースのアプローチ，中小企業の負担削減基準の修正，企業向けの助言制度の強化などがある。加えて，新規の法律や規制措置を施行する前に十分な通知期間の確保するというのも，こうした手段の一つといえよう。

ベスト・プラクティス：簡素化および負担削減のツール・キット

本レポートの議論は，OECD諸国が採用している行政負担削減のための一連の手段およびアプローチに分析の焦点を当てている。加盟国によって採用されている簡素化の戦略や手段は，その目的，その国の歴史，および行政文化に応じて多様である。とはいえ，これまでに用いられてきたさまざまな簡素化手段を要約することは可能であり，そこからベスト・プラクティスを抽出することができる。それを一覧表にして示すと，以下の通りである。

・行政負担を事前に測定すること。また，この情報を用いて事後の負担を追跡し，負担原因を究明すること（しかしながら，利用可能な計測手法は多

様でありうる)。
- 規制影響分析（RIA）を推進すること。行政負担度の予測情報は、ますます、新規規制の導入前になされる RIA に包括されることになろう。
- 負担削減の目標（値）を設定すること。これは簡素化を推進するために用いられているが、それにとどまらず、簡素化の前進を監視し、簡素化と負担軽減の勢いを維持するためにも有益である。
- 非常に負担の重い規制措置については、政治がこれを監督すること。
- 規制をコード化すること。これはいまもなお重要な簡素化手段として取り組むべき課題である。
- 情報技術（IT）を利用すること。IT は、例えば、データの共有、ライセンス取得手続の簡素化などにより、負担削減の重要な手段となる。
- 削減結果を伝達・広報すること。計測は、簡素化がどこまで進んだかを示すことで、削減計画の前進を促すことができる。

制度的な枠組み

　上述の2003年のレポートは、OECD諸国が行政簡素化を推進・達成するために設置している多様な組織形態を議論しているが、そうした組織は現在も存続している。すべての国に適正であるような単一組織モデルは存在しない。なぜなら、こうした組織は、各国の政治・法制度に従い、またその政府の目的や政策優先順位に従い、選択されているからである。だが、最近の傾向を見ると、行政簡素化のための組織は次のような動向と方向性を示しているといってよい。
- 行政簡素化に対する責任を、より広い範囲で規制の質に責任を負う政府機関ないし組織に包括する動きが強まっている。そうした政府機関は、多くの場合、省庁や規制機関によってなされる規制影響分析の質に対しても責任を負っている。
- 外部に設けられた第三者機関（委員会、タスクフォース）が、これは永続的である場合も暫定的である場合もあるが、行政簡素化の勢いを維持する

うえで重要な役割を果たしつつある。こうした外部機関の存在は，簡素化努力に向け強力な政治的支持がなされていることを示している。また，外部機関は，多くの場合，比較的短期間に，具体的な提案および勧告を出せるようになっている。
- 国内の中央・地方政府の間だけではなく，欧州連合（EU）レベルにおける加盟国の間でも行政簡素化の調整がなされなければならず，いわば多層的な政府間調整への考慮がますます重要となってきている。こうした傾向は，すべての管轄主体で行政簡素化（および規制の質の改善）の必要性が認められている証左でもある。

将来の方向

多くの国で，行政簡素化と負担削減計画は，今後ますます，より広範な規制の質の管理システムのなかに埋め込まれていく可能性が高い。このことは，行政簡素化計画の将来の動きを展望するとき，二つの方向性があることを意味している。
- 一つの方向として，行政簡素化は，今後独自の課題として見なされなくなり，むしろ規制の質を改善する一般的な規制改革計画のなかの一目標とされるようになろう。
- もう一つの方向として，行政簡素化は単に規制の質の改善と同義なものとなる可能性もある。質の高い規制は，ますます行政負担を最小化する規制と見なされるようになるからである。

こうした方向は，政府に検討すべき課題をもたらす。重要な検討課題は，簡素化と他の規制改革措置との間の適正なバランスを確認し，それを実現することにある。これは重要な問題である。なぜなら，政府は有限な資源（財政，人材，政治的な資源：capital）をさまざまな改革に適正に配分しなければならないからである。行政簡素化は，経済・社会的により大きな利益をもたらすような他の改革から，場合によってはもっと根本的な改革からもエネルギーを逸ら

すおそれがある。行政簡素化計画は，厳密な意味では，規制改革計画の代替物ではない。例えば，負担の重い規制が生み出されないようにするため，規制影響分析にどの程度の政府資源が配分されるべきなのか。もしくは，既存の規制ストックがビジネスに負わせている負担を削減するのに政府資源が配分されるとして，それはどの程度なのか。行政簡素化はこうしたことに配慮しながら進めなければならないのである。

政府は，この間，自国の目標や優先事項をベースにそうした選択を行ってきた。だが，行政簡素化と規制改革との間にどのように政府資源を配分するかという問題は，近い将来，ますます重要な課題になると思われる。なぜなら，本レポートで観察される，より洗練された計測手法の開発，コンサルテーション機会の増加，および電子政府サービスにおける配信プラットフォームの構築の動きなどから明らかなように，行政簡素化計画はますます行政資源を節減し，活用する方向に向かっているからである。

中央政府は，地方政府のような下位レベル政府の簡素化計画を，自らの行政簡素化と規制改革プロセスのなかにきちっと組み込むことができるよう，そのやり方を検討する必要がある。従来，行政簡素化計画は，主に中央政府から発せられる規制に重点を置いてきた。だが，ビジネス関係者および市民にかなり大きな行政負担や義務を負わせている点で，地方政府がその責任の一端を担ってもよいのである。

重要な論点

- 行政の簡素化と行政負担の削減は，OECD加盟国の最優先課題の一つになっている。
- 多くの国で，行政簡素化に関わる計画は，ますます，より範囲の広い規制管理システムのなかに埋め込まれつつある。したがって，簡素化計画は暫定的ないし分野別計画からより包括的計画へと発展を見ており，多くの場合，「政府全体的な」取り組みとなっている。この行政負担の軽減は，より優れた法案作成の一部であるべきである。より優れた法案作成という目標も，行政文化をより責任のある，サービス

指向型のものに変えるのに貢献するからである。
- 他にも次のような傾向が明らかに存在する。
  * 簡素化政策の重点は一般にビジネス関係者に負わせている負担の削減に置かれているが（中小企業に特別に重点が置かれる場合も多い），次第にコミュニティーのなかの市民等に負わせている負担にも考慮が払われるようになってきている。
  * 負担の定量化，負担軽減に向けた証拠ベースのアプローチがますます重要になってきている。また，その手法は一段と洗練され，負担の詳細にも眼が向けられるようになっている。計測は，負担をその原因にまで遡って追跡するのに用いられている。
- 行政簡素化の手段という意味では，ワンストップ・ショップなどの伝統的な手段を支援するために，電子政府化が促進され，ウェブ・ベースの配信プラットフォームが多用されるようになってきている。
- ライセンスの数の削減――とくにビジネス側に求められるライセンスの数の削減――は，多くの国で負担削減の重要な手段であり続けている。
- 行政簡素化の実現に用いられる制度や組織構造という意味では，あまり目立ったイノベーションはない。だが，簡素化をより広範な規制管理システムのなかに埋め込むという一般的な傾向に沿って，行政簡素化を，規制の質に責任を負う政府機関が担うべき責任の一つとして，そこに包括する傾向もある。
- ビジネス側は行政負担を，全体として，規制の一部と見なしている。政府の課題は，レッド・テープの削減努力の結果を国民に知らせることにあるが，削減されるレッド・テープは，総遵守コストのほんの一部でしかないかもしれない。
- 本レポートで観察される行政簡素化の傾向や動きは，将来簡素化計画を進めるにあたり，いくつかの重要な検討課題を提起している。
  * 結果が出るまでどのくらい期間がかかるのか。現実的な目標をどのように設定するのか。
  * 政府は，行政簡素化計画に必要とされる政府資源をどのように見積り，簡素化計画とより広い範囲を覆う規制改革目標との間で，政府資源をどのように配分するのか。
  * 簡素化努力をどのように下位レベルの政府に拡大するのか。また，その場合，政府による政府の規制をどのように行うのか。

序　章

　複雑かつダイナミックな経済社会は，新たな規制の作成，既存規制の更新・改正を不断に必要とする。政府は，行政負担を削減する意思は持っているものの，不断に規制を生み出さざるをえず，それはまたビジネス界や公衆に新たな行政負担を生む。多くの規制コストが，許認可申請の手続，行政に提出する必要書類の作成，報告・届出の義務，および検査への備えといったかたちで，事業者や公衆に課されているのである。

　こうした行政負担は上昇する傾向にあり，これへの取り組みの失敗は，その国の規制当局にも影響を与えかねない。行政的規制による負担が不合理と見なされるようになると，遵守率が落ち，一般の遵法レベルも低下し，政策目標を達成する手段としての規制の有効性を危険にさらしかねない。時代遅れの規制や政策目標を達成するにはデザインが貧しい規制は，イノベーションや事業参入を阻害し，貿易，投資および経済効率に不必要な障壁を生み出すことになる。レッド・テープは，とりわけ小規模事業者にとって煩わしいものであり，新規事業の起ち上げを阻害するおそれがある。こうした効果は，グローバル市場で事業者により多くのコストをかけさせることになる。グローバル市場では，ビジネスの競争力は，国内の規制・行政環境の効率性によって，かなりの影響を受けるからである。

　規制の完全な停止は，適当な選択肢とはいえない。その解法の鍵は，規制の質に関し厳しい規制改革計画を採用し，規制をそうした質的な基準に見合ったものにすることにある。また，既存規制の定期的な見直しも，必ずやこうした

新たな規制の流れを補完することになるであろう。

　行政の簡素化は，10年前に規制改革のコアをなしていた民営化や規制緩和といった問題よりも，もっと視界がきく，可視的な問題である。簡素化努力は，より広範囲にわたる規制の質の管理をめぐる問題のなかに埋め込まれており，根本的な規制改革を側面から補うものである。いわば，長期的には，包括的な規制改革計画こそ重要であり，それが適正にデザインされ，施行されれば，独自に行政簡素化計画を立てる必要性は減じるものと期待される。

　本レポートは，加盟諸国における行政負担の削減に向けた努力を扱うが，とくにこの政策課題のうち三つの重要な要素を採りあげ，それについて論及する。したがって，本レポートは次の三つの章で構成されることになる。
・第1章では，加盟諸国が採用している簡素化戦略を検討する。すなわち，広義の意味で，簡素化政策とは何か，また政府を簡素化政策に駆り立てているものは何かを検討する。
・第2章では，第1章で述べた戦略を実現するのに用いられている手段をより具体的に検討する。
・第3章では，簡素化という政策課題を追求するのに用いられる制度ないし組織構造について検討する。

　ここで得られた結論は，加盟諸国の簡素化努力が今後向かうであろう次のステップないし方向を検討するうえで，有益な指標となろう。

第1章　行政簡素化戦略

　行政の簡素化は，多くの国々の規制改革政策，さらにはより広範囲にわたるパブリック・ガバナンスに統合される包括的な改革の一部を構成するものである。簡素化戦略は次の二つの側面に問題の焦点を置いている。一つは，新規制によって生まれる負担を事前にコントロールする戦略であり（フロー概念），もう一つは，負担の重い既存規制を事後に見直す戦略である（ストック概念）。いくつかの国はすでに強力な事前戦略を有しているが，いまだ既存規制の事後的な見直しに簡素化努力を傾けている国も多い。とはいえ，上述の二つの戦略は相互排他的なものではない。両戦略を同時に用いている国もあるのである。

1．簡素化戦略は規制の質を向上させる戦略の一環である

　行政負担の削減努力は，多くの場合，より包括的な規制の質を向上させる戦略の一部と見なされている。たいていのOECD加盟国は，国際的に合意された基準に従い，政府規制の質を改善しようとしている。その国際的な基準は，質の高い規制を確保するため，ダイナミックで持続的な，いわば政府が一丸となって改革に取り組む「政府全体的な」アプローチを採っている。こうした基準の概要は，2005年のOECDレポート，「規制の質およびパフォーマンス向上のための指導原理（Guiding Principles for Regulatory Quality and Performance）」で説明されている。現在，OECD諸国は，規制政策の意思決定を改善し，規制の質を確保するため，規制の質を向上させる一連の手段を採用している。行政簡素化は，規制影響分析，パブリック・コンサルテーション，もしくは規制代替策と並ぶ，そうした手段の一つである。

行政の簡素化は，行政的規制を見直し，簡素化するための，いわば規制の質を改善するための一手段である。行政的規制はペーパーワークと正規の手続からなり，それを通して政府は情報を収集し，個々の経済主体の決定に介入することになる。行政的規制は，市場の決定に直接介入する経済的規制とは異なるものであり，公共の利益を保護する社会的規制とも異なるものである。

OECD諸国における行政負担の削減努力は，主に行政的規制の費用対効果を改善しようという渇望に駆り立てられたものである。行政的規制は，ビジネス関係者や公衆に直接的かつ間接的にコストを課している。したがって，この目標の達成に向け適用された措置や手続は，同時にまた行政の透明性や説明責任の向上にもつながることになった。直接的な行政遵守コストは，規制を遵守するのに必要な正規の手続やペーパーワークなどに費やされる時間および金銭から成っている。これに対し，間接的かつダイナミックな遵守コストは，規制が企業の生産性を下げ，イノベーションの機会を減じるときに発生する。

簡素化戦略とは，政府が，規制の利益を損なうことなく，市民やビジネス関係者との取引（transaction）を一段と効率化するため，行政的規制を見直し，簡素化することを意図したものである。こうした戦略のなかには，時代遅れの，矛盾の多い規制条項の廃止，行政的規制のガイドラインの改正，行政的規制の影響を計測する手段の導入，および行政負担を削減する新たな手段の導入などが含まれている。また，簡素化戦略は，行政的コストがその便益に比例しておらず規制を正当化できないときには，そうした規制の見直しを，場合によっては廃止を含意している（比例性の原則）。

行政の簡素化は，規制の質の改善で重要な役割をはたす。上掲書「規制の質およびパフォーマンス向上のための指導原理」も，そのなかで行政負担削減の必要性について特別に言及している。その第二原理は，加盟国政府に対して次

のような助言を行っている。
- 「経済効率の向上を刺激する政策の一部であることを明確にしつつ，市民およびビジネス関係者に負担をかける行政的コストを減らすことを目的に，規制によって影響を受ける人々の総負担を最小化すること」
- 「他方で規制の便益を考慮しながら，規制の総負担を計測すること」（ボックス1.1）。

ボックス1.1　規制の質およびパフォーマンスの改善に向けた2005年のOECDの指導原理

1. 政治のレベルで，明確な目的と実行のための枠組みを備えた，広範囲にわたる規制改革計画を採択すること。
2. 変化する複雑な経済・社会環境のなかで，意図した目的を効率的かつ効果的に実現できるよう，規制の影響を評価し，規制を体系的に見直すこと。
3. 規制の実行に責任を負う規制機関を整備し，規制と手続の透明性および無差別性を確保すること。
4. 必要ならば，競争政策の範囲，有効性および執行力を見直し，強化すること。
5. すべての産業分野で，競争を刺激し，効率性を向上させるような規制を設計し，規制が広く公共の利益に役立つには最上の手法であることを示す明白な証拠がある場合を除き，経済的規制を廃止すること。
6. 継続的な自由化を通して，貿易および投資に対する不必要な規制障壁を廃止すること。また，規制プロセスの至るところで市場開放を考慮し，それを規制プロセスのなかによりうまく統合すること。そうすることで，経済効率の向上，競争力の強化が可能となる。
7. 他の政策目標との連関を確認しつつ，規制改革をサポートするようなやり方でそうした目標も達成されるよう，諸政策を策定すること。

OECD諸国では，行政の簡素化は，政府の規制改革政策，さらにはより包括的な政府の行政改革計画に統合され，その一部を構成している。規制影響分析，パブリック・コンサルテーション，および規制代替策の検討と並び，法令遵守に要する負担の削減措置は，規制の意思決定を改善する作業の重要な手段となっている。行政簡素化政策は広義の規制の質に関する問題に埋め込まれつつあるが，こうした傾向は，多くの国で，簡素化を負託される政府機関が同時に規

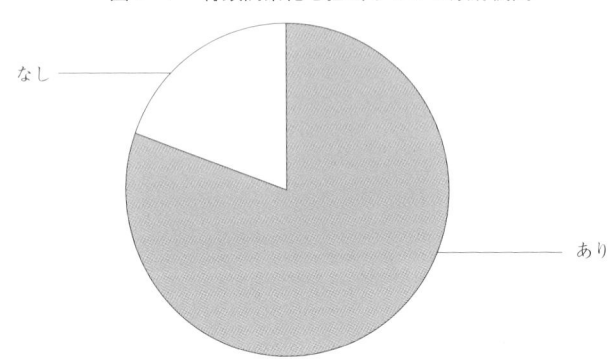

図1-1　行政簡素化を担当している政府機関

出典：OECD（2005年），負担の測定に関するOECD調査の回答から作成。

制影響分析やパブリック・コンサルテーションといった規制の質の問題を担当し，それに責任を負う機関になっていることに反映されている。これは，2005年のOECDレポート「負担の計測に関する調査（OECD survey on burden measurement）」の調査対象とされた20カ国にも当てはまる（図1-1および付表1を参照）。

　企業および市民に対する行政負担の軽減は，ほとんどのOECD諸国にとって断固として取り組むべき政治的な課題をなしている。途上国もまた，政府サービスの改善，政府と市民との対話の促進，および競争力の改善を目指し，行政簡素化イニシアティブを立ち上げている（ボックス1.2）。

ボックス1.2　途上国の行政簡素化

　政府の正規の行政手続は膨大かつ複雑であるため，経済全体に大きなコストを課す可能性があり，このことが経済発展の重大な障碍となりうる。こうした行政負担は，国際的にも，諸国間の競争力と国内透明性の度合いを示す指標であると見なされている。そのこともあり，現在，多くの途上国は，行政負担の削減や市場競争，貿易，および投資の条件の改善を求めるビジネス側の要求に応えるだけではなく，政府サービスの提供（delivery）や政府と市民との間の相互交流を改善するために，行政簡素

化戦略を立ち上げている。

　行政の簡素化は，途上国においても重要なテーマとなりうる。というのは，そこでは伝統的に始末に終えない非効率な官僚制度がはびこっており，規制もきわめて複雑なものになっているからである。途上国も，透明性，説明責任，および効率性を包括したより広義の政府ガバナンス改革のなかで規制改革計画を立ち上げているが，それはつい最近のことで，改革は緒についたばかりである。

　行政改革の制度機構，政治的な優先課題ばかりか，その出発点すら異にするのに，OECD加盟国と非加盟国の間にはかなりの類似性が見られる。行政による遅延を避け，政府の情報管理を改善するために，また行政と市民との関係を良好なものに変えるために，類似した慣行や手段が採用されているのである。

　行政簡素化の戦略問題に関し，政策対話や政府能力の向上に向け，強固な基盤が創設されてきている。

　2005年には，「規制改革の総合チェックリスト（Integrated Checklist on Regulatory Reform）」がOECD加盟国とAPEC諸国によって承認され，規制，競争，および市場開放を推進する政策手段として利用されるに至っている。

　2004年の「死海閣僚コンファレンス（Dead Sea Ministerial Conference）」は，OECD-UNDP（国連開発計画）の「開発イニシアティブに向けた優れたガバナンス（Good governance for Development Initiative）」を立ち上げる契機となったが，そこでアラブ諸国は，電子政府と行政簡素化を公共セクターの改革目標を達成するために政府が努力を集中的に傾注しなければならない二大領域であることを確認している。国のアクション・プランと地域のアクション・プランの輪郭を定めるために暫定ワーキング・グループが設置され，ドバイとアラブ首長国連邦がこれを主宰し，イタリアと韓国がこれを補佐している。

　アラブ諸国は，行政簡素化に向け一段と努力を注いでいる。電子政府の諸手段の普及は，行政簡素化，公共セクターのイノベーション，および政府と事業者・市民との交流の促進剤と見なされ，重要な戦略的要素として位置づけられている。
・エジプト：ビジネスにかかるコストを削減するために，政府組織のなかでビジネスに関連する行政手続を調査し，そのリエンジニアリングに際し，電子政府のサービス提供機会に特別な考慮を払っている。
・レバノン：行政改革および行政簡素化が改革の最優先領域とされ，行政簡素化のテクニックを下位レベルの政府に適用するため，ベイルートの自治体でパイロット計画が提案されている。
・チュニジア：ワンストップ・ショップのような一連の行政簡素化手段がすでに適切に実施されているが，こうした政府行動は，新規企業の創設・発展を推進するために，規制の枠組みを改善・簡素化することにその優先課題を置いている。ま

た，改革を調整し，実行力を高める努力も引き続きなされている。

行政の簡素化を継続的に，しかも一定の速度で進めることが，その成功にとって欠かせない。このために，次のような数多くの条件，優先事項，および課題が，OECD加盟国と途上国の間で共有されている。
・行政改革に向け政治的なリーダーシップを打ち立て，政府がコミットメントすること。
・国家戦略とそれを執行する適正な組織構造および調整機構を確立すること。
・行政の意思決定プロセスとその司法審査の枠組みを構築するため，行政簡素化の骨組みを構築し，行政手続法ないし他の行政訴訟手続を導入すること。
・新たな行政負担の導入を避けるために，事前評価制度（例えば，RIA）を導入し，優先事項の確認に向けコンサルテーション手続を整えること。

効果的な執行，高い遵守率，そして納得のいく結果を確保するための政府の努力は，深いところで伝統的な行政文化に変化を呼び起こす。とくに，適正な資源配分，政府の能力形成，および先進国と途上国との間の行政慣行の交流や政策対話のためのネットワークの創設を通して政府が努力する場合に，これは顕著となる。

このように先進国，途上国を問わず，多くの国が行政簡素化政策を展開しているが，この政策に与えられる重要度は，国によってさまざまである。フィンランドや日本のような国では，こうした政策は，より広い範囲にわたる規制改革政策のなかのかなりマイナーな構成部分にとどめられている。だが，他の国では，行政の簡素化は規制改革努力の重要な要素となっている。例えば，オランダ政府は，規制の質に関わる政策課題においてビジネス関係者に対する行政負担を削減すべきことを強調している。また，米国は，行政簡素化を促す費用便益分析の厳密な適用を通して規制の質を改善することに重点を置いている。さらに，カナダも，行政負担を重要な改革領域としているが，それを規制改革とは別個の目的を有する領域とは見ていない。より優れた規制は最終的により優れた政策結果（outcome）につながるが，簡素化政策はそうしたより優れた規制に向かうため要素の一つなのである。

OECD諸国は，行政負担の削減に向けさまざまなアプローチを採用している。ニュージーランドやオーストラリアのような国は，強力な事前コントロールに

図1-2　行政負担を削減する政府計画

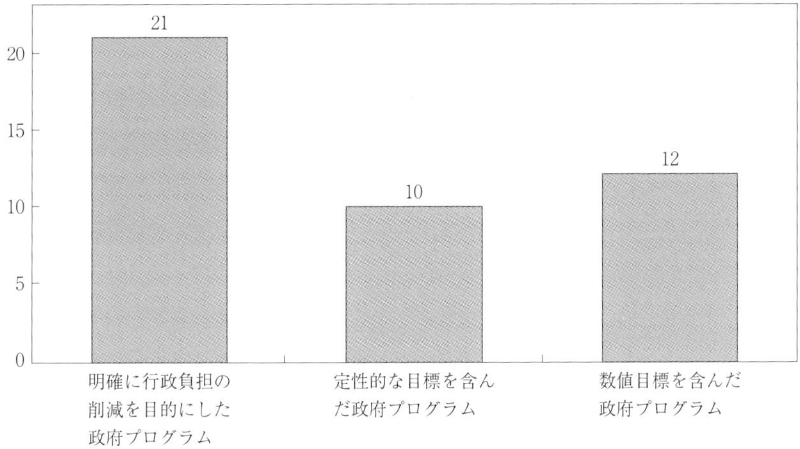

(棒グラフ: 明確に行政負担の削減を目的にした政府プログラム 21、定性的な目標を含んだ政府プログラム 10、数値目標を含んだ政府プログラム 12)

注：OECDの規制指標調査（2005年）の質問13のa，a(i)，a(ii)を参照。
出典：OECD（2005年），負担の測定に関するOECD調査の回答から作成。

よって負担の発生を回避することに努力を傾注している。両国以外にも，いくつかの国で明らかにこうした事前コントロールを強化する傾向がある。だが，大多数の国はいまだ既存規制に焦点をおいている。これは，行政負担はすでに広く行きわたっているという理解によるものである。

　現在，ますます多くの国が，行政負担の度合いを計測し，長期的な削減目標（値）を設定する措置を講じるようになってきている。2005年現在，21カ国が，行政負担削減のため，政府計画を策定していると報告しており，そのうちの11カ国が数値目標を設定している（図1-2，付表2を参照）。定量的なアプローチを採ることで，行政負担削減政策および計画の目標設定が可能となる。また，このアプローチを採用することで，行政負担の客観的計測を発展させ，長期にわたりその行政負担の変化を追跡できることにもなる。これは，改革の成功度を測るのを可能にするばかりか，改革の優先度を適正に設け，改革を成功に導くためにも重要である。

小規模事業者に負担削減の重点を置くやり方は，ほとんどすべての国に見いだされるところである。「小規模事業者にやさしい規制デザイン」はますます一般的に用いられるようになってきている。また，削減努力の重点も，負担の重い新規規制を事前に回避することに置かれるようになってきている。これは，小規模事業分野は，行政負担に対処するのにあまり有利な立場に置かれていないとの認識によるものである。2001年のOECDレポート「レッド・テープに関するビジネス側の見解（Businesses' views on red tape）」は，中小企業の遵守コストが相当高いことを示している。そのレポートのなかで，中小事業者は，行政側の要求や規制の遵守に要するコストは彼らの年間売上高の4％に及ぶと表明している。同レポートはまた，その影響は小規模事業者になればなるほど不釣合いに大きくなることを指摘している[1]。

2．規制ルールづくりにおける事前改善措置

事前のルールづくりのあり方を改善することで，すなわち新規の法律や規制を導入する前に一定の制御措置を講じることで，行政負担の発生を避けようとする傾向があり，この動きは加盟諸国の間でますます重要となってきている。こうした制御はOECD諸国では主に規制影響分析のプロセスを通して実施されている。国によっては，負担の重い新規規制の流れを制御するため，さらなるチェック手続を導入している国もある。

オーストラリア，カナダ，米国，イギリス，ニュージーランドのような国では，規制影響分析の制度が従来から有効に機能していたこともあり，負担削減政策は，事前の規制評価手続と密接に結びついている。提案された規制の内容に関し，こうした制御手続を採る主たる目的は，政策策定期間の全体にわたり政策目標の達成に向け合理的なアプローチがなされるよう，保証することにある。また，こうした制御措置は，規制によって影響を受ける一連の利害関係集団をルールづくりに関与させることで，彼らから有益な情報を得ることを可能

にする。

　他の大部分のOECD諸国でも，事前措置を強化する傾向がある。フィンランドでは，法改正や新規立法の導入に先立ち，行政負担が制度的に検討されることになっている。スウェーデンでも，新規規制や規制変更の評価に焦点が置かれたことで，近年，新たに発生する行政負担の削減が最優先課題とされている。メキシコは，2000年以後，RIA制度を通して行政負担の発生を制御しようとしているもう一つの国であり，そこではRIAは法律によって義務づけられている。また，日本でも，RIAが導入されたこともあり，簡素化戦略は主に行政負担の発生を事前に制御する機構に依拠することになろう。ポルトガルは，新規に作成した「立法・行政簡素化計画（Simplex 2006）」で，予防的な（事前の）簡素化と是正可能な（事後の）簡素化の両方を進めることを強調している（ボックス１．３）。これに対し，ドイツ，ギリシャ，イタリアのような国も，最近になって，新規の立法に際し，事前の規制制御を強化する対策を打ち出している（ボックス１．４）。

ボックス１．３　ポルトガルの立法・行政簡素化計画（Simplex 2006）

　ポルトガルの2006年の簡素化計画は，予防的な計画であると同時に既存法規の修正計画でもある。

　予防的な事前簡素化は，規制の影響を分析・評価するために導入された「簡素化テスト」の採用によって達成されることになるであろう。このテストは，次の４部から成っている。
・規制および代替解決策の導入によって新たに生み出される負担の評価
・こうした負担がターゲット・グループに課すコストについての定量分析
・簡素化措置を優れた電子行政慣行に調和させるためのコントロール
・それが体系的かつ一貫した法規統合プロセスの一部であることの証明

　事後修正の簡素化プロセスは，六つの主要領域における333の措置から成り立っている。そのうちの30は，行政と市民およびビジネス関係者との関係の改善に大きなインパクトを及ぼすものと期待されている。
・資格証明書の廃止

・脱文書化：ペーパーの廃止
・脱官僚形式主義：複雑な手続との闘い
・規制緩和：不必要な規制および制約の廃止

ボックス1.4　ドイツ，ギリシャおよびイタリアの事前コントロールの強化に向けた新たな法律

　ドイツでは，「行政手続の連邦合同ルール（GGO）」が2004年9月に発効して以降，すべての法案と規制に関し，影響評価が公式になされなければならないことになっている。新たに負担のかかる規制の評価と負担の削減が，こうした影響評価制度の一部を構成することになろう。2005年に選出された政府は，連邦政府首相（Federal Chancellery）の下に新たな独立諮問機関を設けることで，事前のコントロールを強化することを決定をした。国家法規監理委員会（Normenkontrollrat）は，まず法案や規制が必要であることを確かめたうえで，それに結びついた行政負担を検討することになる。この諮問委員会は，その形式が過大・冗長であったり，優れた立法原理と矛盾するような法案を審査し，連邦政府に特別報告を提出する権限を有している。

　ギリシャでは，2006年に，規制環境の改善に関する回状（Y190/18-7-2006）が，首相によって発せられた。首相の回状は全閣僚，副大臣および県知事宛に届けられた。それによれば，法律の質の中央政府での管理は，政府の首相官房室（General Secretariat）によって監視されることになる。各省は担当部局を設け，そこがこの任務のために特別に指名された連絡係を介して首相官房室と調整を行いながら，自分の所管する法律・省令や規制の質の検討に責任を負うことになる。法案作成の準備段階で解決されるべき問題が正しく評価されているか，代替的な解決策が考察されているか，またコンサルテーションが行われているかなど，法案の質に関する評価報告書が準備されることになる。また，コンサルテーションと並び詳細なRIAの履行——とくに経済，雇用，および環境に及ぼす影響に焦点を当てている——が義務づけられている。こうした評価報告書の提出は，あらゆる主要な法律，二次的な規制法規に義務づけられているばかりか，その履行状況を評価するため，各法の執行のあとで再度繰り返し報告がなされることになっている。

　イタリアでは，「行政組織とその機能に関する緊急措置（Urgent measures on organization and functioning of public administration）」に係る2006年法によって，新たに首相ないし「行政改革・イノベーション担当大臣」が主宰する「省庁間運営委員会（Interministerial Steering Comittee）」が設立された。
・同委員会は年間行動計画（アクション・プラン）の準備を通して簡素化政策の指導に責任を負うことになる。また，その見直しを行うため，担当省庁にRIAの履行を申し込むことができる。

・同委員会は，政府の規制改革イニシアティブの質を向上させるため，事前に制御を行っている。すなわち，
  ＊そうしたイニシアティブが費用便益基準で見て不必要ないし不当と思われる場合，もしくは年間アクション・プランに記された目的と整合しないと思われる場合には，規制案の再検討を要求することができるのである。

また，この2006年法とともに，規制のコード化と簡素化プロセスを調整するため，政治的なリーダシップにより，閣僚会議に属する大統領官房事務室 (Secretary of State of the Presidency of the Council of Minister) の下に，「簡素化とより優れた規制に向けたハイレベル技術ユニット (high level technical Unit for Simplification and Better Regulation)」が創設された。こうした二つの機関は，関連法規を制定した特別な法規と一緒に，政府全体の規制政策を明確にする目的で，2006年9月に創設された。この枠組みのなかで，「簡素化のための永続的な会議 (Permanent Table for Simplification)」――すべての規制簡素化措置を検討する暫定的協議機関――が，設置されることになっている。

A. 規制影響分析（RIA）

規制影響分析（RIA）の手続は，行政負担を削減し，最小化するのに有益な手段である。RIAの焦点はとくに行政負担の削減に置かれているわけではないが，それは新たに負担のかかる規制が生まれる傾向を押し止めるのにきわめて有効である。RIAにより，新規の規制案や既存の規制の調整は，透明性の要件や公衆への説明責任に制約されることになり，またそれらが規制の目的を最小費用で達成する手段であるかどうかを決定する厳密な分析も確保されることになる。それゆえ，RIAは，かなり透明な環境のなかで，政府による合理的な政策選択を推進する，そのような制御機能を果たしているといってよい。RIAでは，政府による規制負担の大きさを測定するため，関係する利害関係者から意見を聞くいわゆるコンサルテーション手続が採用されている。

加えて，RIAは，多くの場合，政権中枢でなされる審査ないし承認に服することになる。カナダの枢密院事務局 (Privy Council Office)，イギリスのより優れた規制執行室 (Better Regulation Executive)，米国の行政管理予算局 (Office of Management and Budget：OMB），メキシコの連邦規制改善委員会（Federal Regulatory Improvement Commission：COFEMER）などが，こうした中枢機関に当たる。こうした機関はいずれも管理・制御機能を有している。こうした機関のはたす役割は，要求される規制の質の標準的な基準を必ず満たすことができるように，規制法規を最終的に評価することにある。

　RIA の発展と普及は，行政簡素化と負担削減に貢献する重要かつ積極的な動きであり，とくに最近の10，20年の間に，RIA は下位の法規で突出した役割を担うようになってきている。OECD 諸国において，RIA は OECD が奨励してきたガイドラインとほぼ同一のガイドラインに従い実施されている。なお，OECD のガイドラインは「規制影響分析に関するレポート（1997年，Report on Regulatory Impact Analysis）」のなかの「OECD 諸国のベスト・プラクティス（Best Practices in OECD Countries）」に収められている（ボックス１．５）。

- **オーストラリア**：行政負担は，すべての新規規制および規制の変更に対し，規制影響報告書（Regulatory Impact Statement：RIS）の作成プロセスを介して，いわば RIA 制度に基礎を置くかたちで評価されている。全業種例外なく，ビジネスに影響を及ぼすような規制は，RIS に服することになる。その報告書は，規制案の策定過程でなされた規制影響分析を詳細に叙述するものとなっている。
- **イギリス**：遵守コストに関する評価が，イギリスにおけるビジネス，慈善事業（charity），および任意団体（voluntary bodies）に影響を及ぼすような規制のすべてに適用され，実施されている。この遵守コストの評価は，規制の便益が必ずその費用を上回るという，いわゆる規制の正当性を保証するため，2000年に強化された。現行の RIA 手続によれば，新しい政策は必ず費用便益の観点から見て正当化されなければならず，また規制はビジネス関係者および市民に最小のコストを課すものでなければならない。さらに，公共部門の内部で重大な影響を及ぼす官僚形式主義による負担に対しても，ますます注意の眼が向けられるようになってきている。2004年

には，公共部門——とくに学校や病院といったフロント・ラインにある公共機関——に重大な効果を及ぼす規制案は，公式に RIA による評価が要求されることになった。

ボックス1.5　有効な RIA の確保に向けた OECD のガイドライン

以下の RIA の重要要素は，OECD 諸国で認められた優れた行政慣行を基礎にしている。
1. RIA の導入・実施に向け政府の関与を最大化すること。
2. RIA 計画の立案・執行・審査などに関し，その責任を注意深く関連機関に配分すること。
3. 規制当局の関係者を訓練すること。
4. 一貫した，しかも柔軟な分析手法を採用すること。
5. データ収集戦略を策定し，実行すること。
6. RIA の推進努力に関し，目標を設定すること。
7. RIA を，できるだけ初期の段階で，政策決定のプロセスのなかに統合すること
8. RIA の結果を公表・伝達すること。
9. RIA への公衆の関与を拡大すること。
10. RIA を新規規制だけではなく，既存規制にも適用すること。

出典：OECD (1997), *Regulatory Impact Analysis. Best Practices in OECD Countries*, Paris.

欧州連合（EU）は，その立法に際し，事前に規制負担を削減するため，これまで多くの措置をとってきた。欧州委員会（EC）は，2001年に EU 法に RIA の制度を導入した。RIA の利用は広がり，「より優れた立法」に関する EU 内部の制度間合意に続き，2003年には，欧州理事会（Council）および欧州議会（EP）が欧州委員会の提案に対し重大な修正を加える際にも，RIA が適用されるようになった。EU の RIA 制度は，欧州委員会による欧州全体に関わる政策提案について，経済的，社会的および環境的な影響評価を行うものとなっている。EU レベルで展開されているこうした影響評価は，EU 加盟国が国別に実施している RIA 制度を補完するものである。

とくに行政負担に焦点を当てた影響評価

　行政負担に特別の焦点を絞り，新規規制による潜在的な負担の発生を正確に認識する，そうした影響評価制度を有する国が増えてきている。ドイツは，2004年にRIA制度のなかに行政負担に関する基準を導入した（ボックス１.４）。**欧州委員会**も，2006年初頭にこうした行政負担を特別に分析することを決定した。**ベルギー**は，「カフカ・テスト（Kafka Test）」と呼ばれている簡素なRIAを用いて，行政負担がどの程度発生するかという観点から，新規規制の潜在的なインパクトを評価している。このテストは，2004年に適用範囲を拡げ，新規規制の定量的な評価にとどまらず，その潜在的な効果についても分析を行うようになってきている。それは，ビジネス関係者に法的な影響をもたらす規制に適用されている（すべての規制案のおよそ20％）。シンプレックス計画（Simplex 2006）で知られる**ポルトガル**の簡素化計画も，「簡素化テスト（Simplex Test）」を導入している。このテストは，行政負担の観点からは，新規に導入される規制の影響を四つの基準で評価している（ボックス１.３）。

- ニュージーランド：「レッド・テープ」がビジネスに影響を及ぼすようなすべての規制に対し，特別に「ビジネス遵守コストの評価報告書」が作成されることになっている。将来の政策措置が要求するであろう遵守コストを十分に検討したうえで，それをできるだけ低く抑えようというのである。この制度は2001年に導入されたが，政府に提出されるすべての規制案に対して要求される標準的なRIAと並ぶかたちで，それ以降も前進を遂げている。
- オランダ：新しい法規，とりわけ環境，経済，および行政負担に関する法規に影響評価制度が重点的に適用されている。
- デンマーク：ビジネス分野に対しどのような経済的かつ行政的な帰結をもたらすのか，その計測が影響評価の一領域となっている。

　規制ルールづくりを事前に制御することで行政負担の発生を回避しようとするこうした試みには，残念ながら一つの限界がある。すなわち，新規規制ない

し既存規制の修正がもたらすであろう潜在的な負担に関する評価は，ときに，規制の結果経験されるところの実際の負担とは異なることになる。とはいえ，規制の追跡調査を伴ういわゆる規制の自働的な見直し手続を導入することで，こうした問題への対処は可能である。そこでは，規制が意図した効果をあげたかどうかを確認するために，規制を実施後一定期間を経た時点で自働的に見直すことになる。これにより，当初の推定に対する規制パフォーマンスの事後チェックが可能となる。また翻って，これは事前 RIA の有力な補助手段にもなる。例えば，**イギリス**は，見直し手続の導入に続き，規制の監視制度を導入することで RIA 制度を強化する決定を下している。この決定により，2005年度予算の開始時点で，各省庁は自分の所管する規制が，この事後見直しを用いてどの程度モニターされるのか，その見通しを当該規制の導入前に説明しなければならないことになった。

小規模事業者の影響評価

いくつかの国は，不必要な行政負担の発生を避けるため，中小企業に対する規制の影響を評価するための特別措置を講じている。このなかには，例えば，小規模ビジネスに影響を与える規制案に関しては，特別な影響評価報告書の作成を当局に要請するといった方策も含まれている。小規模事業者を対象にしたこうした影響評価報告書は，小規模事業者に与える経済的影響を最小化しながら，規制案で述べられている所期の目的を完遂できるような有意な代替策があれば，それを記入できるようになっている。また他の方策として，小規模事業者の意見を十分に汲み取り，政策に反映できるよう，当局が特別な相談に応じる協議型アプローチもある。

- **米国**：規制柔軟性法（Regulatory Flexibility Act 1980）により，政府機関は中小事業者に及ぼす経済的な影響を最小化するため，その潜在的な影響を考慮しなければならないことになっている。
- **イギリス**：RIA のプロセスの重要な一環として，小規模事業者へのコンサルテーションの実施が義務づけられている。同じく，RIA の一環として，

会社の法令遵守を支援するためのガイドラインが設けられている。それによれば，規制ルールや法令は中小企業によっても十分に理解可能な，簡単な言語を用いて作成されなければならず，そのガイダンスの公表から法令の施行までに3ヵ月の告知期間が設けられなければならない。
- スウェーデン：新規規制が小規模事業者に及ぼす効果を評価するため，RIAとは別個に特別の影響評価制度が導入されている。

B．規制手続のさらなるチェック

いくつかの国は，規制措置に関し，さらなる制御手続を導入している。例えば，デンマークでは，2004年末以降，ビジネス分野に重大な行政負担をかけるような新規の法律（およそ年間34万ユーロ以上，もしくは1万時間以上の負担時間を要する法令）は，すべて経済問題に関する閣僚委員会に提出され，そこで討議されることになっている。そこに提出される前に，経済産業省（Ministry of Economic and Business Affairs）によって運営されている「ビジネス・テスト（Business Test）」が，当該ビジネス分野に発生する負担を測定することになる。カナダもまた同様の「ビジネス影響テスト（Business Impact Test）」を実施している。ただし，このテストは，規制が大きく変更される場合や規制案の予想コストが5000万カナダ・ドルを超過する場合に，RIA手続の冒頭で実施されることになっている。

米国は，費用のかかる，負担が大きい法律の回避という点では，強固な伝統を有している。
- 行政文書削減法（Paperwork Reduction Act）は，連邦機関が公衆から許認可等で情報を収集する前に，OMBの承認を求めるよう，各機関に要求している。ただし，連邦機関がいったんOMBから承認を得ると，それは3年間有効である。OMBがこうした情報管理を行っているのは，公衆が連邦機関に書類の作成と提出を求められる際，そこで要求されるペーパーワークの分量を最小化するためである。OMBの承認を得るため，連邦機

関は，そうした情報収集が必要な情報を得るためのもっとも効率的な方法であることを，また収集が重複しておらず，その手法が実際に運用可能であることを明示しなければならない。
- 大統領令（President Order）12866は，行政府諸機関（executive branch agencies）に対しすべての重要な規制行動を情報・規制問題室（Office of Information and Regulatory Affairs：OIRA）に明示するよう，要求している。この大統領令は，連邦機関に，社会に最小負担しかかけないような規制を課すことを，また累積する規制コストを考慮することを義務づけている。さらに，規制案ないし最終規制案が，「経済的に重要（economically significant）」（年間10億ドル以上の効果）であると連邦機関か，OIRA が判断した場合，その機関はその規制案の費用便益分析を行わなければならない。

C．新規規制の流れのコントロール

　行政負担の発生を制御する新しいアプローチが生まれてきている。オランダやイギリスなど，いくつかの国は，新たな措置の創出と既存規制の簡素化との間に，より優れたバランスを与えるような，もしくは負担増加の相殺を求めるような規制管理の枠組みの採用に向けて動き出している。政府がそうした措置を採る根拠は，各ライン省庁の内部で，また同時に政府機関の全体にわたり生み出される行政負担を，とりわけその増加傾向を中央において制御・管理する点にある。
- イギリス：政府は，「補償的な簡素化」という概念を新たに導入した。これは，省庁は重大な規制案を提案するとき，RIA のプロセスのなかで，補償的な簡素化措置を検討しなければならないというものである。すなわち，省庁は新規規制を導入する場合，その負担を相殺する簡素化の余地があるかどうかという問題に取り組まなければならないのである。
- オランダ：内閣は，行政負担の25％削減を目標としてあげており，これが各省一律の削減目標値とされている。新規規制による行政負担のため，こ

れを達成できないときには，改めて負担削減措置を講じ，その分を補償することを各省に義務づけている。こうした数値目標による行政負担に関する制限は，省庁に負担の重い新規規制の作成を思い止まらせ，省庁が生み出す行政負担を永続的に監視するプロセスにもなっている。

・メキシコ：この国は規制インフレ（regulatory inflation）を抑制しようとしているもう一つの国である。メキシコは，2004年5月に発布された大統領令を受け，規制のモラトリアム制度を導入した。大統領令により，連邦省庁は，市民が遵守・履行しなければならない行政手続ばかりか，それぞれが抱えている規制問題への取り組みをも停止しなければならないことになった。このモラトリアム制度は，民間分野から積極的な支持を得たこともあり，2006年11月まで延期されている。

3．既存の規制負担の事後検討

政府は，事後の見直し手続を開始するに当たり，何を優先すべきか，また行政負担を削減すべき領域はどこかを明確にしておかなければならない。これまで検討されてきた諸国では，政府はますます負担の事実上の証拠に簡素化戦略の重心を置くようになってきている。

A．簡素化努力の目標設定

一般的な傾向として，簡素化戦略は主にビジネスに，とくに行政負担が競争力や成長にきわめて否定的な効果を及ぼすような領域に，焦点を絞っている。とはいえ，市民に負わされる負担の削減も，徐々にではあるが，簡素化戦略の共通課題になりつつある。ますます多くの国が，簡素化戦略の優先課題を設定するとき，利用者グループからの提言に依拠するようになってきている。

ターゲット・グループ

OECD諸国は，簡素化に関し，さまざまな優先課題を設けている。いくつか

の国は，簡素化努力の標的をある特定のグループ，とりわけビジネス界に対する規制の簡素化に定めている。だが他面，簡素化戦略はそのアプローチをより包括的なものに変えつつある。最近になり，イギリス，デンマーク，オランダのようなビジネスにその焦点を絞ってきたような国も，負担削減努力を公共部門ないし市民といった他のグループにまで拡大している。

包括的な負担削減目標を設け，そのなかに市民の負担削減を含める国もある
ベルギー，カナダ，フランス，ドイツ，ギリシャ，ハンガリー，イタリア，韓国，およびポルトガルといった加盟国の一大グループは包括的な負担削減目標を設定している。

- ベルギー：簡素化努力は，起業の促進を図った1998年法の成立後，ようやくビジネスに焦点を合わせるようになった。2003年以降，市民の負担に対しても削減努力が及び，この問題を取り扱う行政簡素化機関（Agency for administrative simplification, Agence pour la Simplification Administrative）のなかに市民向けの特別ユニット（部署）が設けられた。
- ドイツ：政府が市民とビジネス関係者の両方にターゲットを置いた行政負担削減計画を2003年に導入している。この「官僚形式主義の是正イニシアティブ（initiative to Reduce Bureaucracy）」は，連邦政府と市民，ビジネス関係者がもっとも頻繁に交流する領域や重い行政負担からの救済が急がれる領域において，レッド・テープを削減することを目的としている。この政策は，労働市場と自家営業，小規模事業と民間部門，研究・開発とテクノロジー，市民社会とボランティア事業，およびビジネス・個人向けサービスという五つの戦略行動エリアに焦点を当てている。

伝統的に行政サービスの顧客志向性（client friendliness）を高める目的で，市民に特別の考慮を払っている国もある。例えば，フランス，ギリシャ，ハンガリー，および韓国といった国がこれに該当する。

- フランス：政府は行政と市民との間の関係を改善すべく努力を傾注してい

る。両者の関係に触れた2000年の法律は，行政を複雑なものからシンプルなものにすることを，また行政サービスの最終利用者にもっと権利を与えることを意図していた。この法律により，行政は顧客（市民）により詳細な情報を与え，親切に指導・支援する義務を負うようになった。「マリアンナ憲章（Charte Marianne）」は，行政サービスの質を一層向上させるというコミットメントを行政から引き出している。

・ハンガリー：行政サービスの顧客志向性を高める努力を続けている。首相府（Prime Minister's Office）と内務省（Ministry of the Interior）によって打ち出されたプロジェクトは――全国規模に拡大されることになっている――，行政負担およびそれを生み出している規制は何なのかを確認することをその目的としている。現在，その延長上で「顧客サービス憲章（Client Charter）」が計画されているところである。

だが，こうした国の多くも，最近，ますます負担削減努力の矛先をビジネスに対する負担の削減に変えつつある。例えば，ギリシャはターゲット・グループを市民に置いてきたけれども，最近では行政的規制がビジネスに負わせている負担にも注意を向けている。ハンガリーは，最近税制を改革したが，そこでも税制がビジネス，とくに中小企業にもたらす負担の削減が中心テーマとなった。

ほとんどの国がビジネス分野向けに効果的な枠組みを構築しようとしている

一般的な傾向として，OECD諸国の負担削減努力にあっては飛びぬけてビジネス界がそのターゲット・グループとされる場合が多い。たいていの国は，経済発展を強化し，競争的なビジネス分野で成長を確保できるようなビジネス環境の創出を目指しているからである。このことは，2005年にOECDが実施した『負担の計測に関する調査レポート（*Survey on Burden Measurement*）』にも反映されている。そこでは行政負担の計測に向け努力を傾けている20カ国のうち，17カ国がビジネスの負担削減を，8カ国が市民の負担削減を，そして7

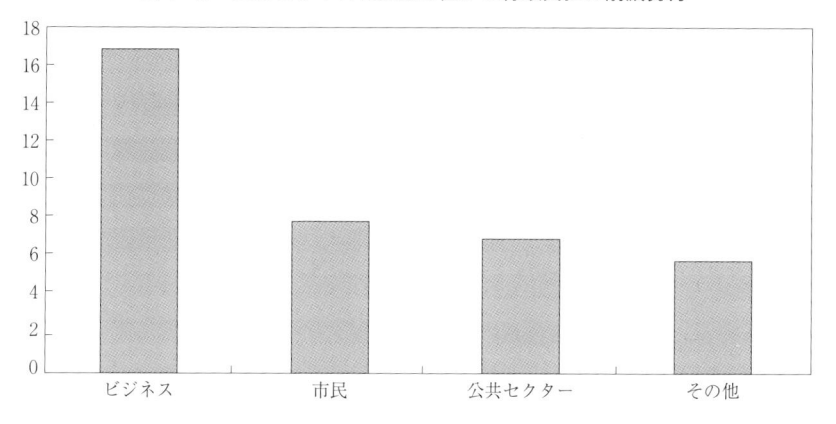

図1-3 主にビジネスに焦点を置いた行政負担の削減努力

出典：OECD（2005年），負担の測定に関するOECD調査の回答から作成。

カ国が公共部門の負担削減を，その目的にあげている（図1-3，ただし，重複計算であることに留意）。

効率的な負担削減策を有する国は，たいてい，より優れたビジネス関連規制の作成ということに努力目標を置いている。オーストラリア，デンマーク，ルクセンブルク，オランダ，ニュージーランド，スウェーデン，スイス，イギリス，および米国は，とくにビジネスに重点を置いている。負担の削減に関し，ビジネス分野向けの効果的な枠組みが整備されれば，ビジネスに負わされる不必要なコストを回避し，自国の競争力と成長率を高めることができる。

・メキシコ：規制緩和とビジネスに要する行政手続の簡素化に関する大統領令2001が，2年内にビジネス関連の行政手続を廃止および簡素化するよう，政府機関に要求していた。各政府機関は，この大統領令によって，もっとも使用頻度が高く，経済活動への影響が大きいビジネス関連の行政手続を五つ確認し，その根拠を分析したうえで，できればそれを簡素化するよう求められた。

・ポーランド：簡素化戦略は，起業家活動に直接・間接に重大な影響を与え

る法律行動の見直しにターゲットを定めている。新しい自由化法（経済活動の自由化に関する法律：Act on Freedom of economic activities）の施行をもって，法律は簡素なものへと見直され，重複する規制は廃止されることになっている。
- **スウェーデン**：簡素化戦略は企業の負担削減に焦点を置いている。行政負担を削減するための行動計画（Action Plan）がすべての省庁で作成されており，省庁は法的権限が及ぶ範囲で，企業に影響を与える法律，政令・省令を検討しなければならない。さらに，企業にきわめて大きな行政負担を生んでいると認められた領域は，優先的に簡素化戦略のターゲットとされている。

中小企業に対する措置

いくつかの国は，中小企業に対し特別の措置を講じている。これは，中小企業分野では行政負担の削減の取り組みがあまりうまくなされていないことによる。
- **カナダ**：2004年の予算編成で発表された文書業務負担の削減イニシアティブ（Paperwork Burden Reduction Initiative：PBRI）は，小規模事業者が直面している文書業務負担の適度な削減によって，経済にのしかかる規制の重みを軽減しようとしたものである。2005年には，このイニシアティブの進捗状況を監視するために，文書業務負担の削減に関する官民共同の行政改革会議（Advisory Council）が創設された。同会議は，とくに小規模事業者の負担削減に向け実際的かつ実行可能なアイデアを見つけ出すことを，また文書業務負担の計測と負担基準の設定を通して削減計画を追跡することを，その目的としている。
- **オーストラリア**：レッド・テープの削減計画は中小企業をターゲットになされており，この観点から連邦・州政府の規制の見直しが検討されている。連邦レベルの分析が，コモンウェルス（Commonwealth）政府連絡会議のコミットメントもあり，1996年に，小規模事業者の役所向けの仕事を半減

させる目的で開始された。この流れを受け，最近では州・地方政府によって中小企業が負わされている負担についてもその解消策が講じられるようになってきている。
- 米国：2002年の小規模事業者文書業務救済法 (Small Business Paperwork Relief Act) をもって，米国は連邦の規制や文書業務によって小規模事業者が負わされている負担問題に取り組んでいる。それにより，連邦機関には，小規模事業者が規制関連義務を遵守するのを支援する，そうした情報の開示・提供が求められている。

小規模企業に負わされている負担を削減する努力は，上述の国にとどまらず，多くの国に散見される。世界銀行が指摘しているように，最近の3年間は，企業を起ち上げるのに障害となる規制バリアーを削減するという傾向が，一般的に強まってきている。多くの国が，企業の起ち上げに要する期間の短縮という点で，この間，大いなる前進を遂げている（図1-4）。

いくつかの国では，起業に要する期間の短縮は，必要とされる手続を能率化することによって達成された。ベルギー，フランス，およびトルコのケースが，これに当たる。フランスやトルコなどは，起業家精神の興隆にもっとも制限的な障碍を持つ国と見なされてきた。そのような国が，起業に要する手続の数の削減で躍進を遂げたのである（図1-5）。

利用者グループによる優先削減領域の確認

行政簡素化計画は，一段と利用者重視のアプローチを採るようになってきている。一般公衆だけではなく，利害関係者を含めたコンサルテーション機構が，行政簡素化計画が実行されるべき分野および手続を確認するため，いくつかの国で有効に利用されている。その解決は，利用者グループからの直接的なコンサルテーションを通して，もしくは諮問機関の利用を通して得られることになる。こうした諮問機関は，多くの場合，改革の優先領域を確実に認定する能力

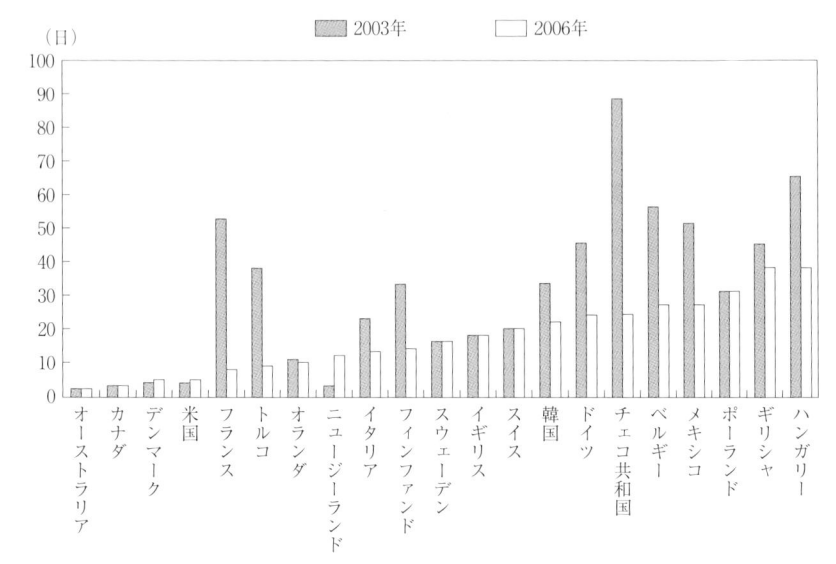

図1-4 ビジネスを起ち上げるのに必要な期間

(日) ■2003年 □2006年

横軸(左から):オーストラリア、カナダ、デンマーク、米国、フランス、トルコ、オランダ、ニュージーランド、イタリア、フィンランド、スウェーデン、イギリス、スイス、韓国、ドイツ、チェコ共和国、ベルギー、メキシコ、ポーランド、ギリシャ、ハンガリー

出典:世界銀行「ビジネス活動環境データ(Doing Business data)」の2003年版と2006年版をOECD事務局が改作したもの[2]。

があると見なされている。

- **フランス**:簡素化措置を確認する方法が変わったが,これは第三次簡素化法(third simplification law)を準備するためである。行政サービスの利用者,市民,有識者,および選挙で選ばれた議員が,優先領域の確認で相談を受けている。利用者パネルが設立され,質問書が議員,ビジネス代表者,経済的な利害関係者,および市民に配布されている。
- **オランダ**:コンサルテーションが負担削減努力のなかで重要な役割をはたしている。行政負担諮問会議(Actal)は,永続的なコンサルテーション機関として,必要とあらば,企業家ないし専門家のパネルを利用できるばかりか,外部に調査を委託することもできる。例えば,Actalは,500もの企業からなる一大ビジネス・パネルでコンサルテーションを催している。
- **韓国**:行政自治部(Ministry of Government Administration and Home Affairs)が,毎年,地方レベルの行政機関との協議によって日常的な行政業

図1-5 ビジネスを起ち上げるのに必要な手続の数

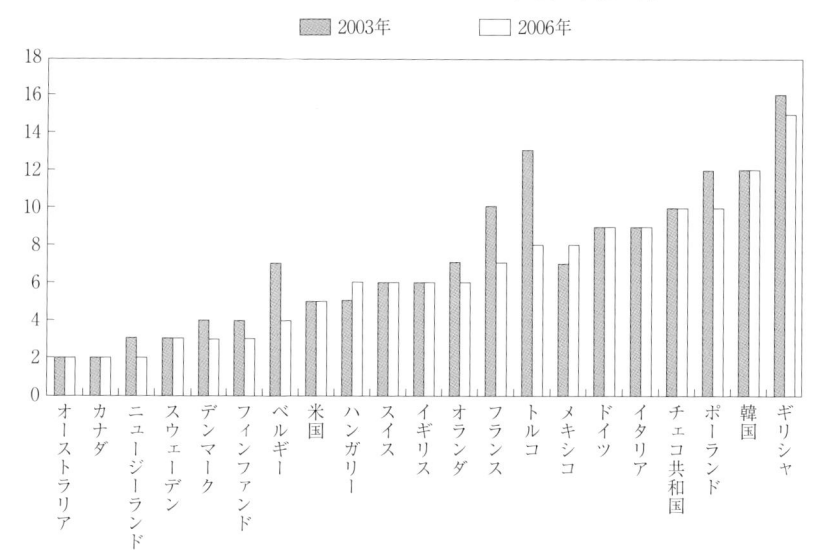

■ 2003年　□ 2006年

出典：世界銀行「ビジネス活動環境データ（Doing Business data）」の2003年版と2006年版をOECD事務局が改作したもの。

務の改革手法に関する情報を収集している。また，その協議の場でなされた提言の実現可能性について，中央レベルで検討がなされている。

・ベルギー：政府は，「カフカ計画」と呼ばれる12の戦略領域からなる包括的な簡素化計画にコミットしている。政府は，ここでは自らが中心となって，各省が一定のタイム・スケジュール内に目標に到達できるよう，指導している。カフカ計画に含まれている多くのプロジェクトは，インターネットのカフカ・フォーカス・ポイントを介して市民や企業から寄せられた意見に示唆を受けたものである[3]。

政府は，簡素化の優先領域を定めるのにタスクフォースの提言を利用することも多々ある。独立系のタスクフォースは，民間部門が改革の優先領域や問題領域について抱いている展望と政府機能に関して官僚が持っている専門的なスキル・知識をうまく結合できる機関といってよい。また，タスクフォースは，

広く利害関係者と協議する手段としても有益でありうる。というのは，独立性を有するため，利害関係者はそうしたタスクフォースを信頼できるものと見なすからである。タスクフォース・モデルはまた，政府にとっても興味深いものである。なぜなら，それは，政府がはたす役割——コンサルテーションを運営する——と，被統治者がはたす役割——コンサルテーションを受ける——の間にある仕切りを取り払うからである。

- **オーストラリア**：中小企業規制緩和タスクフォース（Small Business Deregulation Taskforce）が，連邦レベルで，行政簡素化と負担削減に向けた措置を中小企業対策の中心に据えるよう，提言している。同タスクフォースは，小規模事業に負わされている既存規制の遵守・文書業務負担を計測し，削減の数値目標の実現に努めている。
- **ニュージーランド**：政府戦略の構築にビジネス分野が関与できるようにするため，ビジネス遵守コストに関する暫定関係大臣パネル（ad hoc Ministerial Panel on Business Compliance Costs）が創設された。このパネルは，162項目の提言からなるレポートを纏めたが，その大多数はすでに実行されている。ただし，パネルはもはや活動していない。
- **カナダ**：文書業務の負担削減に関する諮問委員会（Advisory Committee on Paperwork Burden Reduction：ACPBR）が，産業大臣（Minister of Industry）に文書業務負担削減計画の経過と結果を定期的に報告するよう，指示を受けている。同諮問委員会は，2006年3月に，産業大臣に対し，「カナダにおける小規模事業に関する文書業務負担の削減戦略（Strategy to Reduce Paperwork Burden for Small Business in Canada）」という表題の最初の経過レポートを提出した。このレポートは，多年度にわたる負担削減計画の基礎を定めると同時に，負担削減に取り組みに際し，政府が考慮すべき課題について提言を行っている。
- **イギリス**：行政簡素化と負担削減に関する政府イニシアティブは，政府横断的に実行される，より広範囲にわたる規制政策目標のなかに追加導入されることになった。イギリスの最近の簡素化戦略は，「より優れた規制タ

スクフォース（Better Regulation Task Force：BRTF）」と2005年のハンプトン・レポート（Hampton Report）によって作成された提言をベースに実施されている（ボックス1.6）。

ボックス1.6　イギリスの簡素化戦略

イギリスの最近の簡素化戦略は，2005年に発表された二つのレポートの提言により主導されている。

BRTFレポート（「小さな負担で大きな成果を：負担の削減，成果の改善」）：このレポートは，ビジネスが規制を遵守するのに要する行政的コストを計測するのに，また削減目標値を設定するのに，負担の測定に関しオランダで適用されているものと類似のアプローチを採るべきことを論じている。また，同レポートは，新規規制の作成と既存規制の簡素化・廃止に優先順位をつけさせるため，省庁に多くの対策を提言している。

ハンプトン・レビュー（「行政負担の削減：有効な検査・執行体制」）：このレビューは，規制当局に分析の焦点を当て，規制の検査と執行の両面で見て（また，中央政府と地方自治体の規制当局のいずれでも），ビジネスが負わされている行政負担はかなり大きいことを探り出している。また，レビューは，ビジネスへの負担を取り除くため，規制の執行活動全体にわたりリスク・ベースのアプローチを採るべきことを助言している。さらに，規制遵守の方法について，ビジネス側に助言・支援を提供すべきであるとし，その点に注意を促している。加えて，このレビューは，既存の規制機関の大規模な整理・統合を目論んでおり，規制に一層の一貫性を持たせるため，中央・地方の規制サービスを調整・改善する改革に着手すべきであると提言している。

B．簡素化戦略の定量ベースでの確保

過去数10年，OECD諸国の政府において，数多くの行政簡素化イニシアティブが展開されたが，政府は必ずしもビジネス関係者や市民が負わされている負担の大きさを詳細に理解していたわけではなかった。政策は，しばしば実際の累積負担の規模についても，また簡素化計画による負担削減の進捗度についても明確に理解しないまま，分野別に実施されてきたのである。だがいまや，多くのOECD諸国は，負担の度合いについてより明確に理解するため，ビジネス調査か，もしくは証拠ベースの定量的なアプローチを通して，負担の測定を試みている（図1-2）。最近の経験によれば，定量的なアプローチが，負担を

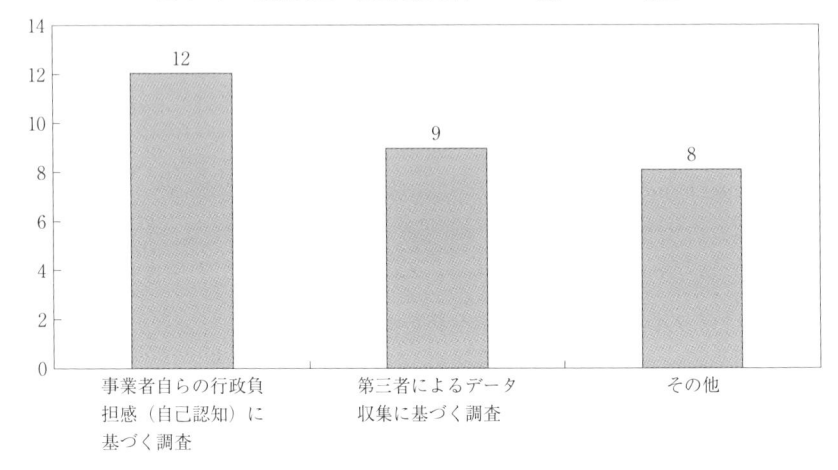

図1-6　行政負担の範囲を評価するのに用いられる調査

調査タイプ	件数
事業者自らの行政負担感（自己認知）に基づく調査	12
第三者によるデータ収集に基づく調査	9
その他	8

出典：OECD（2005年），負担の測定に関するOECD調査への回答から作成。

評価する主要な情報源として，ビジネス調査をますます補完するようになってきており，場合によってはビジネス調査に代わりつつある。だが，正確さが要求される場合，定量的な測定にはかなりのコストがかかる。そして，これが，簡素化政策の目標を設定するとき，多くのOECD諸国がいまだにビジネス調査をベースにしたアプローチに依拠する理由をなしている。

利用者調査

ここで検討されているOECD諸国の大半の国は，行政負担の広がりを評価するため，利用者ベースの調査方法を採用している（図1-6）。利用者調査に基づく問題へのアプローチは，かなり低コストで，しかも影響を受ける利用者グループのなかでもっとも負担が重いところはどこかを確認するための信頼できる方法として，その役目をはたすことができる。こうした調査により，遵守コストを直接計測できるばかりか，行政手続のなかで用いられる手順についても，それへの満足度を測定できるのである。

・**カナダ**：現在，文書業務の負担削減イニシアティブの一環として，事業者

が連邦・州・地方自治体の規制に伴う情報提供義務を遵守するのに割り当てなければならないビジネス資源に関し，その客観的かつ数量的なデータを収集するために，規制遵守コストについて３年ごとに調査を行っている。第１回目の調査で，遵守負担を測定するベースライン（基線）となる基準が設けられ，続いてそれをベンチマークに負担削減の進展度が測られる予定である。カナダ統計局（Canada Statistics）の調査は，国の内外で遵守コストのデータを収集するため，国内調査と国外調査の２部調査で成っている。前者の調査は，2005年の秋に約30,000の中小企業に配布されるかたちで実施された。後者の補足調査は，2006年の初冬に，5,000超の国外サービス事業者（例えば，税金，賃金関係，簿記の専門家など）に調査書が配布されるかたちで実施された。最終結果は，2006年12月に発表されることになっている。そこでは，選択された産業別，雇用規模別，および地域別に結果が報告される予定である。
- 韓国：産業資源部（Ministry of Commerce, Industry and Energy）のような，中小企業官民代表部と民間部門の代表団体（韓国商工会議所；全国経済人連合会）から成る政府機関が，総負担の額を把握するため，全国規模で事業を展開している約200人の事業者と協議を行っている。政府はまた，削減努力の達成度を評価するため，追跡調査の方法を用いている。ビジネス関連規制の感応度調査の結果を見ると，266の企業が2001年に比べ（64％）2003年には規制が一段と緩和されたと見ており（76％），政府の努力を評価していることがわかる。
- トルコ：健康サービス，土地台帳サービス，および開業の規制要件に関し，行政負担をより詳細に知るため，一般公衆向け調査を行っている。
- オーストラリア：産業・観光・資源省（Industry Department）の中小企業局（Office of Small Business）が，最近になって，地方政府によって課されている負担の「問題領域（hotspot）」を測定するため，小規模事業が直面している行政負担の調査を命じている。

測　定

最近の経験によれば，先進諸国は，行政負担の規模を評価し，数量化するための主要な情報源として，ますます定量的なアプローチを用いるようになってきている。実際，既存行政負担の客観的な測定を欠くと，負担削減目標を達成する政府の能力が制限されるおそれがある。こうした測定を欠くと，削減計画の効果を客観的に測るのが困難になる。また，それは，負担削減政策やその目標を，それがもっとも必要とされている領域に向ける妨げともなる。これが，OECD諸国において，負担をより体系的に評価し，行政負担の根拠を明らかにしようとする努力が台頭してきた理由をなしている。これにより負担を適切に確認し，改革の優先領域を絞れることになるが，それだけではなく長期的に負担を追跡し，改革の成功度を測定できることにもなる。

米国における負担管理の枠組み

行政文書削減法が，企業，個人，および政府に負わせている連邦レベルの情報収集負担に関する測定と管理のための枠組みを提供している。1995年の文書業務削減条例は，OMBに対し，連邦政府規模の「情報収集負担」を毎年報告するよう，要求している。その負担は，情報収集に要する時間で計算されている。OMBは，情報収集活動の現状と負担削減の達成度に関し，毎年議会に報告することになっている。

情報収集予算（Information Collection Budget）は，OMBが，毎年各連邦機関との協議のなかで，各連邦機関に情報収集負担の削減目標を設定させるための手段となっている。文書業務の削減は，文書業務に費やされる時間で測定されており，それには情報の開発，編集，記録，検討，および提供に費やされる時間だけではなく，解読に費やされる時間，情報要求の理解に費やされる時間も含まれている。各政府機関は，そのすべての情報要求を満たすのに必要な時間を合計することにより，総情報収集「予算」を計算している。こうしたかたちの予算執行は，削減目標に向けた進捗度を測定するのに利用されている。

1980年以降，負担削減目標は年々変化してきた。この目標値は，負担の増加をもたらす新たな法令による情報義務を考慮に入れたうえで，設定されている。2003年には，その負担額は82億時間と測定され，2002年に比べると1.5%減少している。

米国では，複雑な税制に特別の注意が払われている。税制の一部として収集される情報は，連邦政府が市民に負わせている文書業務負担の一大部分を構成している。内国歳入庁（Internal Revenues Service：IRS）が文書業務で負わせている負担は，全負担のおよそ80%に及んでいる。さらに詳しく見ると，内国歳入庁が負わせている負担は少数の文書手続に集中している。IRSの手続800のうち，10の手続がIRSが課している全負担の約80%を占めているのである。IRSは，他の連邦機関と比べ，文書業務負担を測定するより洗練された手法を持っているが，それにもかかわらず，現在より正確な測定方法を開発中である。現行の手法はかなり古い調査データに基礎をおいているため，特定タイプの納税者の遵守負担しか測定できない。それゆえ，現行の手法では，課税政策ないし税制運営の変更から生じる遵守負担の変化を予測する能力が大きく制限されている，というのである。

標準コスト・モデル

オランダは，標準コスト・モデル（Standard Cost Model：SCM）により，法律がビジネスに負わせている負担を測定することを政策的に決定した。SCMは，政府がビジネスに課している行政的コストを測定するための定量的な方法である。この方法は，最近になって他の多くのEU諸国でもそのまま，もしくは一定の調整が施されたうえで，導入されている。2003年には，欧州の多くの国が，この手法に関する情報交換を促進するために，ネットワークを構築した（ボックス1．7）。

ボックス1.7　標準コスト・モデルを使用している国々のネットワーク

　2003年に，欧州のいくつかの国は，定量ベースで行政負担やその簡素化を測定するとき，同一の方法的アプローチを用いることに同意し，それを確実なものにするため，非公式のネットワーク，すなわちSCMネットワークを形成した。それがSCMネットワークと呼ばれている理由は，そこで標準コスト・モデルが共通のアプローチとして選択されたからである。このネットワークは，イギリス，ノルウェー，デンマーク，ベルギー，オランダ，フランス，ハンガリー，イタリア，チェコ共和国，ポーランドおよびエストニアで構成されている。このネットワークは，司令塔となるグループを持ち，彼らは年に2度から4度会合し，SCMの発展動向について討議し，将来採るべき行動について合意を図っている。このネットワークは，最近になって，簡素化の観点から，参加国のベスト・プラクティスを評価し，それを国際的な簡素化手段へと発展させるための小グループを創設している。

＊国際SCMネットワークに関する詳細な情報は，以下のウェブ・ページを参照のこと。www.administrative-burdens.com.

　SCMは，法律をいくつかの情報義務に分解することで成り立っている。そうすることで，単一の情報義務がビジネスにもたらす負担を測定するのである（ボックス1.8）。このモデルが優れている点は，行政的コストの測定が高度に詳細なレベルに及ぶというだけではなく，獲得される数値が政策領域全般にわたり一貫性を有するところにある。さらに，収集されたデータのデジタル化が進めば，単一の削減測定値が行政負担全体に及ぼす効果をモニターすることも可能となろう。

ボックス1.8　標準コスト・モデルの方法

　標準コスト・モデルは，中央政府の規制がビジネスに課している行政的コストを測定するものである。このコストは，主にビジネス・インタビューを通して決定されている。そうしたインタビューにより，会社が政府規制を遵守するのに費やす時間を詳細に規定することができるからである。
1．標準コスト・モデルは，規制を，計測が可能な，扱いやすい要素に分解する。その要素は，情報義務，データ提供義務，および行政向け活動から成っている。
2．標準コスト・モデルは，そのうえでいくつかの基本的なコスト・パラメーターを基礎に，上述の各活動の遂行に要するコストを測定する。
　・価格：価格は，事業者が行政向け活動を内部で行う場合の料金，賃金コスト・プ

> ラス・間接費，また外部に委託する場合の時間当たりのコストから成っている。
> ・時間：行政向け活動を完遂するのに要する総時間数。
> ・数量：数量は影響を受ける事業者の人口と1年間になされなければならない行政向け活動の頻度で構成される。
> 3．こうした要素の組み合わせが，次のような標準コスト・モデルの基本公式を与えてくれる。
>
> 　　　行政向け活動1単位当たりのコスト＝価格×時間×数量
>
> 注記：
> 1．情報義務とは，情報やデータを公共セクターないし第三者に提供するビジネス側の義務を指す（例えば，労働条件に関するレポート，商標付けなど）。
> 2．データ義務とは，情報義務を遵守するときに提供されなければならない各情報要素を指す。したがって，一つの情報義務は，一つあるいは複数のデータ義務から成っていることになる（例えば，付加価値税の事業者ナンバー，業種の確認など）。
> 3．各データ義務に関する，情報を提供するために，多くの特別な行政向け活動が遂行されなければならない。これは，事業者の内部でなされる場合もあれば，外部委託でなされる場合もある。いずれにしろ，それは計測可能である（例えば，説明，計算，および情報の保管など）。

　この手法を採ることで，長期にわたり負担を追跡することが可能となる。いったん追跡がなされるようになると，行政負担の変化は測定値のなかに統合され，比較検討が可能となる。既存の規制，もしくは改正された規制のなかに新たな情報義務が追加されることで，こうした変化が発生することもありうる。オランダなどいくつかの国は，数年経過すると測定値を更新する取り決めをしている。

　標準コスト・モデルは，行政負担の源泉が国際法規にあっても，その影響を評価することができる。国際法規は，しばしば，それを国内法に変換する際，関係国に対応方法である程度の弾力性を与える。したがって，行政負担は，国際法規が変換される仕方に従い，さまざまに変化しうる。標準コスト・モデルは，この点で，国際法規の各国への影響を一定の基準で測定することを可能にする。なぜなら，それは透明な測定を提供するからである。実際，いま，多く

の欧州諸国が負担削減プロジェクトを基準化する作業に携わっている。それというのも，基準づくりにより，参加国は国際法規を施行するうえでのベスト・プラクティスを確認できるばかりか，負担削減の優れた着想を得ることができるからである（ボックス1.9）。

ボックス1.9　標準コスト・モデルでのベンチマーキング

　標準コスト・モデルは多くの欧州諸国で採用されている。その理由は，国際法規やEU規制の実施にどの程度簡素化の余地があるかを確認できるところにある。例えば，SCM採用国は，同一の方法を用いている国の間でのベンチマーク（計測基準）の研究を通して，簡素化の余地を見出すことができるのである。共同ベンチマーク作成の焦点は，EU法の一国レベルでの実施方法の分析と行政負担の削減結果の評価に置かれている。それぞれの国の制度を比較することで，はじめてEUルールを実施するもっとも効率的な手法を確認できるのである。行政負担の測定は，またEUルールの簡素化に関し，次のような興味深いオプションをも提供している。
・デンマーク，オランダ，スウェーデン，およびノルウェーは，2005年に，行政負担の測定問題ではじめて国際ベンチマークを適用し，VATに関して計測演習を実施した。そのベンチマークの焦点は，EUのVAT法規の選択，その一国レベルでの実施方法，さらにそれがもたらす行政負担の多寡に置かれていた。
・ポーランドとオランダは，EU法規と国際運送法規の選択基準をテストするベンチマーク・プロジェクトを2005年に完成させている。

　OECDは，レッド・テープの得点表作成プロジェクト（Red Tape Scoreboard project：RTS）を介し，ある特定分野（陸上運送）の事業者が直面している行政的コストの詳細な測定をベースに，行政負担削減の問題にアプローチしている。RTSプロジェクトは，1年間に1台のトラック運行を維持するのに要するコストと並び新規労働者を1人雇うのに要するコストの計測に焦点を置いている。このプロジェクトは，SCMアプローチの基本的特徴をベースにベンチマークの演習を行おうとしたものである。このRTSプロジェクトを採用すれば，国際比較も可能となるであろう。政府は，自国が事業者に課している義務を，他国のそれと比較したうえでベンチマークを設定できるばかりか，それと同時に行政的コストの削減方法についても学べるようになるのである。

標準コストモデルでビジネスにかかる負担を計測する

　標準コスト・モデルをもって規制負担を分析するために，もしくは規制負担の削減計画を評価するために，ありうべき最初の一歩は，新規の法律および規

制がもたらす行政負担を測定するだけではなく,既存負担の「基線測定(base-line measurement)」[4]を開発・展開することにある。この基線測定は,規制の概観を与えてくれるばかりか,ビジネス関係者に負わされている行政負担の全体像を与えてくれる[5]。それは,負担の重い情報義務やそれに関連する活動がどこにあるのか,またそれは一国的なものに起源を持つのか,EU に起源を持つのか,を示してくれる。オランダやデンマークなどいくつかの国は,この基線測定を完了させている。これにより,そうした国は,新規の法律案の事前影響評価計画が採用されていることもあり,行政負担を分析し,それを最小化するために,基線測定で得られた情報を利用できるようになっている(付表2)。

- オランダ:2002年末に,SCM を用いてビジネスが負わされている負担総額の測定を開始し,MISTRAL 方法[6]を打ち立てた。行政負担総額は,2002年12月31日現在で164億ユーロ(オランダのGDPの3.6%)と測定された。省庁当たりの負担度はまちまちであるが,財務省(ministry of Finance),厚生省(ministry of Health and Social Affairs),および法務省(ministry of Justice)による負担が,行政負担総額の4分の3以上を占めている。
- デンマーク:2006年初めにすべての行政負担の基線測定作業が完了した。基線測定は,16の省庁のビジネス関連のすべての規制を含んでいる。
- イギリス:現在,ビジネス,慈善事業,および任意団体に影響を与える規制の完全な基線測定に向け作業に着手しているところである。その結果は,2006年に発表される予定である。
- チェコ共和国:2005年に,一般的な行政負担に関する基線測定を完了することになっている。それは,12の省庁と10の中央行政当局が所管する,ビジネスに関連するすべての一般的拘束力を有する規制の測定を含んでいる。
- ノルウェー:ビジネスに影響を及ぼす負担を徹底的に測定している最中である。測定がなされた後で,政府共通の簡素化計画が練られることになっている。それぞれの省庁は,その簡素化計画に従い,自らの簡素化政策を遂行することになる。
- ドイツ:「官民提携(Koalitionsvertrag)」のなかで,企業が負わされてい

る負担の基線測定を開始すると発表している。

これ以外の国も，現在，負担を測定中である。
- **スウェーデン**：付加価値税法，法人の年次報告に関する法規，所得税関連法規などさまざまな法律によって課されている負担を，現在測定中である。農業，環境，および労働に関連した法律分野の負担測定は，2006年に完成を見る予定である。
- **ポーランド**：最近になって，パイロット・プロジェクトの一環として，付加価値税や運送規制の領域で，標準コスト・モデルを基礎に負担の測定に着手した。ポーランドの規制改革プログラムのなかには，2006年から2008年にかけて3段階で標準コスト・モデルを実施するプランが含まれている。
- **イタリア**：2005年に，ビジネスが負わされている行政負担の測定に関し，パイロット・プロジェクトに着手した。このプロジェクトは，さまざまな産業分野のビジネス活動に関わる30のライセンスと許認可を測定の対象にしている[7]。このうち何件かについては，経済団体との合意で測定領域が選定されている。今後，企業にとって規制負担のさらなる削減が必要と見なされれば，より広い範囲で測定プランが準備されることになるであろう。

他のターゲット・グループの負担も計測できるよう，標準コスト・モデルを調整すること

もう一つの加盟国グループは，市民を負担削減努力のなかに統合すべく標準コスト・モデルの修正版を利用している。ハンガリーは，規制を調査し，どの規制が行政負担を生み出しているかを調べるため，標準コスト・モデルの修正版を使用している。ビジネス関係者だけでなく，市民に影響を及ぼす行政負担をも検討することになるので，修正版の視野は本来のものよりずっと広いものとなっている。その測定は利害関係者を巻き込むことになるが，関係者の関与はほとんどが質問書をベースになされている。フランスも，最近，企業と市民の両方にかかる負担を測定する「複合指標」を開発した（ボックス1.10）。

ボックス1.10　ベルギー，フランスの測定努力

ベルギーの指数ベースのアプローチ

　ベルギーは，行政負担を測定し，それを削減するため，スコアボード（tableau de board）と呼ばれるシステムを開発した。これは，各手続ないし正規の行政行為で用いられる変数（variable）をすべて記録し，手続の各段階（step）に対し指標（indicator）を利用し，そうした指標に指数値（index value）を与えるというものである（こうした指標は調査の標的グループである役人ないし市民によって有効と認められたものである）。手続の指数値は合算され，それに手続の頻度と関係者の数が乗じられることで総計がはじき出される。ただし，給与コストないし手続の継続時間は，この測定には含まれていない。こうして得られる結果は，その手続全体の指数値を与えてくれる。

フランスの複合指標

　2005年半ばに，国家改造担当大臣によって「複合指標（indicateur de complexité）」プロジェクトが導入された。このプロジェクトは，最終利用者の観点から複雑な行政手続を測定することを意図していた。そこで選択された方法は，標準コスト・モデルを改作したものであり，法的・行政的な文書の分量と行政手続に費やされる時間の両方を評価するものである。
・規制の複雑さを理解するため，法律テキスト，各手続に関し公衆が利用できるガイダンス，公式文書の分量が評価された。ただし，規範的なテキスト（法律および条令），情報，解説文書，公式文書との間には区別が設けられている。
・行政手続に費やされる時間を分析するために，各手続に関し，利用者がその手続を完遂するのに通過しなければならないさまざまな手続段階のフローチャートが準備された。

　ビジネスが直面している負担は，まず130超の手続がビジネスに課しているコストを測定することで，評価された。公務員とビジネス界の代表者から成る運営委員会（steering committee）が，測定手法とその結果を監視することになっている。国家改造担当大臣は，いまこの手法をビジネスに影響を与えているすべての行政手続に拡大しようとしている。また，このテストを新たな測定に適用する計画もある。

　この方法がいったん承認されれば，行政手続がフランス市民にどれだけ負担になっているかを評価するため，政府はこのプロジェクトを徐々に一般化し，2006年には，測定する行政手続を国民とその家族のひとり一人に適用することになろう。

欧州連合では,「法規によって課されている行政負担を評価するためのEU共通の方法」に関するコミュニケ（政策文書）(8)で確認できるように,欧州委員会が負担測定の検討に入っている。そこで提案されている方法は,「EUの純粋な行政費用モデル（EU Net Administrative Cost Model）」と呼ばれている。それは,SCMと同じく,「ミクロ・レベルの評価方法」であり,国,EUおよび国際社会の間で負担起源を区別できるようになっている。また,EUのモデルは,企業の負担に止まらず,ボランティア分野,公的機関,および市民の負担を包含できるよう,SCMを改作している。さらに,それは,1回限りの費用だけではなく,正味の費用についても検討を加えている。

　ビジネスに関連する規制をSCMの方法で測定中の国,あるいはすでに測定を完了した国は,測定の範囲を市民,公衆もしくはボランタリー分野に広げるために,方法論の修正を始めている。**デンマーク**は,どのようにすれば市民にのしかかる負担や障壁をより体系的かつ有効な仕方でパイロット・プロジェクトのなかに組み込むことができるのかを検討している。**オランダ**も,2005年以降,負担測定の努力を市民および公共セクターにまで広げている。**イギリス**もその測定対象に慈善事業,任意団体を含めているが,公共セクター,とくに学校や病院のような公共セクターの前線で生み出されている規制負担を新たに測定対象に加えることを検討している。

　既存負担の大きさの測定は,負担削減政策を策定するうえで,重要な情報ベースのアプローチとなりうる。また,それは,採択された政策イニシアティブの評価に基礎を提供するものともなる。負担の大きさは,政治家の間に自覚を促し,彼らの変革への支持を不動なものにし,負担削減政策の維持・発展に役立つ可能性がある。さらに,予測可能な負担削減目標は,改革者の説明責任を高めることにもなる。

4．簡素化戦略の実行

　行政簡素化政策は，政治的な支持とコミットメントが得られるときに成功する。その実行は，主要な，かつ二次的な規制を簡素化する多様な手段を利用できるかどうかにかかっている。いくつかの国では，行政簡素化法によって，これを実現している。

A．簡素化努力へのコミットメント

　行政簡素化政策は，現在，政治の最高レベルで採択され，より包括的なものになりつつある。簡素化戦略については，政府のアクション・プランのなかでその概要が定められる場合が多い。これは，簡素化政策が高度に政治的な優先課題になっていることを反映したものである。政治的課題にすることで，改革を担う政府機関に権限を与え，政府が政策目的および目標の達成に努めるインセンティブを持つようにするのである。また，実際，政府自身がそうした目標の達成を明示的に確約しているので，こうした戦略は透明性の向上にも貢献する。

- メキシコ：2年ごとに規制改善計画（regulatory improvement programme）を策定しており，そこで連邦省庁は行政手続を改善するために，多大な影響を有する手続を確認している。
- ポーランド：全国規模の規制改革3カ年計画のなかで，法律の簡素化とより優れた規制の追及が謳われている。
- 米国：行政管理予算庁（OMB）が，行政文書削減法の一環として，各連邦機関に対し，毎年，情報収集負担の年間削減目標を設定している。
- 欧州委員会：2005年の「欧州連合における成長と雇用に関するより優れた規制（Better Regulation for Growth and Jobs in the European Union）」[9]に関するコミュニケ（政策文書）のなかで，「より優れた規制に向けた行動計画（Better Regulation Action Plan）」を発表している。行動計画は，

加盟国に，EUリスボン計画（EU Lisbon programme）の枠組みのなかでそれぞれアクション・プランを作成し，この「より優れた規制」原理にコミットメントしていることを明示するよう，求めている。

いくつかの国では，簡素化政策は，政府と利害関係者との協調を基礎に打ち立てられている。オランダやデンマークが，これに当たる。そこでは，省庁と経済団体が，負担の測定から得られた結果に従い，共同で簡素化措置を確認し合っている。

- **オランダ**：省庁が，自分の所管する法律や規制から生じる行政負担について，その内部で削減提案を一覧表のかたちで纏めている。これはビジネス界との協力で行われているものである。官僚とビジネスマンが，「合同委員会（mixed committees）」を構成し，同委員会が，各個別省庁に関係する負担をどのように削減するかについて，「特認大臣（specialist Ministers）」に共同で助言を行うことになっている。
- **デンマーク**：行政簡素化に関し，ビジネス関連の規制を数多く有する八つの省の下に簡素化委員会を設立することで，経済団体や個々の企業との間の対話を進めてきた。この八つの委員会は，簡素化努力にも，また行動計画の作成にも参加しており，政府の年次簡素化行動計画の推進に貢献している。

政策目標を成功に導くには政治的コミットメントが欠かせない

行政負担の削減という政策目標を達成するには，政府の最高レベルでの政治的なコミットメントがきわめて重要である。それは，コミットメントがなされる政治レベルという意味でも，またコミットメントが具体的に表明される仕方という意味でも，重要である。すべての国が，簡素化計画の一部に規制の質の改善と行政負担の削減を含んでいるが，いくつかの国はこの点でもっと前進しており，一段と明確なコミットメントをしている。

コミットメントのレベルに関していえば，いくつかの国は目標を定め，行政負担削減の政策目標を達成する最終期限を定めている。また，いくつかの国，とりわけ行政負担を計測している国は，それ自身具体的な削減目標値を設定している。例えば，**オランダ**では，政府が2007年にビジネスへの行政負担を正味で25％削減することを決定している。**デンマーク**でも，政府は2010年までに会社への行政負担を25％削減することを決めている。こうした国では，レッド・テープの削減に向けた政府のコミットメントに続いて，負担の測定に努力が傾けられた。**イギリス**，**スウェーデン**，および**チェコ共和国**などの他の国も，同様の削減目標を設定しているが，そこでは逆に測定の結果が出た後で目標が設定されている。これは，そうした国に，将来の負担削減努力に関し，より現実的な展望を持つことを可能にするものである（付表2）。

具体的なかたちで政治的コミットメントを表明するもう一つの方法は，有力な政治家の個人的なコミットメントである。これは**イギリス**で見られる。そこでは首相が，直接，ビジネス関連の規制に関し，より優れた規制を作成し，行政負担を削減する努力をしている。**ベルギー**でも長老政治家が長官に任命され，この分野の努力を追跡する責任を担っている。**カナダ**では，産業大臣が，文書業務負担削減計画（Paperwork Burden Reduction Initiative：PBRI）を擁護し，抵抗勢力と戦っている。

負担削減努力を国民の眼に見えるようにすること

簡素化計画でなされた努力を広く伝達することが，規制の質を改善するうえで重要である。いくつかのケースを除き，努力目標が可視的なかたちで明示されるようなケースは稀であるが，こうしたコミュニケーション戦略は，OECD諸国で最近関心が高まりつつある領域である。改革が公衆の眼に見えるということは，公衆の反応を生み，それが政治システムにフィードバックされることを意味している。それはまた，政治家，ビジネス関係者，および公衆を鼓舞し，

改革への支持を一段と高め、その勢いを加速させることにもつながる。例えば、ベルギーでは、さまざまな簡素化プロジェクトの進捗度が、1件ごとに伝達されており、インターネットで見られるようになっている[10]。コミュニケーション戦略のなかには、負担削減努力の結果を公衆や他の利害関係者に知らせるための、年次レポートの公表も含まれている。また、メディアとの接触も重要となる。

年次レポートが、長期にわたる改革のインパクトを伝えている。
- 米国：OMBが、毎年、連邦規制の費用と便益に関し、議会にレポートを提出している。このレポートは、連邦の規制ルールと文書業務の年間の総費用、総便益を測定し——機関別、主要ルール別に合計している——、連邦法規が及ぼしている影響を分析したうえで、改革に向けた提言を行っている。
- デンマーク：経済産業省（Ministry of Economic and Business Affairs）が、毎年、ビジネスと規制の関係に関し、議会向けにレポートを作成している。このレポートは、前年度にビジネスを規制するのに用いられた法律と届出の数ばかりでなく、行政簡素化や負担削減政策の結果についても説明を行っている。

メディア戦略という意味では、**イギリス**が興味深い事例を提示している。イギリス政府は、行政手続の削減計画について、それを説明し、追跡調査する格好の機関を持っている。内閣府のなかの「より優れた規制執行室（Better Regulation Executive）」が、政府の行動を市民や事業者に説明するためのコミュニケーション資源を持っている。重要なニュースや主だったイニシアティブは、その大部分が新聞等のメディアで伝えられている。2005年末には、同執行室の議長がレッドテープの削減に関する質問に直接答えている[11]。加えて、こうした情報は利害関係者にも容易に利用できるようになっている。

B．規制の簡素化

　行政簡素化は，主要な，かつ二次的な規制を簡素化することに関係している。それは，市民，会社，もしくは地方政府に対する諸種の義務を取り除くことで，法規を変更することを意味している。それはまた，ビジネスに携わる事業者や市民が相対しなければならない当局の数を削減することを，もしくは彼らに対しより優れたサービスを提供するため既存の行政手続を変更することを意味している。規制を簡素化するために採用された諸計画の概要は，次のボックス1.11のなかに纏められている。

ボックス1.11　規制の簡素化

簡素化はさまざまな手段を利用することで実行される。
・既存法規の廃止；
　＊単一の法律の廃止，省庁の規制の廃止。
　＊特定期日までの規制の完全な廃止。
・遵守が容易な法への変更；
　＊コミュニケーションを簡素化する，さまざまな法規の単一法規への組み入れ。
　＊影響を受ける企業に課される義務の最小化。
　＊行政手続の簡素化（例えば，会社登録手続）。
　＊法規によって影響を受ける会社の数の最小化（例えば，規制の基準の引き上げ，一定の産業分野に対する法規の適用除外など）。
・報告義務の省庁間調整；
　＊さまざまな当局の間での報告義務の調整（例えば，ライン省庁間の横断的な報告義務の調整など）。
　＊規制範囲のライン省庁間での調整。

出典：国際研究所『行政負担の削減およびビジネス関連規制の改善に向けた努力』，デンマーク経済産業省

　簡素化は，規制の整理やコード化のプロセスと密接に関係している。とくに簡素化が，規制の見直し，すなわち既存規制の整理・改正に関係する場合はそういえる。コード化は，一つの領域の一連の法規を廃止し，そうした法規に実質的な変更を加えることなく，それらを単一の法規で置き換えることを意味し

ている。他面，簡素化のプロセスは，規制の中身を変化させる。とはいえ，簡素化とコード化の間には，密接な繋がりがある。簡素化プロセスが存在するとき——ある分野に関する規制原理の合理化ないし改訂——，コード化を通して規制を整理する必要が生じることもあるし，また逆にコード化努力がなされている最中に，その分野の措置を簡素化する必要が生じることもあるからである。

フランス，イタリア，ドイツなどいくつかの国では，簡素化とコード化はしばしば補完関係で捉えられている。簡素化は，こうした場合にあっては，もはや有益な目的に貢献することのない古い規制，もしくは一貫性のない古い規制を廃止するということを意味している。例えば，これは，**ドイツの前政権による簡素化計画，「官僚形式主義の是正イニシアティブ（Initiative to Reduce Bureaucracy）」**が明確に示しているところである。このイニシアティブは，連邦法を簡素化し，現代的な，効力のある簡潔な連邦法秩序を創り出すことに関わっていた。連邦法の改革は，政府が中央で集権的に実施したのではなく，各個別省庁がそれ自身の所管領域で実施したのである。すべての連邦省庁が，付託の範囲内で，法律の簡素化を開始することを確約したのである。これは，不必要で非現実的な，また理解不能な法律の廃止を促した。その際，法務省（Ministry of Justice）は，他の省が一連の基準に従い法令や規制のストックを見直すのを支援するため，簡素化概念の開発手法に関し，他の省に有益な助言を提供した。例えば，法令が不必要となっている場合の指標として，法規が有効とされてきた期間の長さ，改正法のなかに残る妥当性を欠いた旧法の残渣，既存の法律にも，現行法以前のターミノロジー（法術語）にも割り当てられないような特別な規制などを挙げている。

フランス，ギリシャ，イタリアなどいくつかの国は，主要な制定法を伝統的に法律によってしか修正できないため，規制を簡素化するために，簡素化に関する法律を用いた。例えば，**ギリシャ**は，二つの簡素化法で，市民やビジネス関係者に利益をもたらす対策を導入することになった。この二つの法律で述べ

られている対策は，閣僚が合同閣僚会議の決定に署名することで効力を発することになっている。

　法律で行政簡素化を定めるやり方には，他の長所もある。それは，政府によって簡素化に義務が付される点で重要であるが，それと同時に，高い遵守レベルを保証する手段にもなる。また，法律による行政的規制の簡素化は，一貫性のある基準の整備と規制の成果達成を支援し，施策の高度な透明性を保証することにもなる。

フランスの行政簡素化
　フランスの行政簡素化は，2002年以降，順次繰り出された簡素化法計画に沿って，実行されている。これまでに二つの簡素化法案が採択された。現在，第3番目の法律が検討されているところである。
- 2003年7月2日に採択された第一次簡素化法は，利用者の行政手続を簡素化するために，最初の一連の措置を講じたものである。それはまた，ビジネスに必要とされる行政手続を削減した。さらに，それは，多くの統計調査を制御し，許認可に代わり申告制度（declaration）を導入したばかりか，社会的，財政的な申告の件数を大幅に削減した。
- 2004年12月9日に採択された第二次簡素化法は，市民向け行政手続の簡素化，税制の簡素化，および電子行政の法的基盤の整備などを計画したものである。また，それは，規制のコード化，ビジネス向けの簡素化措置，および行政の現代化（modernisation）を推進することにもなった。
- 第三次簡素化法は，現在議会で審議されているところであり，2007年に採択される予定である。これは，利用者である市民，ビジネス関係者，および地方自治体にとって使い勝手の良い簡素な行政を推進するものであり，行政の構造と機能の現代化を追及するものである。「既存の法律を廃止する法律（repeal law, loi anti-loi）」も新たな法案の一部に加えられる予定であり，時代遅れで，過剰な，使用されていない法規，もしくは明白に廃止

する必要がある法規は，この法律で廃止されることになるであろう。

ギリシャの行政簡素化

2004年に，二つの簡素化法が議会を通過した。その一つである法律3230/2004は，市民の利益となる簡素化対策を導入した。

- 手続の数（例えば，許可証の発行に要する手続）が大幅に削減された。また，正式な認可に代わり，市民による省庁への届出制が導入された。
- 「沈黙は同意の謂」というルール（silence is consent rule）が適用された。申請から一定の期間が過ぎると，市民の申請は暗黙のうちに認可されたことになる。
- 時間制限制度が導入された。行政が公文書の送付に要する期間は最大で2カ月である。
- 市民に要求される文書を削減する努力がなされ，かつて文書が必要とされた手続が，いまや市民の公言（契約，声明）で済ませるようになっている。

もう一つの法律3234/2004は，以前の法律の条文を洗練したものであり，市民およびビジネス関係者に対し次のような簡素化対策を導入した。

- 省庁は，市民との合意に従い，許可証の発行に必要な証明書類を捜し出すことになる。
- 市民が市民相談室（ワンストップ・ショップ：Citizen's Advice Bureaux）に簡単な行政文書を請求する場合，その請求は所管省庁に提出されたものと見なされることになる。
- 電子で情報交換を行う総合的な電子行政制度の導入。関連省庁は，職業ライセンスのような行政文書の発行に必要な文書を捜し出し，当事者に伝送するのに責任を負うことになる。

また，この法律により，「政府手続簡素化委員会（Central Procedure Simplification Committee）」が設立された。

イタリアの行政簡素化

　イタリアでは，1997年の法律59により，政府が簡素化計画を繰り延べ展開するための主要な原理と基準が，また同時に年々簡素化法を更新する機構が導入された。それ以後，4つの簡素化法が生み出されており，行政簡素化はいまや永続的な規制の質の改善プロセスのなかに位置づけられ，その重要な要素となっている。

- 最初の簡素化法（1999年の法律50）が，主要な，かつ二次的な規制ルールをいわゆる「単一テキスト」にコード化するプロセスを開始した。また，同法はRIAや利害関係者とのコンサルテーションといった新たな規制政策手段を実験的に導入するものでもあった。
- 第二次簡素化法（2000年の法律340）は，ルールの「簡明化（delegification）」と行政手続の簡素化のプロセスを追跡することになった。
- 第三次簡素化法（2003年の簡素化および規範的な法改正に関する法律229）は，選択された分野の法改正が従うべき基準を認定することになった。同法は，とくに経済活動の発展を助長することに重点を置いていた（可能ならば，許認可・ライセンスを廃止すること，起業を許認可・ライセンスから事業者の届出制に代えること，「沈黙は同意の謂」というルールを導入すること）。
- 第四次簡素化法（2005年の法律246）は，政府に規制のコード化，法改正，および行政手続の簡素化の推進を認めている。また同法は，政府はさらなる簡素化に向け，次のような一般的な原理および基準を追加的に検討すべきであると述べている。利害関係者とのコンサルテーション，ビジネス活動に関する行政手続の規制緩和ないし簡素化，可能ならば自主規制の導入，ビジネス関係者が保持しなければならない記録文書の数の削減などが，それである。2005年の簡素化法は，また，「法律を削除する法律（taglialeggi）」を導入した。その対象となるのは1970年以前のすべての制定法である。ただし，その適用が除外されている法律や，政府と議会の特別委員会によってその妥当性が確認されている法律は，その対象とされない（例えば，市

民法コード，立憲機関を規制している法律など)。

簡素化プロセスを加速させるテクニック

欧州連合だけではなく，いくつかの国で，負担の重い規制を簡素化する法律の採択が必要となっている（ボックス1.12）。だが他面，法律を用いることは，簡素化政策を変化する環境に対応・適合できないものにしてしまうおそれがある。こうした理由で，少数のOECD諸国は，制定法で定められた負担や統制を削除するため，下位の規制を用いることで改革を促進するという革新的な政策手段を導入した。こうした行動は，継続的な議会による調査と法案の却下という機構的な制約の下，行政府が立法改革を実行できるような仕組みを提供することで，負担がかかりすぎる議会制度において改革を前進させる能力を強化しようとするものである。

ボックス1.12　EU立法の簡素化の促進

現在，EU法を変更する唯一の方法は，EU指令ないしEU規制の改訂版として提出される，いわゆるEU法の改正である。だが，これはEU内部の制度間交渉と合意の全プロセスを通過しなければ成立しない。このプロセスは，長期間を要するだけではなく，非常に複雑である。「より優れた規制タスクフォース（Better Regulation Task force：BRTF）」は，「EU法の簡素化と改善」というレポートのなかで，基本的な政治論議を再開することなく，簡素化が可能となる機構を早急に検討すべきであると提言している。BRTFは，一例として制度間合意のコミットメントに効力を持たせるべきであると提言している。それが受け入れられれば，欧州連合の閣僚会議，欧州議会，および委員会は，もっとも迅速なルートで，簡素化を促進する「暫定機構」を立ち上げることができよう。

BRTFレポートはまたEU法はもっと弾力的であるべきだと提言している。これが受け入れらると，EU法は，簡素化の必要が生じた場合，例えば，変更が可能な修正範囲をそのなかに組み入れることになるであろう。また，法の改正，簡素化，もしくは「一括廃止（sunsetting）」についても，その必要性が生じた場合には，交渉の開始時に新しい法的手段を検討できるようになるであろう。

フランス：行政の簡素化は，2002/2003年以降，行政簡素化法によって順次繰り延べられた一連の簡素化計画に従い実施されている。こうした法律により，行政簡素化は加速されている。というのも，それは命令（Ordonnances）で政府に法規の変更を提案する権限を賦与しているからである。この命令は，行政の能率化プロセスの後半の段階で議会によって追認された。フランス憲法第38条に認められたこの制度上の取決めにより，政府は，議会に対し説明責任を負い，さまざまな省庁が採用している規制ルールおよび手続の簡素化に関し毎年議会にレポートを提出することになっている。

イギリス：新しい規制改革法案が，2001年の規制改革法で定められた改革権限を拡大することになるであろう。2001年の規制改革法は，一つのあるいは複数の法律をその下位法規とともに廃止したり，新たな法律に置き換えることを含め，規制制度全体の改革を認めていた。新法は，議会手続を能率化することで，また所管大臣のそうした行動が法律の改善につながると証明できる場合には，彼に主要な法規，あるいは二次的な法規の修正，改廃，置き替えの権限を与えることで，簡素化のプロセスを一段と推進することになるであろう。

5．結　び

　規制の質を向上させ，行政負担を削減することは，ほとんどのOECD諸国の確固とした政策課題となっている。削減努力はいまだ主にビジネス，とくに小規模事業にターゲットを置いているが，市民や他のグループの負担を取り除こうとする意図もまた存在している。ますます多くの国が，具体的な負担削減目標の設定，コミュニケーション戦略の改善，および高いレベルでの政治的関与を通して，この問題に高度なコミットメントをするようになってきている。

　行政負担の削減努力は，概して，暫定的ないし分野別の計画から「政府全体的なアプローチ」を伴うより包括的な計画へと進化を遂げてきた。この政策は，

経済が競争力，グローバリゼーション，および技術革新といった諸課題に直面したとき，政府がそれに敏感かつ弾力的に反応したものといってよい。とはいえ，多くの国はいまだ改革の歩調を整えるのに困難を感じている。それというのも，次の二つの相反する要因がせめぎあっているからである。負の要因として，行政組織の再編や簡素化措置の履行に時間がかかること，また官僚が行政文化の防衛を名目に改革に抵抗することを挙げることができよう。だが他面，改革にはビジネス界および市民社会の側からの強力な支持があり，支持者は即座に確認できる結果を出すよう，政府に圧力をかけている。行政簡素化政策の影響評価や負担削減イニシアティブの成功例に関しては，利用できる過去の情報は限られている。それゆえ，データの収集にコミットすることが，また削減計画の影響評価や諸結果を追跡する機構を検討することが，改革の前進にとって欠かせないのである。

レッド・テープの削減に高い優先度を置いている政府の多くは，負担の削減に向け証拠ベースのアプローチ（evidence-based approach）を採ることを検討している（あるいは，すでにそうしたアプローチを採っている）。負担削減に対する定量的なアプローチは，ビジネス関係者や市民に課されている行政的コストを考慮に入れ，創出される行政負担の大きさを測るという経済的な目的を持っている。こうした経験実証により，負担削減の前進と後退が測定されることになるのである。

とはいえ，定量的な負担削減目標は，定性的なそれによって補完されるべきである。このことは，負担の重い，不必要と思われるような新規規制の導入，もしくは規制の見直しに関連している。利害関係者のコンサルテーションによって支えられるこうした努力は，いまや多くの加盟国で共有されており，利害関係者によってとくに重要と見なされている問題に取り組む機会を与えている。それは，優れたガバナンスと透明性を確保するために，利用者に，より優れた，適合的なルールを与えようとする政府の努力を反映するものである。

行政の簡素化は，ますます多くの国で，政策立案過程のなかに埋め込まれつつある。その重心は，事前かつ事後の行政負担の最小化に移行しつつある。政府は現在，ビジネス関係者や市民にかかる負担を最小化しながら，新規規制が所期の目的を達成できるような機構を構築しているところである。また同時に，既存の規制ストックによって負わされている負担を簡素化，削減するプロセスも続行中である。行政簡素化はもはや一回かぎりのプロセスではなく，質の高い規制を生み出すための永続的な手段となっているのである。

注
（１）　本レポートは，多くの国によって1998年と1999年の間に実施されたビジネス調査から得られた結果を提示している。この調査は，11のOECD加盟国の約8,000の中小企業を対象になされた。この調査によれば，従業員１〜19名の零細規模の事業者は，規制を遵守するために，年間，従業員１名当たり4,600ドルを費やし，20〜49名の中小規模の事業者は年間，従業員１名当たり1,500ドルを，50〜500名といったやや規模の大きい中小事業者は年間，従業員１名当たり900ドルを費やしている。
（２）　例えば，イギリスでは，内閣府の「より優れた規制執行室（Better Regulation Executive：BRE）」から情報を受け取れば，イギリス国内では24時間以内にビジネスを起ち上げられるようになっている。もっと詳細な情報については，www.companieshouse.gov.uk を参照のこと。
（３）　http://www.kafka.be.
（４）　基線測定とは，既存のすべての法規による行政負担をゼロ・ベースで測定するものである。
（５）　オランダ政府は，行政負担を，政府に課された，法規から生じる情報義務をビジネス関係者が遵守しなければならないときに発生するコストと定義している。これには，雇用主ないし消費者のような第三者に対する情報提供義務も含まれている。
（６）　MISTRALは，さまざまな法規の行政遵守費用を定量化するために用いられてきた。負担は貨幣タームだけではなく，時間タームでも数量化されている。
（７）　その分野とは，陸上・海上運送，オリーブ油生産工場，銀行・保険および諸産業でのプライバシー規制，食品・飲料，そしてテレビ産業（TVA）である。

(8) COM (2005) 518.
(9) COM (2005) 97.
(10) www.simplification.be.
(11) BBC News, 24/11/2005.

第2章　簡素化の手段

序

　政府が簡素化手段を採用する目的は，自らの情報管理体制を改善し，規制により影響を受けている人々の時間と資源を規制から解き放すことにある。事実，簡素化手段は，政府に簡素化戦略を広い範囲にわたり実行できる機構を提供している。また，こうした簡素化手段は，行政的規制の透明性や説明責任を向上させる効果を持っている。

　概して，簡素化手段は次の三つの領域に適用されている。この三つの領域は，実際には密接に混り合っている場合が多い。
- 情報の普及：規制情報の要件を，当該規制の対象グループにとってもっと容易な，コスト効果的なものにすること。
- 情報取引の促進：規制当局とビジネス関係者および市民の間での規制情報のやり取り（transaction）を可能にし，情報取引を促進すること。
- 情報の共有：さまざまな政府機関の間で，規制種別にそれに必要とされる情報を共同で蓄え，共有すること。

　2005年のOECD『規制の質の指標に関する調査』によれば，情報・コミュニケーション技術（以下，ICTと略記）が，OECD諸国のなかでは特に期待される簡素化手段となっている[1]。また，この調査によれば，他の簡素化手段として，多くの国がプロセス・リエンジニアリングによる行政手続の能率化を挙

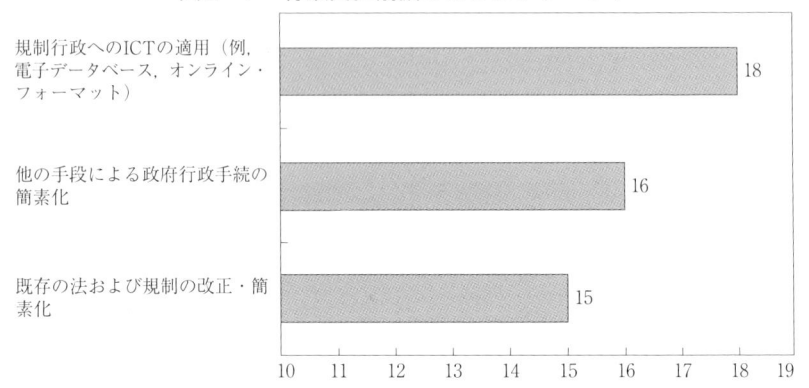

図2-1　行政負担削減のためのテクニック

規制行政へのICTの適用（例，電子データベース，オンライン・フォーマット）	18
他の手段による政府行政手続の簡素化	16
既存の法および規制の改正・簡素化	15

出典：OECDの規制指標の事前調査（2005年）への回答から作成。行政簡素化プロジェクトを実施している22カ国のサブ・サンプルで作成。

げている（図2-1）。

1．電子ベースの配信メカニズム

　行政簡素化は，空前かつ急激なICTベースの簡素化手段の発展によって，恩恵を受けてきた。ICTベースの簡素化手段は，政府とビジネス関係者および市民との間の規制のやり取りを，より一貫性のある，効率的なものにする可能性がある。ICT機構は，情報化を可能にする重要な「物理的」装置であり，情報の普及と情報取引の促進に関わっているが，同時に負担削減に欠かせない手段でもある。

　このように，行政簡素化と行政負担の削減に向けた努力は，電子政府の推進というより広い課題につながっている（ボックス2.1）。行政負担の削減という政策目標は，多くの国で電子政府の重要な牽引力になっている。電子政府の重要な一側面は，ICTが有する次のような能力にある。すなわち，ICTは政府の構造および行政手続を変換し，政府全体のコミュニケーションを改善するば

かりか，どこで，どのように政府サービスが提供されようと，その情報のより簡単かつ効率的な利用を可能にする，そうした能力を持っているのである。

ボックス2.1　電子政府と行政簡素化

OECDは，電子政府を，「より優れた政府を実現するためのツールとして情報およびコミュニケーション技術を利用すること，とくにインターネットを利用すること」と定義している（『緊要な電子政府』，OECD，2003年）。電子政府計画と行政簡素化計画は，いずれもより簡素で，より効率的な手続を目指す点で，また政府と民間との間の相互交流の発展を利用者（市民ないし会社）の利便性を中心に据えている点で，共通している。

このレポートが示すように，ICTの利用は，行政簡素化を実現するための重要なツールであるが，唯一の実現手段というわけではない。同様に，電子政府は行政負担を削減するものであるが，その目的はそれにとどまるものではない。電子政府計画は広範囲にわたる政策目標をカバーしており，現行公共セクターの改革で中心的な役割を担うものと期待されているのである。

・電子政府は効率性を改善する
　　インターネット・ベースのアプリケーションはデータの収集と伝達で節約を可能とし，顧客への情報の提供とコミュニケーションで費用の節減を可能にする。
・電子政府はサービスを改善する
　　利用者の要求をよく理解したうえで，（オンライン・オフラインで）優れたサービスが提供されるようになる。顧客重視ということは，政府とのやり取りで，利用者が複雑な政府構造や政府機構間の関係を理解する必要はないことを意味している。インターネットは，政府が統合された機関として出現することを可能にすることで，また漏れなくオンライン・サービスを提供できるようにすることで，この目標の達成に役立つことになる。
・電子政府は，特定の政策結果を導くのに役立つ
　　インターネットは，利害関係者が情報や考え方を共有するのを助け，それにより特定の政策結果を導くのに貢献する。
・電子政府は経済的な政策目標の達成にも貢献する
　　電子政府は贈収賄の削減，政府の情報公開と信頼の向上に役立ち，それにより経済的な目標の達成に貢献する。
・電子政府は公共部門の改革の主要な貢献者たりうる
　　すべてのOECD加盟国は，公共経営の現代化（modernisation）と改革という問題に直面している。ICTは，例えば，透明性を改善し，情報共有を促進することによって，また行政内部の不整合に光を当てることによって，多くの領域で公共経営

改革を下支えしている。
・電子政府は，政府と市民の間に信頼関係を打ち立てるのを助ける
　　両者の間に信頼関係を確立することが，優れたパブリック・ガバナンスにとって基本となる。ICTは，市民が政策プロセスに関与することを可能にすることで，またオープンな，説明責任を備えた政府を推進することで，さらには贈収賄の防止に役立つことで，信頼関係の確立を支援することになろう。

出典：E-Government for Better Government, OECD, 2005. を手直ししたものである。

A．伝統的なワンストップ・ショップから集権的な政府ポータルサイトへ

物理的なワンストップ・ショップ

　政府情報への伝統的なアプローチは，情報を獲得するための「ワンストップ・ショップ」である。ワンストップ・ショップは，申請者や政府サービスに関心がある者が持つ疑問に答えてくれる，そうした情報が得られる，ある一定の場所に設置されたオフィスと定義できる。したがって，それは「政府サービス・カウンター」，「単一窓口」，もしくは「情報キオスク」とも呼ばれている。ワンストップ・ショップは，主に顧客が総合的でシームレスなサービスに，できるだけ容易に，かつできるだけ少数のポイントで，アクセスできるように設計されている。ワンストップ・ショップは，利用者が政府と広い範囲にわたり交流することを考え，彼の情報探索費用および取引費用を節減しようとするものである。

　ワンストップ・ショップは，一般オフィスでも専門オフィスでもありうる。専門オフィスは一般オフィスから枝分かれし，伸び出たオフィスである場合が多い。最後になるが，ワンストップ・ショップは国によっても，地域や地方自治体によっても運営が可能であり，公的機関とビジネス界および市民社会の団体など民間団体との官民共同事業の形態をとって運営されるケースもある。

　OECD諸国では，多くのワンストップ・ショップが，市民とビジネス関係者の双方を支援するため，多様な形態で設立されてきた。

・市民向けワンストップ・ショップの出現は，1990年代初期に遡り，地方自治体がそうしたサービスの最初の提供者であった。その市民サービスは，たいていの場合，「ライフサイクル・エピソード」といった，一般に市民のニーズと需要パターンに焦点を合わせている。市民向けワンストップ・ショップは，目立ったところでは，登録やライセンス（出生証明，自動車登録），税務報告，社会保障，社会保険，および健康医療サービスに関し，情報を提供している。
・ワンストップ・ショップは，また，政府と企業とのやり取りを簡素化するためにも広く用いられている。だが，次の二つのカテゴリーは区別されうる。「企業向けサービス・カウンター」は，企業家がさまざまな公的機関から幅広いサービスを獲得できる，そうしたワンストップ・ショップである。これに対し，「ビジネス向けサービス・カウンター」は，ある特定のビジネス活動に従事するのに必要な許認可取得に関する情報およびその取引機会の提供に活動の焦点を置いている。

　ワンストップ・ショップの基本理念のさまざまな発展形態ないしその変種が，ビジネスや一般公衆の行政負担を削減するのに成功してきたことは，明らかである。その利得は，多くの国が情報，とくにライセンスと許認可要件に関する情報の探索に投じられる時間とコストの削減というかたちで経験しているところである。

　情報の配信メカニズムは，面談インタビューから電話・メールといった伝統的な手段からICTベースの情報手段へと，もっとも重要なものとしてはウェブ・ポータルへと発展を見ている。今日，OECD諸国は，公共サービスへの利用者のアクセスを改善し，一段と促進するために，「多チャンネル」配信サービスの発展に重点を置くようになってきている。ここでは，チャンネルは，カウンターや電話といった伝統的なチャンネルから電子ベースで利用可能なチャンネル（インターネット，Eメール，SMS，デジタル・テレビなど）にまで

広範囲に及んでいる。
- **フランス**：2004年10月に，すべての行政への問い合わせに共通番号をふった「3939：もしもしこちら公共サービス」というワンストップ情報ラインを立ち上げた。
- **ギリシャ**：電話による申請制度「1502」を導入した。この電話センターを通して市民は多くの申請書や行政ドキュメントを申請できることになる。

インターネットをベースにしたワンストップ・ショップの急速な成長にもかかわらず，物理的なワンストップ・ショップが依然として行政負担削減のための重要な手段であり続けている。物理的なワンストップ・ショップは，ウェブ・ベースのワンストップ・ショップが提供できないようなある種のサービスの質の高さを保持しているからである。すなわち，個人的な助言・指導，公務員の個人的関与による高度な説明責任などが担保されているのである。また，物理的なワンストップ・ショップは，デジタル・ディバイド——ICTの利用やインターネットにアクセスできる人々とそれができない人々とのギャップ——が存在していることを考えれば，やはりいまも重要である。ビジネス関係者——例えば，小規模事業者——や市民グループの一部は，電子ベースで提供される政府サービスにほとんどアクセスしていないし，アクセスが困難である。

電子政府のワンストップ・ショップ——ウェブ・ポータル

技術の進歩とITやインターネットの利用が増加したことに伴い，ワンストップ・ショップの配信メカニズムも進化を遂げてきた。電子的なワンストップ・ショップは伝統的な物理的ワンストップ・ショップを補完・補足することになった。

ICTの利用は，ワンストップ・ショップ概念の進歩に重要な貢献を果たした。いまや一般的ないし専門的なポータル（電子的なワンストップ・ショップ）を通して，さまざまなサービスがオンラインで利用可能になっている。ほとんど

のOECD諸国で，ワンストップ・ショップと特定の目的を持ったポータルは，より広い電子政府の枠組みのなかに統合されている。ワンストップ・ショップは，そこでは，政府のワイド・ポータルに合流している（ボックス2．2）。

ボックス2．2　電子行政に関するフランスのAdele計画

フランスは，電子行政に関するAdele（ADministration èlectronique）計画により，市民，公務員，ビジネス関係者，および地方自治体に向け，14の新たなサービスを導入することになった。期待される改善ポイントとして，
・行政のウェブサイトとアクセス・ポイントが増加することによる公衆向け情報の改善と，
・ネットで繋がった市民がネットによる「情報通信手続（téléprocédures）」を介して行政関連の仕事を処置する機会が増加すること，の2点を挙げることができる。
　いまや公式文書の84％超が，インターネットでアクセスできるようになっており，手渡しというより，文書をプリントアウトすることで入手が可能となっている。文書をオンラインで入手可能にするというこの目標は，2005年に100％達成される予定である。

出典：「個人向けサービスの発展：コンピュータ化される個人ファイル，住所変更取扱センター，およびオンラインでの補助金申請」

こうしたポータルは，相当程度，政府の負担削減イニシアティブによるものと見てよい。こうした負担削減イニシアティブは，ICT技術を適用することで，既存の情報義務をより費用効率が良いやり方で提示できるようにすることに，その基礎を置いている。ポータルは，それ自体，広範囲にわたる政府との相互作用のなかで，ビジネス関係者と市民の情報探索コストをかなり節減する。その上，ポータルは，政府への情報アクセスを容易にすることで，優れた政府の条件である透明性や説明責任といった概念を定着させることにもなる。

OECD諸国では，行政簡素化は，ますます電子政府計画，とくに政府ポータル・サイトの起ち上げとの連携で進められるようになってきている。電子政府のシステムは，主に情報およびサービスへのアクセスを容易にすることを通して，またより総合的かつシームレスな政府サービスの創り出すことを通して，

行政を簡素化することになろう。行政簡素化と電子政府の間には好循環が働く関係があり，簡素化政策が電子政府計画の重要な一部となるに従い，それと同時に電子政府の活動が行政簡素化の追求を促すことになる。これは，とくにフランス，韓国，米国，およびチェコ共和国といった国々における行政簡素化の制度的な枠組みに反映されている。すなわち，そうした国では同じ省庁が行政簡素化と電子政府計画の両方に責任を負っているのである。

政府ポータルサイトを中央に集めることが，多くの電子政府計画の重要な要素をなしている[2]。電子政府計画は，それによって市民や起業家がすべての政府関連情報を見つけ出すことができるアクセス・ポイントを創り出そうという試みである。それは，顧客グループのなかのある特定の集団を支援すべく設置された専門的なポータルによって補足される場合も多い。そうした専門ポータルは，政府中央のポータルに連結され，一般的なポータルを豊かにすることになる。したがって，専門的なポータルは，多くの場合，一般的なポータルの分枝をなすものとなっている（ボックス２．３）。

ボックス２．３　カナダ，ニュージーランド，およびデンマークのワンストップ・ビジネス・ポータル

カナダの BizPal

BizPal は，「簡素な規制」イニシアティブの一つである。それは，ビジネス関係者が，すべての政府レベルで要求される許認可とライセンスのリストを，彼の事情に応じて容易に作成できるようなウェブ・ベースのサービスである。これは，ライセンスと許認可の配信を分担する点で，連邦，州・準州，および地方自治体という三つのレベルの政府に関係している。こうした三つの政府から許認可要件等の情報を獲得するためのワンストップ・ショップ資源があれば，認可の承認手続を明確にし，ビジネス関係者が遵守義務をはたすためのコストを削減することができるはずである。

ニュージーランドの BizPortal

ワンストップ・ビジネス・ポータル（BizPortal）は，ビジネス遵守コストに関する閣僚パネルが提言しているように，技術を介し，遵守義務に関する政府の情報サービ

スへのアクセスを拡大する，そうした重要な政府イニシアティブの一つである。このワンストップ・ショップのビジネス・ポータルは，企業ニュージーランド（Industry New Zealand）が請け負っており，民間セクターの情報を提供するだけではなく，ビジネス関連サービスへのアクセスを政府横断的に調整することになる。

デンマークのビジネス・ポータル Virk

ビジネス・ポータル（Virk.dk）は，広い範囲にわたり，公共・民間両セクターの情報・サービスへのアクセスをデンマークのビジネス関係者に提供している。このポータルは，eErhvervの指令の下，官民パートナーシップの形態で開発されたものである。eErhvervは，経済・産業省（Ministry of Economy and Business Affairs），雇用省（Ministry of Employment），農水省（Ministry of Food, Agriculture and Fisheries），環境省，およびデンマーク地域・地方自治体から成る政府サービスの連合体である。多数のデンマークの電子政府組織とビジネス関係者が，ポータルにコンテンツを寄せている。

電子取引

いくつかの国の政府ポータル・サイトは，インターネットをベースとした規制取引を認めており，電子情報を提供するというロジックを，ライセンスないし登録問題に関するワンストップ・ショップにまで，もしくは情報センター（クリアリング・ハウス）にまで拡張している（ボックス2.4）。しかし，こうしたポータル・サイトの洗練度は国によって異なる。政府のオンライン・サービスの発展度には，次の四つの段階がある。

1. **情報の入手**：公共サービスを得るための手続を開始するにあたり，必要となる情報をオンラインで利用できる段階。
2. **一方向のやり取り**：公共サービスを得るための手続を開始するにあたり，公けにアクセスできるウェブサイトが，その文書を非電子的な方法で（すなわち，政府情報をダウンロードするかたちで）獲得できる段階。
3. **双方向のやり取り**：公共サービスを得るための手続を開始するにあたり，公けにアクセスが可能なウェブサイトが，公式の電子フォームで情報の取り入れと申請を可能にする段階。
4. **問題の完全な電子処理**：公にアクセスが可能なウェブサイトが，そのウ

ェブサイトを介して，決定や配信を含め，公共サービスを完全に取り扱えるような段階。ここでは，申請者にはいかなる文書業務による行政手続も必要でなくなる。

ボックス2.4　韓国の専門的なワンストップ・ポータル

G4C（「市民のための政府」）システムが2002年に設立され，市民にオンラインで公共サービスを提供することになった。この制度は，4,900にも及ぶ市民の法的申請に関し，支援サービス，通知サービスを提供しており，また市民と政府のやり取りを認めている。2003年以降，インターネット・ベースでその文書を発表するシステムが立ち上げられている。市民の申請は，家庭からも提出可能であり，申請者はパソコンで行政文書を受け取り，プリントアウトすることができる。22種類の文書に関し，オンライン申請が利用できるようになっており，とくに人気があるのが，住民登録証書，不動産取引に必要な文書のオンライン申請である。2007年までに，オンライン・サービスは，30種類まで拡大される予定である。

G4B（「ビジネスのための政府」）システムが，2005年9月から利用できるようになった。これは，政府のビジネス向けワンストップ・サービス・ポータルである。この制度は，ビジネス関係者をその事業の生涯にわたり支援することを意図したものである。とくに，この制度は，ビジネスが直面する行政問題（例えば，政府へのライセンスの申請，事業者登録）にオンラインで支援を与え，産業情報を提供している。また，この制度は，会社の活動を支援するため，政府が持っている産業ネットワークを民間部門のサービスに相互接続することになろう。G4Bは，現在，ビジネス関係者が，オンラインで手続可能な行政関連問題に関し，申請を行い，かつその結果について通知を受理できるように能力の向上が図られているところである。

G4F（「外国人のための政府」）システムは，外国人のための包括的なワンストップ・ポータルであり，2006年までに多様なサービスを提供することになっている。この制度は，次の三つの目標エリアで情報を提供することになっている。外国人投資の誘致，雇用，および移民・居住が，それである。ここでも，行政関連問題については，オンライン手続が認められることになろう。

現在，オンラインで取引を行う可能性は，OECDのなかでもICTが十分に発展している国の電子政府化のプロセスのなかにしかない。オンラインの洗練度は，一般的には，上述の第2段階（一方向のやりとり）と第3段階（双方向のやりとり）の中間にあるといってよい[3]。OECD諸国の政府オンライン・

サービスの大多数は，市民向けというより，ビジネス向けで発展を見てきたが，いまだ利用者に情報とダウンロード方式を提供しているにすぎない。ほとんどの場合，それらは，利用者にオンライン取引に着手するキャパシティを与えていない[4]。

市民とビジネス関係者の行政的な義務——登録と許認可——を取り扱うオンライン・サービスと，政府に所得を生むサービス——市民およびビジネス関係者が政府に支払う税金や寄付——を取り扱うオンライン・サービスとでは，その発展の度合いに大きなギャップがある。統計局へのデータの提出を除いては，前者のスコアが低いわけだが，それは一部，環境関連の許認可や建築許可証の申請など，前者に複雑な行政手続が含まれていることによるものである。

したがって，政府にとっては，サービスの配信を改善できるところで，取引が可能なサービスをオンラインで利用できるようにし，そこから利得を得る機会をつかむことが重要となる。とはいえ，そうした取引を電子媒体で行うことは，複雑ではある。

B．電子政府サービスの結合

電子政府は，政府にサービスを組織化する一大機会を提供している。政府機関は，「ライフ・イベント」に基礎を置いたポータルを通して，もしくは類似の，サービスを凝集した単一参入ポイントを通して，利用者にサービスを提供している。たいていの利用者は，電子政府のサービスに単一のポイントから参入したいと考えており，政府サービスがどのように組織化されているかといったことには関心を抱いていない。彼らは，自分の捜しているサービスを見つけ出すのに，多くのウェブサイトをのぞくのを望んでいない。ウェブサイトの数の増加という点で回避すべきリスクは，それが利用者を混乱させ，あまり役に立たない断片化したサービスを提供してしまうことである。こうしたリスクは，利用者による検索とナビゲーションを最大限容易にすることで（例えば，

意味論的に検索できるようにしたり,キーワードないしライフ・イベントに関する検索の利用を増加させることで),軽減することができる。

この点で,電子政府では政府による調整が重要な課題となる。電子政府計画は,近年までOECD諸国の個々の政府機関によって牽引されてきた。そこでは,省庁は自分たちの指令の執行を支援する方法を探索していた。だが,こうした分権化されたかたちでの電子政府の発展は,いくつもの課題を生むことになった。個々のコンピューター・システムを相互に通信できるようにすること,新たなサービスを開発するときには共通基準を用意すること,サービスを重複のない相互支援的なものにすることなどを保証する必要があるのである。電子政府のこうした横断的な性格は,政府が,分権化された電子化計画と中央統制と伝統的に一体化している集権的なアプローチとの間でバランスをとることを要求している。もっとも成功した電子政府計画の事例のいくつかは,分権化システムのなかに見いだされる。ここには,技術は十分な集権化を達成するには,あまりに複雑で,変転めまぐるしいという事情も働いている。だが,電子政府の技術的な諸側面のいくつかの集権化は,分権化されたサービスをよりうまく配信することを可能にもする。

いくつかのOECD諸国は,かなり強力で集権的な電子政府計画を立てている。これは,米国(ボックス2.5)と韓国に当てはまる。
・**韓国**:「政府改革および分権化委員会(Presidential Committee on Government Innovation and Decentralisation)」の下に置かれた「電子政府特別委員会(Special Committee for-e-government)」が,すべての行政手続を分析し,全国的な機関だけではなく,州や地方自治体にも設置が義務づけられる,そうした情報システムを開発する可能性がある。
・**米国**:連邦機関が有するポータルの独自のソリューションを諸政府機関間のソリューションへと移す努力を行ってきた。そうした措置のなかには,3回以上のマウス・クリックをしないで,市民がアクセスできる単一情報

源の確立や政府計画へのワンストップ・アクセスを提供する手段の開発などが含まれている。

ボックス2.5　米国の電子政府イニシアティブ

　2002年の電子政府法（E-government Act 2002）は，電子政府の前進に向けた重要な第一歩であり，これにより連邦機関は，その事業をより市民指向的，利用者フレンドリーなものに転換するため，ITの利用を検討せざるをえなくなった。大統領が指名するOMB長官は，連邦機関全体にわたり，ITの実施状況の監視に，また政府横断的な電子政府計画の監視に責任を負っている。同法は，重複するサービスや作業を整理・統合し，時間とマネーを節約し，他の政府機関との相互交流をより容易にするため，連邦機関に対し政府横断的な電子政府計画の支援を求めている。電子政府計画は，それが市民にもたらす価値を基礎に選択されているが，同時にそれがどの程度政府のコストを節減し，政策効果を改善するかを基礎に選択されてもいる。

　電子政府法に先立つ，1998年の政府文書業務削減法（GPEA）は，政府機関に，電子署名と適切なセキュリティを含め，電子媒体による情報提出を認めるよう，要求していた。これは，公衆が負わされている文書業務負担を削減する一つの方法は，政府の情報取引をインターネットで利用可能にすることにあるとの着想によるものである。政府の情報取引の約68％が，電子的に実行可能であると考えられていた。同法は，政府機関に対し，2003年末までに，実行可能ならば，文書に替わる電子媒体でのサービスの維持，情報の提出，情報の公開というオプションを認めることを求めていた。また，実行可能ならば，電子サインを受け入れ，利用することを求めていた。

　米国の電子政府戦略は，作業手続の簡素化・統一によって電子サービスを改善する際，市民の利便性の向上と電子サービスの共有化にその重点を置いている。
・ビジネス・ゲートウェイが，小規模事業者に，企業の起ち上げ，運営，および成長を支援すべく，政府のすべての情報サービスに対する単一アクセス・ポイントを提供している。
・規制については，政府は公衆が規制プロセスに参加し，負担削減の可能な領域を洞察することを認めている。公衆は，160超の連邦機関から提案される何百もの規制案に関し，それらを調査，検討，および批評できるのである。この計画は，市民およびビジネス関係者の政府へのアクセスを増加させている。
・貧民救済・社会福祉サービスという点でも，政府は，市民がそうしたサービスを受けられる資格があるかどうかを探し出せるような単一アクセス・ポイントを提供している。それは，市民が，彼らの特別なニーズに見合った政府の社会福祉プログラムとサービスを探索するとき，それについて適切な情報を見つけ出す時間を減らしてくれる。

> 内国歳入庁（IRS）のフリーファイルは，無料のオンラインで税金申告の準備をし，電子納税ファイリング・サービスを利用できるような単一アクセス・ポイントを提供している。この計画を通して，非常に多くの納税者が，コストをかけずに，インターネットで納税申告を準備し，提出できるようになっている。電子ファイリングのコストを，もしくは郵送費を支払う必要をなくしたのである。
>
> 出典：「情報収集の管理・運営と米国における情報収集予算」OMB，2004年度より。

他の国では，電子政府を担当する組織が，特定手続の強制的な使用を省庁に課すような権限を賦与されていない。政府機関は自分たちの業務プロセスを独自に組織化できるようになっている。とくにドイツで顕著であるが，いくつかの国は，共通手続を実現する方法として，うまく作動し，利益をもたらすようなソリューションを提示することで，それが適用されたとき，当該政府機関が共通手続の利便性を納得できる，そうしたやり方を採っている。

- オーストラリア：政府機関は分権化された経営環境のなかで，その活動を展開している。政府機関は，自分たちが行うICT投資，電子化戦略の策定，執行，および支援に責任を負っている。だが同時に，一般的な電子政府戦略が存在し，一連の全国的な電子政府基準もある。各政府機関は，それ自身の政策，手続，およびターゲットとされる人々の知見を基礎に，どのサービスを電子化するかの決定に責任を負っている。だが，オーストラリア政府は，人々がこうした構造問題に気づかないような環境を生み出している。すなわち，単一参入ポイントの設置により，市民は政府情報を完全に収集し，サービスが受けられるようになっているのである。
- ドイツ：総合的な電子政府サービスを提供するため，「ドイツ全国オンライン（Deutschland-Online）」が，2003年に連邦，州，および地方自治体によって開始された。ドイツでは，行政サービスのほとんどは連邦ではなく，州と地方自治体によって提供されている。それゆえ，全国オンラインの発案は，そうしたサービスを全国規模で提供されるサービスにまで引き上げようとするものであった。こうした考え方はその後2005年に終了した全国規模の連邦オンライン（Bund Online）イニシアティブに引き継がれ，改

良された[5]。克服されるべき課題は，電子政府化に向けた州の取組みに温度差があることである。いまだ州に特殊なICTソリューションが存在しているのである。例えば，いまでも47もの異なるICTシステムが市民の登録オフィスで機能しており，しかもそのいくつかには互換性がない。ドイツ全国オンライン・イニシアティブの目的は，以下の通り。

・主要な，広い範囲にわたる行政サービスをオンラインで利用できるようにすること。
・インターネット・ポータルの構造を調和させ，相互接続を可能にすること。
・共通インフラを整備，改良し，データ交換を促進すること。
・効率的なデータ交換と重複回避のために，効率的な共通標準を定めること。
・電子政府の調整能力を高め，ソリューションの譲渡を加速すること。

スウェーデン：あらゆる政府機関が技術システムと電子サービスに責任を負っている。だが，24/7エージェンシー・プロジェクト（24/7 Agency project）が公的機関との単一窓口での接触を計画しているので，特定の公的作業がどのように政府機関の間で，もしくは中央政府，地方自治体，および州・郡の間で分担されようと，ラインの分割を避けるための政府機関間の調整は強化されることになろう。現在，市民や会社のニーズに見合ったサービスを開発するために，政府，地方自治体，および州・郡の間で堅固な協力形態の構築が計画されているところである。

電子政府は行政簡素化に利益をもたらすが，その中心をなすのは政府のガバナンス構造である。より総合的な，利用者に重点を置いた情報とサービスの提供が望まれるのである。利用者に重点を置くというのは，利用者が政府とのやり取りのため，必ずしも複雑な政府構造や政府機関間の関係性を理解しなくても良いということを意味している。政府は，インターネットを通して単一の統一組織として利用者の前に現れるべきであり，かつそうした単一体としてシームレスなオンライン・サービスを提供すべきである。利用者重視のアプローチ

の成功要因には以下のようなものがある。
- ・電子政府サービスのために,ワンストップ・ショップとして機能する単一の「政府全体」のサイトを,もしくは同一の目標を達成するポータル・ウェブサイトを設置すること。
- ・利用者のニーズが強い領域,利用者が明らかに優先している領域,および利用者の需要が大きい領域に最初の電子政府サービスの重点を置くこと。
- ・すべてのオンラインのコンテンツ,サービスに共通のナビゲーション・検索アーキテクチュアを築き上げること。

省庁間や異なる政府レベル間で調整が効果的になされる必要があり,このことは特定の政策アプローチや政策手段を使用するとき,切迫した問題となる。これは,ワンストップ・ショップにも,ウェブ・ポータルにも当てはまる問題である。とくに,「政府規模」で,もしくは一般的なポータルと専門的なポータルとの間で調整が必要となるとき,重要な問題となる。

電子政府の成長傾向を安定させる要素として,多くのOECD諸国における政治・行政的な作業の分権化の流れがあるが,これは他面,一国規模での調整政策の欠落となって現れてもいる。多くのOECD諸国は,この調整を維持・発展させる戦略にもっと注意を払ってしかるべきである。このことは,電子政府のアーキテクチュアを成功に導く要因の一つとして,OECDが強調しているところである(ボックス2.6)。

ボックス2.6 より優れた政府に向けて:電子政府に関するOECDレポート

2005年のOECDレポート,『電子政府:より優れた政府に向けて(*E-government for better government*)』は,市民およびビジネス関係者にサービスを配信する手段としてITとインターネットを最適に利用するために,次の四つの基準を確認している。

利用者重視の電子政府:電子サービスをもっと市民やビジネス関係者のニーズに見合ったものにすること。これは,利用者にシームレスな,かつ総合的なやり方でサー

ビスを提供することに関係しており，それゆえ政府に利用者のニーズと需要を包括的に捉える視点を要求することにもなる。

多チャンネル・サービス配信：サービス・イノベーションを促進し，すべての利用者のアクセスを確保するため，従来の電子サービス間の連結のあり方を改善すること。このアプローチは，インターネット，コールセンター，店頭サービス，Eメール，および普通郵便など，さまざまな配信システムのサービスを統合することで，利用者に対するサービスを改善することを目的にしている。

共通ビジネス手続に向けたアプローチ：規模の経済を実現し，重複投資を削減し，シームレスなサービスを提供するために，政府の内部で共通手続を確認し，それを整理・統合すること。政府は，無駄や制度・手続きの矛盾を避けるため，諸制度の利用方法の改善，共有化を目的に職員の給与支払簿，人材管理，会計，および記録保管システムなどで共通ビジネス手続を認定することができる。

電子政府のためのビジネス事例：電子政府プロジェクトを優先課題として維持し，より上手に運営するために，ICT投資の費用便益を計測し，公表すること。電子政府の費用便益分析を行えば，政府はそれへの投資決定を支援し，その結果を評価することができる。ビジネス事例がないと，政府は，発展する技術が可能にするサービスを危険にさらすことになる。そうしたサービスは，ビジネス関係者や市民のニーズに応えるものではないかもしれないからである。

C．データの共有と標準化

データ共有化の利益

データ共有化の目的は，利用者の同意および当局の正当な目的に基づき，公共セクターの内部でデータを最適に共有することによって信頼できるデータへのアクセスを生み出すことにある。OECD諸国のなかでも，特定の国は，ビジネスへの負担を軽減するため，データの共有化を探求してきた。現在，ビジネス関係者の負担は，彼らがいくつかの異なる政府機関に同一の情報を報告しなければならないことによって増大している。例えば，納税義務や統計報告義務では，同一の情報を，しばしば異なる書式で，また異なる手段で提出するよう，迫られるのである。これは時間の浪費であるばかりか，手続の遅延にもつながる。データの共有化により，ビジネス関係者は一度ビジネス関連の行政手続を

済ませば，データ共有化の原理に従い，それと同じものを多くの利害関係者にも報告できることになる。したがって，政府も，いったんデータを収集すれば，それを何度も利用できることになる。データの共有化をより効果的かつ安全なものにするには，データ・システムだけではなく，情報システムの相互接続が必要となる。だが，現状はそうなっていないのであって，相互接続を生み出すようなICTインフラストラクチュアの変更が，公共セクターで必要とされているのである。

OECD諸国のなかに，いくつかのデータ共有化の方法を発見することができる（ボックス2.7）。

- スマート・フォームとスマート・カード：利用者が，自分自身で自分のコンピューター上に，もしくは必要なときに提示できるスマート・カードに，共通に利用される情報を蓄えること。
- ポータル：政府機関が，共通のサービス集合ないし共有する対象人口に関し，共有化されたフォームないしポータル・インターフェイスの利用を通して，いわば先取りするかたちでデータ収集の協働を行うこと。
- 代理機関：仲介者（例えば，会計士）がデータを収集し，それを政府に提供するか，仲介者が，政府への送付を前提に，データを収集・一括するソフトウェアを使うこと。
- 公共セクターのデータ共有化：政府機関が一定のデータを共有し，必要に応じて，そのデータ・ベースを相互に公開するか，共通データ・ベースを所有すること。

ボックス2.7　OECD諸国におけるデータ共有型ソリューションの事例

オランダでは，大臣が会社によって提出された情報を自分たちの間で共有することで，会社を二つの異なる政府機関に情報を提出する義務から解放している。「Walvis-SUB」作業は，社会保障関連法規の市民負担を削減するため，2006年1月に，財務省，社会補償・雇用省によって導入された。この作業により，会社は税務当局にデータを提供しさえすればよくなり，労働者保険を扱っている社会保障・雇用省に

対しデータを提供する必要はなくなった。以前においては，賃金や社会保障の保険料に関して，ビジネス側は，ほとんど同じ情報をさまざまな政府機関に，しかもさまざまな機会に提供しなければならなかったのである。

韓国では，総務省（MOGAHA）が，行政機関の間で情報を共有する制度を立ち上げている。現在，出入国情報ないし障害者情報を含む24種類の行政情報が行政機関の間で共有されている。情報交換が安全に行えるように省庁は個人情報保護に関する措置を取り決めている。

ノルウェーでは，ビジネス側はALTINNポータルによってデータを提出できるようになっているが，そのデータは次の三つの異なる仕方で共有化されることになる。まず，企業によりオンラインで記入されるウェブ・ベースの計画書によって，次に企業自身のデータ・システムから引き出される電子レポートによって，そして最後に企業，もしくは企業のために働く専門家（会計士，監査役）によってなされる電子ベースの報告書によって，データが共有化されることになる。

米国では，復員軍人庁（Veteran Administration）と国防省（Department of Defence）が，両機関からヘルス・ケアーを受けている患者のデータに関し，相互にアクセスを提供するという合意を結んでいる。

フィンランドでは，電子的な顧客サービスを提供している郵便局がデータ共有化の媒介機関となっている。会社や団体は，郵便局のサービスを通して，法定のデータを収集している当局に申告を行えるようになる。これを使えば，利用者は自分のデータを一度報告すれば足りることになる。

出典：韓国行政自治部調べ

データの共同利用に向けた標準化

標準化は[6]，さまざまな政府機関の間でデータを効率的に交換するのに欠かせない。ただし，標準化には，用語が読み取られる方法や言葉の持つ意味について，政府機関の間で同意が必要とされる。既存のビジネス関連の行政手続と密接なつながりを持つかたちで標準化できれば，それは有益な基準となりうる。したがって，ここでの課題は，既存規制の遵守を妨げないような仕方で，また最大限既存のビジネス手続を厳守するような仕方で，標準化を進めることである。

・オランダ：現在，データの横断的な標準化を探っている（ボックス2.8）。

政府向け会社財務報告の説明責任に関する標準が、財務省と法務省の責任の下で、作成されつつある[7]。この標準を用いることで、会社の財務記録からさまざまなレポートを再生することができる。したがって、これにより財務会計の作成に費やされる時間はかなり短縮されることになるであろう。また、標準化により、会社は、政府に提出しなければならない情報の検索や配信に要するコストを削減できることにもなる。こうした措置は、2007年以降、ビジネス関係者が負わされているコストを年間3億5,000万ユーロほど削減すると期待されている。

・**スウェーデン**：政府は、政府機関間の電子情報の交換に共通基準を設けるために、2004年1月に「政府内データ共同利用委員会（Governmental Interoperability Board）」を立ち上げている。

ボックス2.8　ビジネス向けICTインフラの調和：ICTAL計画

ICTAL計画（2003～2006年）は、ICTを利用して行政負担を削減しようという計画である。この計画は、ビジネス界と政府との間の電子情報交換の運営基盤を発展させるために、オランダ政府の貿易産業部（商工会議所、経済研究所、中央統計局、公正取引監視委員会、特許庁などから成る）によって起ち上げられ、経済省がその推進に組織上の責任を負っている。この計画により、各政府機関は、コストを削減できるばかりか、自らが独自の基準や認証手続で電子的なソリューションを見つけ出そうとするときに発生するリスクを回避できる。この計画の目標は、総合的なサービスの提供、政府にとっての単一のデータ管理ユニットの設置、および電子データの単一ロケーションでの処理に置かれている。その目的は、ビジネス側が「1回の提出」ですむような、また政府側がデータを多重利用できるようなシステムを創り出すことにある。

そのインフラは次の三つの手段に依拠している。
・**ビジネス情報の支援デスク**：すべての政府のウェブ・サイトを介して、情報媒体へのアクセスが可能となり、また電子的な形態を介して政府とビジネス側のやり取りが行えるようになる。
・**基本的な会社登録**：これは、オランダに本拠を置くすべての会社および団体組織の名称と住所の登録に関わっている。「会社の電子的な認証」には、一意的な認定が必要であり、それがさまざまな政府間の情報交換にも欠かせないものとなる。政府組織にも、この登録制度の利用が義務づけられることになる。この登録制度

はまた，さまざまな政府組織の間のビジネス関連情報の交換にも利用される予定である。
・政府取引ポータル：これは，「政府のデジタル・ポストオフィス」であり，ここでビジネス関係者は，政府規制の下，すべての情報提供義務のあるデータを送信することができる。ポータルは，データ・トラフィックを処理し，それを関連の政府組織に伝えることになる。こうした取引は，現在開発されている「全国デジタル認証サービス（national Digital Authentication）」によって補完される予定である。

注：ICTAL設備を含め，電子政府は2007年までに9,500万ユーロほど行政負担を削減するものと期待されている。2008年以後にもほぼ2億8,000万ユーロの削減が見込まれている。

とりわけ，データの共有化を進めるのに重大な障壁となるのは，データの共有化に対する反感，リスクを回避したいという感情，および政府のデータ操作法に対する信頼感の欠如である。この領域で前進を遂げるためには，政府はデータの共有化に関し，安心かつ信頼のできる環境を整備する必要がある。当然のことながら，そうした環境は，プライバシーに関する懸念を考慮し，利用者に自分のデータについてより大きな管理権を与えるものでなければならない。また，データの利用についても，本人の同意が得られるような，利用法が透明なものでなければならない。また，データへのアクセス，その利用，および法・組織・文化上の懸念に関しても，それへの対応を含め，利用者との間でいくつかの合意が見いだされなければならない[8]。

2．プロセス・リエンジニアリング

プロセス・リエンジニアリングによるアプローチとは，政府の行政手続によって要求される情報取引を見直すことを基礎に，その最適化を図ることを目的にしている。すなわち，行政手続の数を削減することで，また手続の再設計，不要な手続の廃止，ICT技術の適用によって各情報取引の負担を削減することで，行政手続の最適化を目指すものである。こうしたアプローチは主にビジネス関係者の負担削減問題に適用されている。

A．ライセンス手続の簡素化

一国レベルでのライセンス手続の見直し

OECD諸国のプロセス・リエンジニアリングは，ライセンスと許認可の手続で始まった。ライセンス手続というのは，ビジネスないし他の事業活動を起ち上げ，遂行するのに，政府当局が事前に認可を要求する慣行を指す。この認可は，法的な有効性を特定化されることに基づき，もしくは通常文書形式でなされる証明証書に基づき，与えられる。政府は，さまざまな資格に対し，さまざまな目的をもってライセンス制度を用いている。例えば，環境を保護するために，特定市場の資源配分を確保するために，もしくは消費者を保護するために，このライセンス制度を用いている。OECDのデータは，さまざまな国がさまざまな資格にライセンス制度を用いていることを示している。ライセンス制度は，ビジネス活動の世界に広く行き渡っている，政府の市場への介入形態である。

ビジネス・ライセンスは，重大な経済的な損害を与えるおそれがあると広く信じられている。なぜなら，反競争的なものになりうるため，新規事業の起ち上げの障害にならないか，疑念を引き起こすからである。既存企業は，自分たちを新規参入者から守る手段としてライセンスによる調整を求め，規制当局にロビー活動を行う強力なインセンティブを有しているのである。

2005年の『規制の質の指標に関するOECD調査』によれば，調査対象とされた国の半数が，ビジネス向けライセンス手続を簡素化すべく，全国規模の計画を推進している。調査対象となった22カ国のうち8カ国がビジネスに要求されるライセンスと許認可の数を完全に把握している。これに該当する国は，カナダ，フランス，韓国，メキシコ，オランダ，ポーランド，スイスおよびトルコである（図2．2）。また，22カ国中の6カ国，ベルギー，ギリシャ，イタリア，韓国，ポーランド，およびトルコで，ライセンスと許認可の数の明確な減少が観察されている。

図2-2 ビジネス向けライセンス取得手続の簡素化

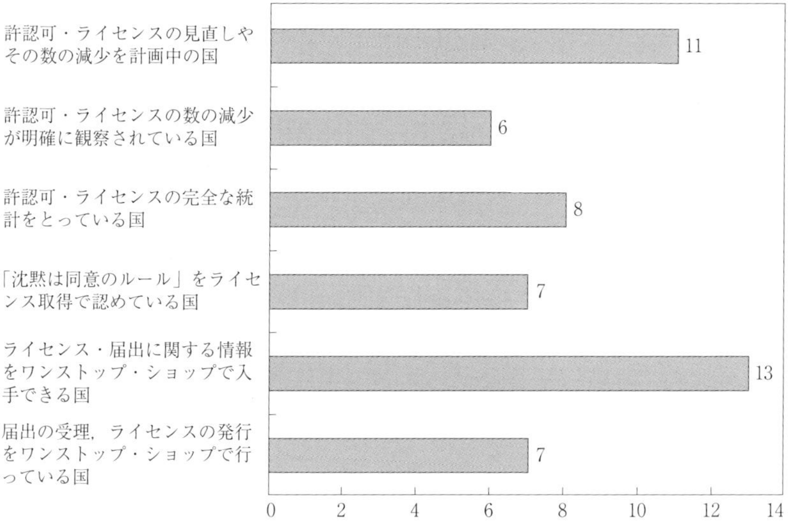

項目	国数
許認可・ライセンスの見直しやその数の減少を計画中の国	11
許認可・ライセンスの数の減少が明確に観察されている国	6
許認可・ライセンスの完全な統計をとっている国	8
「沈黙は同意のルール」をライセンス取得で認めている国	7
ライセンス・届出に関する情報をワンストップ・ショップで入手できる国	13
届出の受理,ライセンスの発行をワンストップ・ショップで行っている国	7

出典:OECDの規制指標の事前調査(2005年)への回答から作成。行政簡素化プロジェクトを実施している22カ国のサブ・サンプルで作成。

　許認可とライセンスを簡素化するためのプロセス・リエンジニアリングは,次のような措置の導入に関係している。許認可の届出への置き換え,関連するライセンスの融合,タイムリミットの設定,および「沈黙は同意の謂」の条項(silence is consent clause)の導入などが,それである。OECD諸国では,多くの許認可が届出に,もしくはビジネスの開始にそう邪魔にならない要件に転換された(ボックス2.9)。他の事例では,要求される提出文書が削減・簡素化されたり,省庁の申請処理に要する平均時間がかなり削減されている。また,いくつかの国では,ビジネス関係者のコストと不確実性を削減するため,行政の意思決定に時間制限が設けられた。そうした国は,とりわけ公共セクターにビジネス関係者や市民の要求への迅速な対応を促すため,「沈黙は同意の謂」などの措置を採用することになった[9]。

ボックス2.9　事例：オランダとデンマークにおけるライセンス手続の容易化

> オランダでは，有限責任の民間会社に関する法律の改正（法務省）が，企業設立時の厳格な手続を緩めるのに指導的な役割を果たした。多くの申告が省かれ，ある種の法律行動に関しては，株主総会の承認ももはや求められなくなった。企業を設立するとき，会社は，もはや「異議なし証明書ないし同意書（certificate of no objection）」を提出する必要はない。これは，会社設立の届出ですまされることになる。こうした簡素化は，法務省の予防的な監視制度の改革の一環として，導入される予定である。
>
> デンマークでは，ビジネス側は，職場安全法規の一定の選択領域で，法的に拘束力のある許可を事前に当局から獲得できるような取決めができている。

- イタリア：2003年に，「沈黙は同意の謂」の条項ないし「事業開始の届出制」を一般的な行政慣行として導入した。以前には，こうした手段は，法で特定された場合にのみ用いられていた。「いかなる認可，ライセンス，法によらない免許，許可，および指名された他の認可も，『事業開始の届出制』に置き換えられることになるであろう」。この届出制が使用できないようなケースにあっては，「沈黙は同意の謂」という原理が適用される。だが，この措置は，国益に強く関わるような政府省庁が発する行政手段にまで及んではいない（法律229）[10]。
- ギリシャ：新規事業者の許可証，職業ライセンスの発行，および中小企業に関係し，ある種の申請の認可に，簡素化努力の焦点が置かれている。簡素化努力により，許可・ライセンスの発行に必要な手続の数が減り，許認可制の届出制への置換えが起こっている。届出制では施行中の法的枠組みの遵守状態だけがチェックされることになる。ギリシャでは，市民の申請に関し，「沈黙は同意の謂」という原理とともにタイムリミット制も導入された。権限を有する当局が申請を拒否しない場合，いったん一定の固定期限が切れると，市民の申請は認可されたものと見なされるのである。2カ月が，行政が行政文書を送付できる最大の期限として設定されている。
- ポーランド：2004年7月の「経済活動の自由に関する法律（Act on freedom of economic activity）」の成立をもって，許認可とライセンスの簡素

化がなされた。事業登録は，ワンステップ手続の導入と許認可・ライセンスの数の削減を通して簡素化された。ワンステップ手続とは，経済活動を行うというとき，1人のビジネス確認者がいれば（1カ所で登録すれば），それで情報提供義務を果たせる簡素な手続である。ビジネスにとっての登録負担を軽減するため，許可に代わり申請手続きが導入された。電子サインの利用と経済活動をする個人のデータベースの利用を通して，経済活動を登録する手続は簡素化され，縮約されることになった。

下位の政府レベルでのライセンスと許認可の見直し

少数の国は，下位の政府レベルで要求される許認可についても見直しを行っている。上述のOECD調査の対象となった22カ国のうち，カナダ，ギリシャ，韓国，メキシコおよびイギリスなどの6カ国が，ライセンスと許認可の数の見直しを行っている。だが，同調査によれば，下位レベルにおいて全国レベルほどこの見直しを行っている国はほとんどない（図2-3，図2-4）。

いくつかの国は，ビジネス関係者が負わされている負担を削減すべく，政府のさまざまなレベルで調整努力を開始している。
- **イタリア**・2005年の法律246により，中央政府と地方政府の間で次のような合意が結ばれた。
  - ＊各政府の所管領域で，とくにビジネス関係者が履行しなければならない行政手続，許認可手続，ライセンス手続に関する領域で，相互調整を促進すること。
  - ＊こうした行政文書を簡素化するため，全国規模のアプローチを採るべきこと。
  - ＊統合されたビジネス支援デスクないしワンストップ・ショップが円滑に運営されるよう，その機能を妨げる障碍物を確実に取り除くこと。
- **スウェーデン**：産業技術開発局（Swedish Business Development Agency）が，起業に必要とされるもっとも重要な許認可および許認可の受理にかかる平均処理時間に関し，2004年にレポートを発表している。このレポート

図2-3 地方政府レベルにおける許認可・ライセンスの見直しと改革：
現在進行中の計画

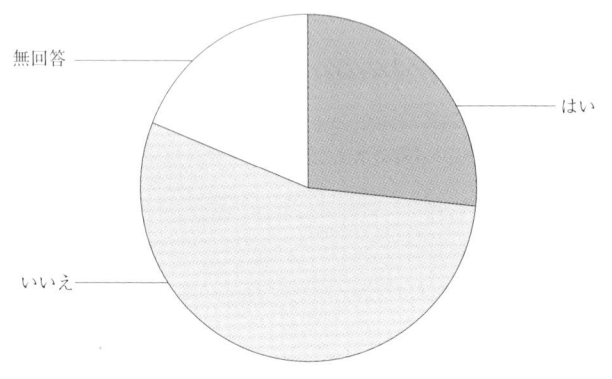

出典：OECDの規制指標の事前調査（2005年）への回答から作成。行政簡素化プロジェクトを実施している22カ国のサブ・サンプルで作成。

図2-4 中央政府レベルにおける許認可・ライセンスの見直しと改革：
現在進行中の計画

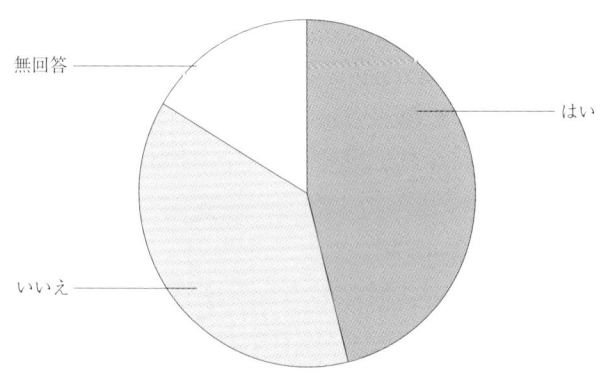

出典：OECDの規制指標の事前調査（2005年）への回答から作成。行政簡素化プロジェクトを実施している22カ国のサブ・サンプルで作成。

は，許認可の処理時間の長さについて，政府機関および地方自治体の間で知識，情報のギャップがあるばかりでなく，実際には自治体間でも処理時間の長さに差異があると指摘している。政府は，企業の起ち上げを簡素化するため，政府機関に一段と具体的な目標を定めるよう，指示している最

中である。

B．法令遵守の促進

リスク・ベースのアプローチの採択

　リスク・ベースのアプローチを採ることで，一般的に，より優れた規制結果を出すことができる。また同時に，あまりリスクのないビジネスに課されている不要な検査ないしデータ請求をなくすので，こうしたアプローチの採用は数多くの低リスク・ビジネスで発生するコストを削減することにもなる。リスク評価の根底にある原理は，希少な資源が低リスク・ビジネスの検査やそこからのデータ請求に用いられてはならないということである(11)。リスク・ベースのアプローチがもたらす利益は，規制当局が有する資源を，社会にとってリスクが大きい領域に重点的に配分し，さもなければ資源不足のためできなかったよりリスクの大きいビジネス検査を確保する点にある。このことは，また，大規模に行われているランダムな検査体制を，よりターゲットを絞った検査体制に置き換えることを意味している。

- イギリス：新しい規制改革法が，ビジネス関係者の遵守コストを削減するような規制改革パッケージを導入することになっている。これについては，ハンプトン・レビュー（Hampton Review）が，遵守負担を削減するため，リスク・ベースのアプローチに基づき行政文化を変革するよう，提言している。政府は，次のようなケースにあっては，規制業務の全局面で，規制当局にリスク・ベースのアプローチを採らせる計画を立てている。ビジネス関係者にデータを請求する場合，行政書式を短縮する場合，罰則制度を適用する場合，検査制度を適用・執行する場合が，それに当たる。これにより，規制当局の有する資源と検査活動はリスクがもっとも高い領域で強化されることになるであろう。

- カナダ：「スマートな規制に関する外部諮問委員会（External Advisory Committee on Smart Regulation：EACSR）」(12)が，規制の遵守と執行に関する問題で，追加作業を要求している。同委員会によれば，遵守はリス

ク管理アプローチを基礎になされるべきである。なぜなら，政府は，すべての規制を検査し，執行するほど，資源を持ってはいない。したがって，政府の遵守戦略は，ビジネス関係者や市民が自発的に遵守インセンティブを持てるような，そうした信頼関係の上に築かれるべきだ，というのである。「スマートな規制に関するアクション・プラン」のなかにその概要が纏められているが，連邦政府計画によれば，規制は望ましい経済的かつ社会的な目標を達成できるように設計される必要がある。もっともリスクの大きい領域に，規制当局の注目が集められなければならず，それにより全般的な規制負担の削減が可能となる。ただし，規制の軽視，非遵守を思いとどまらせるため，制裁金は十分重くてよいとされている。

・デンマーク：簡素な，一段とターゲットを絞った環境監視制度を導入した。環境監視制度は，法規を十分に遵守していない企業を優先して監視対象としている。監視当局は，企業の環境問題への取り組みを観察し，その努力水準に従い企業を三つのレベルに分類している。もっとも環境に優しいレベル１の企業に対しては，監視の必要度が高いレベル２，レベル３の企業ほど，厳しい監視がなされないことになっている。

・ポーランド：経済活動を支援し，企業にかかる負担を削減するため，2004年の「経済活動の自由に関する法律（Act on the freedom of economic activities）」で，ビジネス関連の検査数をかなり削減した。

中小企業の負担を除去するための規制基準の修正

政府は，中小企業が経済の繁栄に重要な役割をはたしていること，だがそれにもかかわらず中小企業は規制によって便益に見合わない不釣合いな影響を受けがちであることをよく理解している。こうして，この特殊なグループに焦点を合わせ，特別の簡素化措置が講じられることになった。それは，このグループの遵守能力を十分に考慮したうえで，規制設計をそれに合わせ修正するというものである。オランダやデンマークのような国では，この目標は，例えば，小規模事業の遵守負担を取り除くために規制の基準を改正するといったやり方

で達成された。
- デンマーク：付加価値税（VAT）の登録基準を売上高20,000DKK から50,000DKK に引き上げた。これにより，いまや3万1,000もの小規模企業が，付加価値税会計を税務当局に報告する義務を免除されている。また政府は，中小企業年報を検討し，中小企業に求める質問事項をかなり削減した。それには，多くの複雑な規則が含まれていた。
- オランダ：オランダ統計局が中小企業に配布している質問書に関し，無作為抽出されるテスト・グループの規模の削減が決定された。より一般的には，経済省（Ministry of Economic Affairs）が，税務当局から出されている労働市場に関するデータ，年報，およびもっと短期でとられている統計などの既存資源をもっと有効に利用することを決定している。もしこれが実現されれば，配布される質問書はかなり減少することになる。

助言活動に向けた行政資源の再配分

助言活動の推進も，包括的な情報義務，データ提出義務に費やされる時間を削減することによって，行政負担を削減する可能性がある。OECD 諸国では，規制当局は一般になんらかの種類の助言を行っているが，多くの国はもっと多くの行政資源が助言活動に振り向けられるべきであるとの考えに賛成している。規制に関するビジネス側の知識は一般にかなり低く，規制当局も自分たちが課している義務をビジネス側に簡単かつ効果的に伝達できない場合が多い。ビジネス側は，どんな規制が彼らに適用されているのか，そうした規制が要求しているのは何か，またいかにすればそうした義務をコスト効率的に果たせるのかを迅速に発見できるようでなければならない。そのため，いくつかの国は，規制当局による助言活動を，とくに変化する法的要件を監視するスタッフを抱えていない中小企業に対する助言活動を強化する措置を採っている。

- イギリス：政府は，「ハンプトン・レビュー」の勧告もあり，2005年度の予算編成時に，規制当局がビジネス向けの包括的な助言活動に重点的に行政資源を充当できるように誘導した。ビジネス界が容易に，かつ安上がり

に規制を理解し，遵守できるよう，規制当局にもっと支援をさせようとしたのである。また，この勧告を受け入れたことは，将来的には行政文書がより短い，簡素な，平易な英語で書かれたものとなり，しかもビジネス慣行を基礎に設計されたものになることを意味している。

・米国：2002年の「小規模事業者文書業務救済法（Small Business Paperwork Relief Act）」が，連邦政府や文書業務義務によって小規模事業が負わされている負担問題に取り組んでいる。同法は，中小企業の遵守コストを除去するためのイニシアティブを，とくに小規模事業が遵守に必要な情報をもっと容易に見つけ出せるようなイニシアティブを導入している。また，同法は，各連邦機関に，中小企業との連絡ポイントとなる接触点を一つ設置することを求めている。行政管理予算庁（OMB）は，中小企業庁（SBA）と協議したうえで，小規模事業者が利用できる，遵守支援のための行政資源リストを毎年公表している。

段階的な規制執行

遵守負担を効果的に削減するもう一つの方法は，新規の法律や規制措置が効力を発する前に，十分な告知期間を設けることである。これは，新しい規制措置に関し共通の開始日を設けることによって達成できる。ビジネス側が新規の規制措置を明確に予測できるようになるからである。これはまた，ビジネス側に，遵守をもっともコスト効果的な方法で実現できるように，十分な検討時間を与えることによっても達成できる。こうしたアプローチは，新規の規制措置や規制の変更に関し，予測可能性の改善に取り組んでいる**オランダ**や**イギリス**のような国で実行されている。

・共通の開始日を採用すること。イギリスでは，すべての省庁が「共通の開始日」のステッカーを貼る計画が進行中である。これは，新規規制ないし改正された規制は毎年，定められた1日か2日のうちに導入されることを意味している。オランダもまたこれと同じ原理を採用している。

・規制の執行前に猶予期間をとること。オランダは，新規規制の導入の発表

と導入自体の間に長い準備期間をとることを決定した。イギリスでも，ガイドラインは，規制が効力を有する前に，ビジネス界には12週間の準備期間が与えられるべきであると提言している。

3．結　　び

　ワンストップ・ショップやプロセス・リエンジニアリングといった行政簡素化のための多くの伝統的な手法は，行政負担を削減するために，OECD 諸国の間で現在も引き続き用いられている。近年のイノベーションは，このプロセスを促進する技術の利用にある。簡素化手段は，（ビジネス関係者や市民が政府と触れ合う店舗のような）物理的施設の創設というより，ますます電子ベースないしウェブ・ベースの配信プラットフォームを介して利用されるようになってきている。

　このことは，省庁および政府機関の間の調整問題を引き起こしているが，同時に電子政府サービスが，将来的には，一つの「政府全体のアクセス・ポイント」に連結される可能性を示唆するものでもある。もちろん，多層の政府間調整がいまだ重要な問題として残されている。この間，OECD 諸国で開発され，発展を見た，多くの簡素化手段および簡素化計画は，中央レベルの政府によって課された行政負担の削減に焦点を置いていた。だが，いまや，もっと下位レベルの政府によって課された行政負担についても，簡素化手段を検討する傾向が強まってきている。中央レベルの政府で開発・実験された簡素化手段を，地方向けに改造し，利用する動きが出てきているのである。

　負担削減を達成するのに，必ずしも電子政府的な手法の利用だけが焦点となるのではない。ライセンス手続の簡素化を含むプロセス・リエンジニアリングも，加盟諸国の行政負担を削減するうえで，重要な役割を演じ続けている。だが，ここでも中央レベルの政府に重点が置かれている場合が多く，下位レベル

の政府による負担の削減にもっと多くの措置が講じられてよい。また，法令遵守を促進することも，行政負担を，とくにビジネスが負わされている負担を削減するもう一つの重要な手段となる。この領域でのイノベーションには，不必要な検査ないしデータ請求を削減するリスク・ベースのアプローチ，中小規模の事業者への負担を削減するための規制基準の変更，負担の最小化方法を知らせる企業向け助言の強化，および段階的な規制執行などがある。

注
（1） この意味で，ICT 手段は，主に行政簡素化と負担削減を達成する手段と説明されている。これは，電子政府よりも狭い概念であるといえる。
（2） 電子政府計画は，政府セクターの至るところで，重要 IT を戦略的かつ調整的な流儀で適用する包括的な戦略である。電子政府計画の重要な要素は，これまでのところ，以下の諸点にあると見なされている。1）インターネットを介し，公衆の行政へのアクセスを促進することで，利用者の興味の目を引きつけること。2）効率性やより優れたパフォーマンスを産み出すオンライン操作を用いることで，官の分野の事業展開を近代化すること。3）例えば，セキュリティに関するイントラネットを介して行政間の直接的なコミュニケーションを促進し，コミュニケーション効果を高めること。
（3） European Commission (2005), "Online Availability of Europe's public services", report of the fifth measurement, March.
（4） OECD (2005), *E-government for Better Government*, Paris. を参照のこと。
（5） "BundOnline 2005"：これは，インターネット・オンラインを通して提供が可能なすべてのサービスを供給するという大規模なイニシアティブである。このイニシアティブで約400のサービスがオンラインで利用できるようになった。例えば，年金の請求，企業に対する統計情報上の義務などが，その事例である。
（6） こうした標準は，その影響力を最大化するため，自由に，しかも無料で利用される必要がある。
（7） 年度会計，税金，および経済統計といった分野は，政府が，ビジネス負担のもっとも大きいことに気づいている領域である。
（8） もっと詳細な情報については，データの共有，再利用，およびデータの管理・運営が行政変化に及ぼすインパクトに関し，現在 OECD が進めている電子政府の分析作業を参照のこと。OECD は，その2006年計画の一部で，データ共有型ソリ

ューションのケース・スタディを認定する予定である。
（9） ライセンス取得手続の簡素化および時間制限の導入に関するもっと詳細な情報については，OECD（2003），*From Red Tape to Smart Tape: Administrative Simplification in OECD countries* を参照のこと。
（10） この措置は，EU法規により要求される政策手段にも，また国防，法執行，移民，法の正義，財政，国民の医療・安全性，文化・国民遺産と環境などの国益の擁護に関わるものにも及ばない。
（11） なぜなら，低リスクのビジネス関係者が行っている仕事は安全であるか，さもなければ，彼らはリスク管理の優れたシステムを持っているからである。
（12） これらは，2004年のレポート，"Smart Regulation: A Regulatory Strategy for Canada" のなかの勧告である。

第3章　簡素化の制度的な枠組み

序

　行政簡素化を達成するのに用いられる制度ないし組織上の枠組みに関しては，国の間で大きなバラつきがある。こうした違いは，少なくとも部分的には，国により政治的かつ行政的な配置が異なることによるものである。だが，その制度的な枠組みは追求される簡素化の目的によっても大きく左右される。簡素化は特定の領域にその焦点を置いているのか，もしくはより広い範囲にわたる規制改革課題の一部を成しているのかといった問題が，制度上の構造に影響を及ぼすのである。

　制度上ないし組織的な枠組みについては，次のようにその特徴を列記できる。
・単一目的の組織体：唯一の目的として，簡素化のある特殊な要素，例えば，平易な言語を用いた法規の設計や小規模事業者のような特定グループの負担削減といった事柄の推進に責任を負う組織体である。
・行政簡素化機関：政府全体の行政簡素化を推進する役割を担う特定の組織体である。
・規制改革機関：行政簡素化だけではなく，より広く規制の質の問題に責任を負う組織体である。
・外部委員会：政府によって設立された専門委員会であり，通常，その多くは非政府系の代表者から成り，行政簡素化をやり抜くことを，すなわち行政簡素化を調整，推進，提案，実施することを目的にしている。

こうした組織は必ずしも網羅的に存在しなければならないものでもなければ，相互に排他的なものでもない。多くの国は，行政簡素化の目的を達成するために，こうした一連の簡素化関連組織を利用している。ただし，簡素化の特殊な要素のどこに重点が置かれるかは，長期的には変化する可能性がある。

さまざまな管轄主体の間で，もしくはさまざまな政府レベルの間でなされる水平的かつ垂直的な調整が，簡素化努力のますます重要な焦点となってきている。首尾一貫した，効果的な簡素化措置が管轄主体全体に講じられるようにするためには，適正な制度上の配置がなされていなければならない。

1. 単一目的の組織体

単一目的の組織体は，狭義の目的を有する政府機関であり，その焦点を行政簡素化のある特殊な側面の推進に，もしくは中小規模の事業者のような特定分野が直面している問題の解決に置くものである。

小規模事業は，しばしば単一目的の組織体の焦点とされる。こうした組織体は中小企業分野が特殊な問題や課題に直面していることを認めている。事例を示そう。
・米国：小規模事業者を支援し，その特殊なニーズに応えるために，1953年に中小企業庁（Small Business Administration：SBA）が設立された。このSBAのなかに，中小企業擁護室（Advocacy's Office）が設置されたが，そこには小規模事業の成長を支援するために規制案，法案，および政策措置を追及する弁護士も含まれている。同擁護室は，また，連邦機関が中小企業向け規制影響分析を要求している規制柔軟性法（Regulatory Flexibility Act）を遵守しているかどうかを監視し，連邦機関がこうした遵守義務を守っているいるかどうかについて，毎年，議会に報告書を提出している。

・オーストラリア：産業・観光・資源省（Department of Industry, Tourism and Resources）のなかに設置されている中小企業局（Office of Small Business）が，中小企業政策の動向を見守り，また政策問題を検討する政府のなかの中心的な機関になろうと努めている。オーストラリア政府の小規模事業計画の重要な要素となっているのは，規制負担の削減である。

　他の単一目的の組織体が，これ以外の目的に焦点を合わせていることもある。わかりやすい用語を用いることで法案の簡素化を進め，法律へのアクセスを容易にすることに重点を置いていることもある。また，電子政府の推進，すなわち政府規制へのアクセスと規制遵守のための電子的手段の利用も，しばしば単一目的機関によって遂行されている。

　例えば，**フランス**では，2003年に，同年から2007年までの期間の情報通信に関する戦略計画や行動プログラムを準備するため，情報通信局（Agency for Information and Communications）という特別の政府機関が創設された。その機能は，その後，国家現代化庁（Directorate-General for the Modernisation of the State）のなかに統合された。この機関の成果の一つは，2004年のAdele（Administration Electronique）計画の策定にある。この電子政府の行動計画は2007年まで続いており，これにより市民，公務員，ビジネス関係者，および地方自治体は新たに300のサービスをオンラインで利用できることになる。

2．行政簡素化機関

　行政簡素化機関は，政府全般にわたり簡素化を推進するものである。こうしたタイプの政府機関は，少数の国で用いられており，ビジネス関係者や市民を含め，すべての利害関係者に対し，行政簡素化を推進できるものである。

　行政簡素機関の重要な事例を，ベルギーの行政簡素化局（Agency for Admin-

istrative Simplification：AAS) に見いだすことができる。同エージェンシーは，1998年に，独立行政機関として首相官邸 (office of Prime Minister) の下に設置された。同エージェンシーは，その内部に実業界，労働組合，および公務員集団の代表から成る簡素化推進委員会 (steering committee) を持っている。また，同エージェンシーは，その法的な地位により，自ら行う作業にかなり大きな自律性を有している。その作業領域は，
- 政府横断的な簡素化プロジェクトの発動
- 省庁レベルでの簡素化政策の調整
- 政府，議会，および利害関係者への報告書の作成
- 行政負担を測定する手法の開発

などを，含んでいる。

同エージェンシーの最近の重要なイニシアティブとして，2004年のカフカ・テストの策定と導入を挙げることができる。このカフカ・テストは，新たな規制案が閣僚会議で議論されるのに先立ち，それが行政負担に及ぼす潜在的な影響を事前に評価するツールとして考案されたものである。

オランダでは財務省 (Ministry of Finance) の内部に「行政負担に関する省庁間プロジェクト・ユニット (Interministerial Project Unit for Administrative Burdens：IPAL)」が設置され，それが行政負担を測定し，政府の負担削減目標の達成度を調整している。IPALは，政府横断的な専門家グループから成り，経済省 (Ministry of Economic Affaires) と協力しながら，簡素化計画を調整している。

3．規制改革機関

OECD諸国に共通して見られる一般的な政府機関は，行政簡素化機関よりもっと広い行政改革に焦点を置いた規制改革機関である。OECD調査への回答を

見ると，18カ国で，行政簡素化政策の調整に責任を有する機関は，規制の監視，および／またはRIAやコンサルテーション手続のような他の規制の質に関わる問題への取り組みにも責任を負っている。

規制改革機関は，多くの国で，いつしか存在するようになり，現在もそれぞれの国の行政簡素化や規制改革アジェンダのなかで重要な役割を果たしている。以下，列記してみよう。
- オーストラリア：法律と規制を効率化し，効果をあげるという政府の目的を推進し，国民経済的な観点からそれを実行することを任務とする規制レビュー室（Office of Regulation View）が，1998年から設けられている。
- 米国：情報・規制問題室（Office of Information and Regulatory Affairs）が，1980年から存在し，現在も行政管理予算庁（OMB）の中に位置し，活動を展開している。
- ニュージーランド：経済開発省（Ministry of Economic Development）のなかに設けられた規制政策ユニット（Regulatory Policy Unit）が，規制影響評価やビジネス側の遵守コストに関する報告書の審査に責任を負っている。また，それは，規制の質に関連する問題にも責任を負っており，すべての省で質の高い規制を生みだせるよう，政府の能力を改善するのに指導的な役割を果たしている。

ほかの国でも，規制改革機関の役割とその組織構造は進化し続けている。例えば，**イギリス**では，2005年5月に，新たな規制改革機関である「より優れた規制執行室（Better Regulation Exeutive：BRE）」が創設された。これは政府の中枢たる内閣府の中に位置づけられ，民間部門から選ばれた経営委員を中心に構成されている。中央政府の外部から選ばれた議長が，この委員会をリードしている。その任務は，政府の規制改革アジェンダを前進させることにあり，次のような政府の約束（コミットメント）の履行に全面的な責任を負っている。
- 必要があると認められる場合にのみ，規制を行うこと。

- 行政的規制のコストを削減するため,正確に削減目標を定めること。
- ビジネス分野と公共セクターの両方の検査および執行の取決めを合理化すること。

加えて,BREは,以前に規制インパクト・ユニット(Regulatory Impact Unit)が行っていた次のような作業を引き継ぎ,前進させることになるであろう。
- 省庁および規制当局から提出される新規の政策提案を調査すること。
- 省庁がもっと容易に徹底した規制緩和措置を採れるよう,立法手続をスピードアップすること。
- 徹底した規制緩和措置を採れるよう,省庁と協働すること。
- より優れた規制に向けた政府アジェンダを欧州規模で推進すること。

韓国には,1997年に,首相官房室の下に規制改革委員会(RRC)が設けられた。同委員会は,官民から選抜されたメンバーで構成されている。その責任と権限は,広い範囲に及んでおり,そのなかに年次改革計画の準備,利害関係者や公衆とのコンサルテーション,省庁によって準備されたRIA報告書の審査などを含んでいる。加えて,同委員会は,
- 既存規制の見直し,規制の改善に関する包括的なプランの策定と実行,
- さまざまなレベルの行政機関によってなされた規制改善の進捗具合の検査と評価,

にも責任を負っている。

その後,RRCの作業を支援し,ある特定分野のビジネス活動に影響を与える規制の束全体に焦点を当てるため,韓国政府は,2004年8月に国務総理室(Prime Minister's Office)の下に,規制改革タスクフォース(Regulatory Reform Task Force:RRTF)を設置した。その任務は,単一の規制というより,複数の省庁に跨るいわば「束になっている規制」を改革することにある。

同タスクフォースは，45の戦略領域の「束になっている規制」に焦点を当てている。そのなかには，ゴルフ場の建設，海運，国内の行政的規制，および職業訓練に関する規制が含まれている。2006年7月までに，同タスクフォースは，この45の戦略領域に関し，1,421もの詳細な改善プランを起草している。

4．外部委員会

行政簡素化の問題に取り組むとき，OECD諸国は，一般的に，外部委員会ないしタスクフォースを用いている。2003年のOECDレポートの発表以降，新しい外部委員会ないしタスクフォースの創設が，多分，簡素化機関のあり方という意味では，もっとも変化が目立った領域である。こうした新しい機関の創設により，いまや政府は外部から専門家を引き入れ，簡素化活動に明確な輪郭を与えることができるようになっている。これは多分，2003年以降，行政簡素化の領域でもっともダイナミックに制度が変化した領域である。

こうした新しい機関は，永続的な機関でもありうるし，暫定的な機関でもありうる。OECD諸国においては，最近，両タイプとも利用されている。

A．永続的な機関

イギリスでは，1997年に「より優れた規制タスクフォース」が設立されたが，2006年1月に，同タスクフォースは「より優れた規制委員会（Better Regulation Commision：BRC）」に改変された。この変更の理由の一つは，イギリス政府が，行政簡素化と規制改革の実行に永続的にコミットメントする意思を示そうとした点にある。

同委員会は，タスクフォースと同様，内閣府がスポンサーを務める独立諮問機関ということになる。それは，「より優れた規制執行室（BRC）」と並び，ビジネスや他の利害関係者の立場に立って，新規規制案や政府の全般的な規制パフォー

マンスについて，政府に独自の助言をすることになる。政府は，同委員会が，規制および行政の簡素化に関し，ビジネス団体などと協働し，政府に対し積極的に提言することを期待している。同委員会はタスクフォースの仕事を引き継ぐだけではなく，着手された改革の監視にも責任を負うことになるであろう。

同委員会の仕事は以下の通り。
- 「優れた規制であるための五つの原理——比例性，説明責任，一貫性，透明性，および明確な目標設定」に沿って規制とその執行がなされるように省庁と規制当局を促すこと。
- 行政負担を削減するために，省庁と規制当局から出された計画を綿密に審査すること。
- より広い範囲で規制負担を削減するため，代替案の利用や規制緩和を含め，省庁と規制当局がどの程度改革を前進させたか，調査すること。
- 特定の規制問題や政策問題を精査し，政府の諮問に対し60日以内に，独自レポートの発表を通して提言を行い，答申を与えること。
- 欧州のより優れた規制に関する「六つの欧州理事会（Six Presidency：アイルランド，オランダ，ルクセンブルク，イギリス，オーストリア，およびフィンランドを指す）」イニシアティブを支援するために，EU加盟諸国のビジネス界，およびEU諸機関の他の外部関係者と協働すること。

OECD諸国のなかで，最近，行政簡素化に貢献している他の目立った委員会には，次のようなものがある。
- **フランス**：2003年に，それまでの「行政簡素化委員会（Commission pour les simplifications administratives）」に換え，「行政簡素化推進会議（Conseil d'orientation de la simplification administratives）」を設立した。この新たな組織は主に議会と地方自治体の代表からなり，次のような機能を果たしている。
    * 各省によって準備された行政文書や行政手続の年次簡素化プログラムに

関し，意見を提出すること，
　＊議会に提出される年次レポートで，首相に助言を行うこと，
　＊省の要請があれば，さまざまな省に簡素化措置に関する助言を行うこと，
　＊毎年，公けのレポートを作成すること．
・ギリシャ：2005年に，「中央行政手続簡素化委員会（Central Procedure Simplification Committee）」という諮問会議を設立した．その役割のなかには，簡素化政策の計画，執行，および監視，また簡素化努力を支援するための組織構造の改革，さらに簡素化プログラムの結果の評価などが含まれている．
・カナダ：2005年に，「行政文書負担の削減に関する諮問委員会（Advisory Committee on Paperwork Burden Reduction：ACPBR）」が設立された．同委員会は，官民両方を代表する14名のメンバーから成っている．そこには，小規模事業者，経済団体，および省庁のメンバーも含まれている．ACPBRの任務は，ビジネス関係者が負わされた行政負担を削減するため，具体的なイニシアティブを確認し，負担軽減の進捗度を長期にわたり追跡することにある．それはまた，「規制遵守コストに関するカナダ調査統計（Statistics Canada Survey of Regulatory Compliance Costs）」の結果を用いて，負担の重い，重要な規制と結びついた行政的コストを評価することになっている．

B．暫定的ないし特別のタスクフォース

　暫定的なタスクフォースないし調査機関は，特別な問題に焦点を絞れるような強力な強制調査権を有し，そこで得られた結論を迅速に報告することができる．強力な政治的支持が与えられると，こうした機関は多くの場合，その任務を遂行するため，有益な情報と十分な情報源にアクセスできるようになる．また，こうした機関は，問題の所在に光を当て，政策立案者や公衆の関心を呼び覚ますのに重要な役割をはたすことにもなる．
・オランダ：政府は，政府省庁の行政簡素化・負担削減計画を監視するため，

2000年に,「行政負担のテストに関する諮問委員会(Advisory Committee on the Testing of Administrative Burdens)」を創設した。同委員会は,3人の執行委員とそれを支える事務局から成る独立行政法人である。この機関は,当初,存続期間が3年間とされ,2003年には活動を停止することになっていた。だが,その後も活動は続き,政府によってその権限はむしろ拡大・強化された。2005年には,その任務は,新規並びに既存の法律や規制によって市民が負わされる行政負担の検討にまで及ぶようになった。また,同委員会は,政府のさまざまな分枝機関の間の重複作業から生じる行政負担を削減する機会を探っている。2006年に,その職務執行権は,2009年1月まで延長された[1]。

・**オーストラリア**:政府は簡素化アジェンダを前進させるため,暫定的なタスクフォースを利用している。1996年に,政府は,小規模事業者の行政負担を削減する仕方を助言するため,「中小企業の規制緩和タスクフォース」を設立した。もっと最近になると,政府は,ビジネス関係者が負わされている規制負担をより一般的に調査するため,タスクフォースに類似した機関セすルを採択している(ボックス3.1)。

・**カナダ**:簡素化および規制改革プログラムに情報・資料を提供するため,外部諮問委員会を用いている。カナダ政府は,2003年に,「スマートな規制に関する外部諮問委員会(External Advisory Committee on Smart Regulation:EACSR)」を設立した。同委員会は,広い範囲にわたり21世紀のカナダの規制戦略を提案するように指示を受けている。その戦略目標の一つは,ビジネス関係者および市民が直面している行政負担を削減することに置かれている。EACSRは,2004年9月に,首相にレポートを提出している。

ボックス3.1　ビジネス規制負担の削減に向けたオーストラリア政府タスクフォースの仕事

オーストラリア首相と財務官(Treasurer)は,2005年10月に,「不必要に負担をかけている規制,複雑な規制,過剰で余分な規制,および他の管轄との間で重複し

ている規制」を認定し，その改善を勧告するために，合同でタスクフォースを立ち上げた。このタスクフォースは，役所，ビジネス界，司法界，および中小事業者のなかで広い経験と知識を有する4名のメンバー（役人，事業者，法律家，および小規模事業者）で構成されている。その作業は，関連の政府省庁から派遣された事務官によってサポートされている。

　タスクフォースは，2006年1月31日までに政府にレポートを提出することを，求められた。したがって，仕事を完了するのに，比較的短い期間しか与えられなかったことになる。タスクフォースは，短期間とはいえ，この間，ビジネス界，政府機関，および他の利害関係者と広く協議を行った。また，文書の提出を関係者に求め，150通の回答を一連の利害関係者から受け取った。

　タスクフォースは，その最終レポートで，オーストラリア政府に対し，178項目にも及ぶ提言を行った。タスクフォースは，すべての変更が一挙になされるものではないことを認め，既存規制に対し優先されべき改革課題をいくつか挙げている。改革の優先領域として，個々のビジネスに多大な負担を負わせているか，もしくは非常に多くの事業家に悪影響を与えている領域が選択されることになった。タスクフォースによって認定された改革の優先領域は，以下のような特徴を有している。

・「規制の徘徊」を含む，規制の適用範囲の過剰な拡大——当初意図されたものより大きな影響を企業に与える規制，もしくはその範囲が当初より拡大している規制。こうした規制にあっては，規制の現実の基準値が，規制インフレにより浸蝕されてしまっているのである。
・重複する，しかも整合しない規制による義務——両方とも政府内部の管轄主体に跨がる問題である。
・不要になった規制，もしくは政策意図によって正当化されない規制——設計が貧しい規制，もしくは導入時以降の環境変化により不要になった規制もこれに含まれる。
・過剰な報告ないし記録義務による負担——類似の情報，あるいは余分で不必要な情報を求めるかたちで，政府のさまざまな部門から市民およびビジネス関係者に重複する要求がなされている。
・規制をめぐる定義の変化と報告義務——これはビジネスに混乱と超過作業を生み出す。

　こうした優先領域の各項目を受け，タスクフォースは，ビジネス関係者が直面している規制負担を削減するために，政府が採るべき一連の措置を認定した。加えて，タスクフォースは，さらなる規制の見直しに向けて優先領域を認定している。だが残念ながら，時間的な制約もあり，タスクフォース自身が具体的な勧告を出すことはなかった。

出典：Banks（2006）；規制タクスフォース（2006）。

5. 多層的な政府間調整

OECD諸国の間で，行政簡素化と規制の質の改善をすべての政府レベルで推進することが重要であるとの認識が広がりつつある。これは，例えば欧州連合のなかの政府間関係に当てはまるばかりか，一国のなかの中央下位レベルの政府間関係にも当てはまる。

オーストラリアでは，ほとんどの州政府が，連邦レベルの規制レビュー室（Office of Regulatory Review）が果たしている役割を模写した機関を設け，規制の質を改善し，監視している。例えば，ビクトリア州では，この役割は，2004年7月に設立されたビクトリア競争・効率化促進委員会（Victorian Competition and Efficiency Commission）によって担われている。同委員会は，以前のビクトリア規制改革室（Victorian Government's Office of Regulation Reform）が行っていた仕事をその任務の一部に組み込み，設立されたものである。こうした州の委員会は，特定の州にのみ責任が帰する，そうした州の規制や簡素化計画を監視している。

だが，改革や簡素化努力は，オーストラリアにおける最高の政府間フォーラム，「オーストラリア政府諮問会議（Council of Australian Governmennts：COAG）」によって，管轄主体の間で調整されている。COAGは，首相，州知事，準州首長（Territory Chief Ministers）および地方政府連合の代表者（President of the Australian Local Government Association）から成っている。その役割は，連邦規模で重要な政策や中央・地方政府による協調行動が必要な政策の改革に着手し，それを発展させ，履行状態をモニターすることにある。もちろん，規制改革や行政簡素化といった政策も，こうした重要な政策の一部をなしている。

カナダでは，規制改革アプローチを共有すべく，それを支援するフォーラムとして，規制改革に関する連邦・州・地域作業グループ（Federal, Provincial and Territorial Working Group）が，設立されている。その作業のなかには，共通規制原理の策定，規制影響分析に向けた一貫性のあるアプローチの開発，およびベスト・プラクティスの共有などが含まれている。この作業グループの目的は，質の高い規制を生み出すため，政府の能力を発展させることに，また管轄主体間で規制の協調を奨励することに置かれている。

　国民国家の間でも，こうした調整が行われている。**欧州連合（EU）**レベルでいえば，欧州委員会（EC）が加盟国間の簡素化の推進に重要な役割を果たしている。欧州委員会は，2003年に，共同体アキス（Community Acquis）の分量を削減するべく一連の措置を講じ，EU法へのアクセスを一段と容易にし，既存の法規を簡素化した。この簡素化計画の一部として，欧州委員会は簡素化の繰り延べ計画を策定している[2]。

　こうしたプロセスは，欧州委員会が孤立したかたちで進めているのではなく，欧州議会，閣僚会議，欧州委員会の3者によって合意された「より優れた法形成に関する制度間合意（Inter-Institutional Agreement on Better Law Making）」に沿うかたちで進められている。この合意は，欧州全域により優れた法形成に向けたグローバル戦略を確立するものであった。これについては，欧州委員会と加盟国との間で実質的な協議がなされることになっている。

6．結　び

　OECD諸国では，行政簡素化の推進とその実現に向け，2003年のOECDレポートで議論された多様な組織形態が現在も引き続き利用されている。すべての国で適正であるような単一の組織モデルなど存在しない。制度上，どのような組織構造が選択されるかは，各国の政治・法体制に，またその政府が抱える

目標および優先課題にかかっているのである。

とはいえ，この問題に関し，近年のいくつかのトレンドを確認することはできる。行政簡素化作業において，担当機関がとっている組織の発展動向および方向性は以下の通りである。

・より範囲の広い規制の質の改善に責任を負う政府機関ないし組織（こうした機関は，しばしば省庁や規制当局によって実施されるRIAの品質保証にも責任を負っている）に，行政簡素化の責任を負わせるようになってきていること。

・永続的な機関，暫定的な機関を含め，外部委員会およびタスクフォースが，行政簡素化の勢いを維持するうえで，重要な役割を演じていること。こうした機関の存在は，多くの国で，簡素化努力に高度な政治的な支持が与えられていることを示している。こうした機関は比較的短期間に，具体的な提案や提言を作成できるという長所を持っている。

・一国内部での，またEUレベルの国際間での多層的な調整がますます重要となってきていること。この傾向を見れば，政府のすべての管轄主体で行政を簡素化（規制の質を向上）する必要があることがわかるであろう。

注
（1） ACTAL（2006），年報2005年，ハーグ，オランダ。www.actal.nlで利用可能である。
（2） COM（2003）71，「共同体アキスの更新と簡素化」。

結論と将来の方向性

1. 結　　論

　行政簡素化，とくに規制によってビジネス関係者，市民，および他のコミュニティのメンバーが負わされている行政負担の削減は，明らかにOECD諸国にとって重要な問題である。2003年のOECDレポート，『レッド・テープからスマート・テープへ：OECD諸国の行政簡素化』は，多くの加盟国が用いている行政手段を概観しており，その時点では加盟国の行政簡素化に価値のある貢献をなした。だが，このレポートで検討された一連の事例や経験が逆に示しているように，行政簡素化は，2003年以降，急速な前進を見た領域である。

　OECD諸国は，この問題でさまざまな経験を積んできた。これは，所与の政府システムが異なるため，規制政策と負担削減に関する優先度および発展度が異なることによるものと思われる。だが，それにもかかわらず，ここでの研究でとりあげられている一連の国の行政簡素化政策および負担削減政策のなかに，いくつか一般的な傾向を確認することができる。

　本レポートが見いだした重要なポイントは，行政簡素化が，ますます，それぞれの国の全体的な規制管理システムのなかに埋め込まれつつあることである。過去において，行政簡素化は，しばしば暫定的な計画，もしくは分野別計画を基礎に企てられてきた。だがいまや，本レポートで取り上げられているほとんどの国で，負担の削減に向け政府が一丸となって取り組む，政府全体的なアプ

ローチが強まってきている。その重要な要因は，簡素化がますます政策立案プロセスのなかに埋め込まれつつある点にある。負担の事前評価と事後評価のどちらに重点を置くかは国によって異なるが，いまや焦点は，事前，事後の両方で負担を削減することに置かれている。

　行政負担の計測も，多くの国で負担削減プログラムの重要な部分を占めるようになってきている。測定の重点は（その後の負担削減プログラムでも同じであるが），ビジネスへの負担に置かれる傾向にあり，中小企業に特別の考慮が支払われるケースも多い。だがそれだけではなく，市民や非営利部門など，他の人々が負わされる負担についても，それを計測し，削減する傾向が生まれてきている。計測技法の洗練度は国によって異なるが，多くの国が，行政負担の源泉に関し詳細な検討を可能にするような正確度，洗練度の高い技法の開発に向けて動いているのは明らかである。この計測情報は負担削減計画の目標を設定するのに，またその前進を長期にわたり監視するのに利用されている。

　簡素化戦略の実施手段として，電子ベースないしウェブ・ベースのプラットフォームを利用する傾向が，主要な流れとして発展し続けている。これは，ワンストップ・ショップなど，従来の簡素化手段を支援するものでもある。いまやこうしたプラットフォームは，ますます，政府の全体的なアプローチの発展を可能にするものとなっている。ライセンス，とくにビジネスに影響を及ぼすライセンスに関する負担削減プログラムも，引き続き多くの国で負担削減プログラムの重要な要素であり続けている。

　行政簡素化を実現するために用いられている制度上，組織上の構造という点では，革新的な動きはそれほどなかった。2003年のOECDレポートで議論されたものと類似の制度，組織が，現在も引き続き用いられている。だが，行政簡素化に対する責任が，より広い範囲で規制の質に責任を負う政府機関のなかに包括される傾向が目立ってきている。また，こうした政府機関は，しばしば

規制影響分析を実行・評価の監視に責任を負う政府機関と同じ機関でもある。この傾向はわれわれの結論を，すなわち行政簡素化は他の政策から切り離されて独自の課題とされるというより，規制の質の改善という政府の一般的な目標の一部と見なされつつあるという見方を補強するものといってよい。

外部委員会やタスクフォースも，改革の勢いを維持するために，多くの国で盛んに用いられている。このことは，簡素化プログラムが政治的に支持されていることを示している。こうした委員会は過去においても広く用いられてきた。それが，この数年，再び加盟国で新たな経験を積んでいるということは，外部委員会やタスクフォースが今後も活躍を続けるであろうことを示唆している。

2．将来の方向性

上で観察された傾向および結論が将来にも及ぶものと仮定し，そこからいくつかの含意を汲み取ってみよう。

行政簡素化・負担削減計画は，今後，より広い範囲をカバーしている規制の質の管理システムのなかに徐々に埋め込まれることになろう。このことは，多くの国の行政簡素化計画の将来に，二つの発展方向があることを示している。
・行政簡素化は，独立の目標と見なされるというより，むしろ規制の質を改善する一般的な規制改革計画のなかの一手段ないし一目標と見なされることになるであろう。この場合には，各国は，行政資源を簡素化と規制改革の他の要素のいずれに，どの程度充当するかを決定する必要がある。
・第２の可能性として，行政簡素化は規制の質の改善と同義なものになる可能性もある。質の高い規制は，ますます負担を最小化する規制であると見なされることになろう。

いずれの方向も，政府に検討すべき課題をもたらす。政府が直面するであろう重要な問題は，簡素化・負担削減と他の規制改革との間に適正なバランスを

とることである。この問題は，政府がその資源（財政，人的資本・政治的資本，および支援）をさまざまな計画に配分しなければならないとき，重要となる。行政の簡素化には，他のより根本的な改革からエネルギーを逸らすリスクもある。ときにはもっと大きな経済・社会的な利益をもたらすような改革もありうるからである。行政簡素化プログラムは，規制の質の管理という厳密な意味での規制改革プログラムに代わりうるものではない。負担の重い規制が最初に生み出されないようにするため，規制影響分析にどの程度の資源が配分されるべきか，既存の規制ストックによる負担を削減するのにどの程度の資源が配分されるべきか，その決定が重要な問題となるのである。

政府は，この間，自分たちの目標や国の優先課題をベースにこうした選択を行ってきた。だが，行政簡素化と規制改革との間にどのように資源を配分するかは，近い将来，ますます重要な課題となろう。なぜなら，本レポートで観察された多くの傾向は――より洗練された計測手法の開発，コンサルテーションの機会の増加，および電子政府サービスにおける配信プラットフォームの構築など――，行政簡素化計画が長期的には一段と資源集約的なものにならざるをえないことを示唆しているからである。

政府が考慮すべきもう一つの問題は，どのように下位レベルの政府を行政簡素化と規制改革に引き込むかという問題である。行政簡素化計画は，これまで主に中央政府から生ずる規制負担にその焦点を置いてきた。だが，下位レベルの政府も，ビジネス関係者および市民にかなり大きな行政負担や義務を課しているのであって，そのことに責任を負ってよいのである。

行政簡素化は，行政文化を，市民およびビジネス関係者に対するサービスの向上に重点を置いたいわゆる顧客サービス指向型アプローチに変えるのに貢献する。市民およびビジネス関係者は行政負担の削減から利益を得るが，政府自体もまたそれ以上の利益を得る。なぜなら，サービス指向型の規制は，市民や

ビジネス関係者の政府および行政手続への信頼を高めることになるからである。

参考文献

Banks, G. (2006), "Reducing the Regulatory Burden: the Way Forward", Inaugural Public Lecture, Monash Centre for Regulatory Studies, Melbourne, 17 May (available at www. pc. gov. au).

Communication from the Commission (2002), Action Plan "Simplifying and improving the regulatory environment", Brussels, June.

Communication from the Commission (2005), Better Regulation for Growth and Jobs in the European Union, Brussels, March.

Communication of the Commission (2005), Implementing the Community Lisbon programme: A strategy for the simplification of the regulatory environment, Brussels, October.

Communication of the Commission (2005), On an EU common methodology for assessing administrative costs imposed by legislation, Brussels, October.

Danish Ministry of Economic and Business Affairs (2003), International Study: Efforts to Reduce Administrative Burdens and Improve Business Regulation, August.

European Commission (2005), Online availability of Europe's public services, report of the fifth measurement, March.

Hellenic Presidency of the Council of the European Union, ad hoc group of experts on better regulation (2003), Report on the progress of the implementation of the Mandelkern Report's Action Plan on Better Regulation, Athens, May.

Interministerial working group on regulatory quality (2001), Mandelkern report.

Mandelkern Group on Better Regulation (2001), Final Report, November.

OECD (1997), OECD Report on Regulatory Reform, Paris.

OECD (1997), Regulatory Impact Analysis: Best Practices in OECD Countries, Paris.

OECD (2002), Regulatory Policies in OECD Countries. From Interventionism to Regulatory Governance, Paris.

OECD (2003), The E-government Imperative, Paris.

OECD (2003), From Red Tape to Smart Tape. Administrative Simplification in OECD Countries, Paris.

OECD (2005), Taking Stock of Regulatory Reform: A Multidisciplinary Synthesis, Par-

is.
OECD (2005), *Regulatory Impact Analysis in OECD Countries*, "Challenges for Developing Countries", Paris.
OECD (2005), *OECD Guiding Principles for Regulatory Quality and Performance*, Paris.
OECD (2005), *E-government for Better Government*, Paris.
Philip Hampton (2005), *Reducing administrative burdens: effective inspection and enforcement*, UK Better Regulation Taskforce, March.
Regulation Taskforce (2006), "Rethinking Regulation: Report of the Taskforce on Reducing Regulatory Burdens on Business", Report to the Prime Minister and the Treasurer, Canberra, January.
World Bank (2003), *Doing Business in 2004, Understanding Regulation*, Washington, DC.
World Bank (2006), *Doing Business in 2007, How to Reform* Washington, DC.

付表1　行政簡素化を

	行政簡素化を担当する機関
オーストラリア	規制レビュー室（ORR）。ORRは独立行政法人の生産性委員会の一部を成している。中小企業局（産業観光資源省）。
ベルギー	行政簡素化機関（首相官邸）
カナダ	行政簡素化政策を調整するような機関は存在しない。その責任は枢密院と産業省に分有されている。
チェコ共和国	規制・行政改革局（大統領府）
デンマーク	規制改革室（財務省）
フランス	規制改革・行政簡素化室（財務省）
ドイツ	官僚行政是正事務局（内務省）
ギリシャ	行政手続簡素化局（内務省）
ハンガリー	規制影響分析，規制緩和，および法規登録局（司法省）
イタリア	行政局簡素化室，簡素化委員会，行政管理局（評議会省），および簡素化・規制の質に関する省庁間タスクフォース
韓国	規制改革委員会（RRC），規制改革ビューロー（RRB），行政自治部（MOGAHA）
ルクセンブルク	（企業向け）行政簡素化全国委員会（CNSAE）（2004年に創設）
メキシコ	連邦規制改善委員会（COFEMER）
オランダ	行政負担に関する省庁間プロジェクト・ユニット（IPAL），財務省
ニュージーランド	規制コストおよび遵守コスト・ユニット（経済開発省）
ポーランド	経済的規制に関する省庁間タスクフォース（経済大臣がチームの議長）
スウェーデン	産業技術局のなかの規制改革チーム（経済・雇用・通信省）
スイス	経済官房長室（SECO）
トルコ	行政開発局（首相官邸）
イギリス	規制改革室（内閣府）
米国	情報・規制問題室（行政管理予算庁）

出典：負担の測定に関するOECD調査（2005年）の回答から作成。
訳者注：Better Regulation Executive および類似の名称について表作成の都合上，ここでは規制改革室と統一して訳

担っている政府機関

機関の任務	行政簡素化を調整する機関が規制の監視, RIAおよびコンサルテーションを兼務しているケース
規制影響報告書（RIS）の作成プロセスを管理し，ビジネス関係者と消費者に最小の悪影響しか及ぼさないような仕方で，規制の目標を達成できるようにすること．小規模事業が直面している負担を分析・評価すること．	はい
行政簡素化プロジェクトの調整と実行．	いいえ
枢密院は望ましい規制政策が確保されることに責任を負っている．産業省は現行の行政文書削減イニシアティブに責任を負っている．	いいえ
———	はい
規制の簡素化に関する年間アクション・プランの調整に責任を負っている．	はい
パイロット簡素化法で，簡素化の法律，手続，および行政手続を調整している．	はい
官僚行政を見直すために個々の連邦省庁の是正プロジェクトを調整している．	はい
省庁の担当ユニットの支援を得て，ワンストップ・ショップで採られている手続を簡素化している．一般的な簡素化ルールに関する法形成にも責任を負っている．	はい
———	はい
行政簡素化，規制のコード化，および手続更新の調整，省庁の簡素化政策に向けた戦略的ガイドラインの策定．	はい
RRCは規制政策の追跡，規制の見直しに責任を負っている．RRBは行政負担の削減と規制の質の向上に責任を負っている．MOGAHAは市民の申請手続の削減と公共サービスの改善に責任を負っている．	はい
10の負担が重いと認定された規制ストックを分析している．ビジネスに課された行政負担を削減するため，アクション・プランを策定している．	はい
COFEMERが2年ごとの規制改善プログラムで規制の枠組みを質的に改善している．このプログラムは，規制の改正，新しい規制の提案，および行政手続の改廃に関連した活動を包括している．	はい
IPALが行政負担削減プログラムを調整している．	いいえ
規制影響報告書（RIS）とビジネス遵守コスト報告書（BCCSs）を審査し，RISとBCCSsの原理と手続に関し，省庁に助言している．	はい
機関は規制政策，新しい規制改革プログラム，および他の規制改革イニシアティブに責任を負っている．	はい
———	はい
———	はい
行政簡素化計画を遂行している．	はい
より優れた規制アジェンダに責任を負っている．すなわち，規制案を調査し，規制行政負担削減に関し，目標値を設定している．	はい
情報・規制問題室（OIRA）は規制の評価と文書業務削減義務を審査する指導部である．	はい

した．

付表2　欧州諸国の

	測定に責任を有する機関	方法	適用 事後
ベルギー	行政簡素化機関	SCMを採用，「スコア・ボード」手法で補完。	あり
チェコ共和国	規制・行政改革局	SCMを完全なベースラインにした測定	あり
デンマーク	ビジネス規制改革室（経済産業省）	SCMを完全なベースラインにした測定	あり
フランス	財務省	「複合指標」，SCMの改作。	あり
ハンガリー	───	───	あり
イタリア	行政管理局	SCMのパイロット計画	あり
オランダ	Actalおよび省庁間タスクフォース（財務省）	SCMを完全なベースラインにした測定。	あり
ノルウェー	貿易産業省	SCMの採用	あり
ポーランド	経済的規制に関する省庁間タスクフォース	SCM2006～2007年計画；パイロット計画による選択分野での負担の測定と削減。2008年以降：SCMをベースラインにした測定の開始。	あり
スウェーデン	産業技術局（MUTEK）	SCMの適用領域を特定し，測定。	あり
イギリス	規制改革室（BRE），ここが行政負担削減イニシアティブを調整している	SCMを完全なベースラインにした測定	あり

注：───は無回答。
出典：OECD。
訳者注：Better Regulation Executiveおよび類似の名称について表作成の都合上，ここでは規制改革室と統一して訳

標準コスト・モデル

手法 事前	負担削減の目標値	とくに重点が置かれる集団および政策領域
拡大カフカ・テストに統合予定	国会期末までに25%削減	ビジネス関係者および市民
―――	ビジネス負担を2010年までに最低20%削減。（目標値は2006年3月に確認される予定）	ビジネス関係者
あり	ビジネス負担を2010年までに25%削減。すべてのビジネス関連の法規が対象とされる。	ビジネス関係者；市民と公共セクターに負わされた負担の削減については現在検討中。
導入予定	―――	ビジネスに影響を与えている行政手続。負担の測定は2006年に市民に関わる行政手続にも拡大される予定。
なし	―――	―――
なし	なし	ビジネスに影響を与えている行政手続；VAT、道路分野、許認可。
あり	一般的な目標としては2007年に行政負担を25%削減。目標値は省ごとに異なっている。	とくにビジネスに課された負担の削減に重点が置かれている。2005年以降は、削減努力は市民および公共センターにも及んでいる。
―――	目標値はSCMをベースラインにした測定を行った後、そこで得られた結果に従い設定される予定。	ビジネス関係者
2006年にRIAに包括される予定	なし	ビジネス関係者；VATおよび運輸規制—パイロット計画として最初の段階で適用される分野。その後4分野の測定が予定されている。2008年にSCMをベースラインにした測定。
なし	目標は一連の規制集合に関し、領域ごとに設定される。さまざまな領域とそこでの測定は、各領域内で簡素化が可能かどうかで、さまざまな目標を持ちうる。規制集合の総遵守コストの削減目標は近い将来設定され、2010年に達成される予定。	ビジネス関係者；税、年次報告書、環境、および労働法。
―――	目標値はSCMをベースラインにした測定を行った後、そこで得られた結果に従い設定される予定	ビジネス関係者、慈善事業、および任意団体。イギリスは公共セクターに課された負担の測定についても検討中。

した。

補Ⅰ　調査結果

OECDの多くの加盟国におけるビジネス調査から得られた主要な結果は，次のように要約される。より詳細な記述は，「補Ⅲ」で展開されている[1]。

1．直接的な行政遵守コスト

OECD調査の結果によれば，行政遵守コストは相当大きく，経済的にも相当な額に及んでいる

OECD調査の結果によれば，行政遵守コストは相当大きく，調査した10カ国で相当な額に及んでいる[2]。中小企業（SMEs）は，平均的に見て，行政が課している義務——納税，雇用，および環境規制——を遵守するのに，年間27,500ドル近くを費やしている。これは，平均すると従業員の1人当たり4,000ドルの費用を費やしているというに等しい。

1社当たりの行政遵守コストは，国の間で大きな差がある（補-図1）。行政遵守コストの測定値は，それが高いポルトガル（1社当たり51,100ドル）から，低いニュージーランド（1社当たり8,900ドル）まで多様である。1社当たりの費用と企業の規模との関係は，補遺-図2に示されている。いくつかのケースで，国々の測定値の間にはかなり大きな差がある。ポルトガルの従業員1人当たり費用（1,300ドル）は10カ国平均よりはるかに低いが，他面ベルギー（6,400ドル）とノルウェー（6,100ドル）のそれは平均を上回っている。こうした数字は，ポルトガル企業の労働密度を反映したものかもしれないが，そうした説明はほかの国のケースでは確かめられない（例えば，スペイン）。そこ

補-図1　年間遵守コスト——国別の中小企業1社当たり平均額

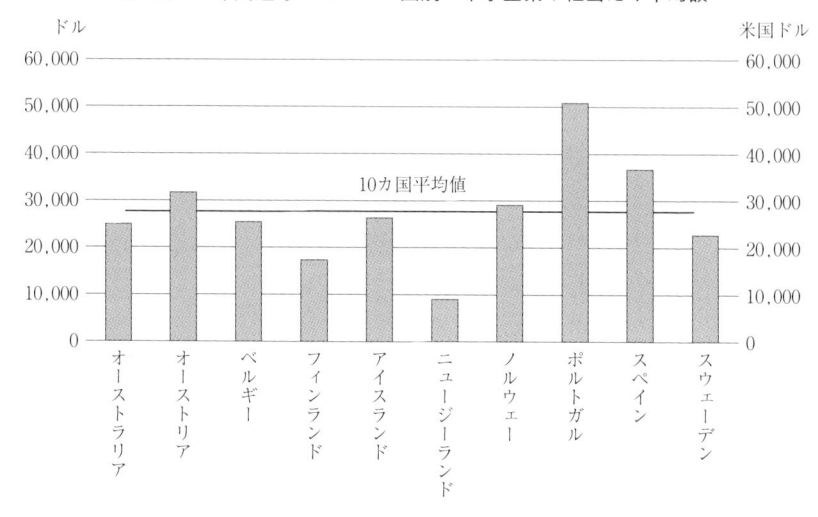

(ドル / 米国ドル)

オーストラリア、オーストリア、ベルギー、フィンランド、アイスランド、ニュージーランド、ノルウェー、ポルトガル、スペイン、スウェーデン

10カ国平均値

注：メキシコを除く調査データを利用している。
出典：OECD。

補-図2　年間遵守コスト——国別の従業員1人当たり平均額

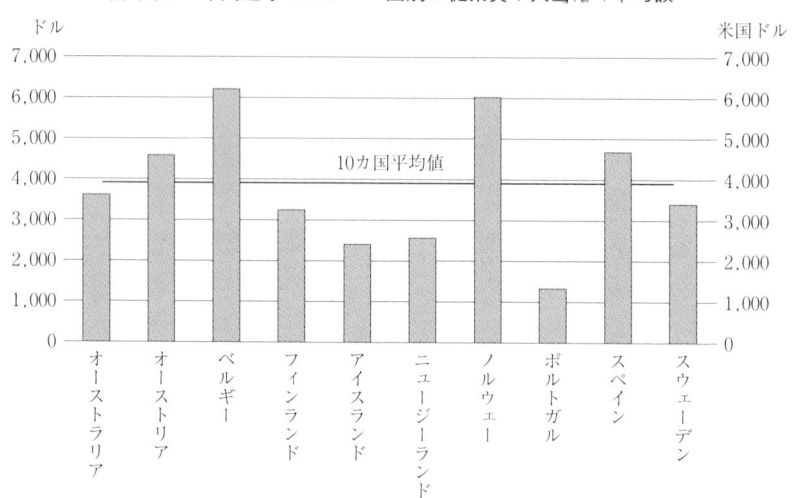

(ドル / 米国ドル)

オーストラリア、オーストリア、ベルギー、フィンランド、アイスランド、ニュージーランド、ノルウェー、ポルトガル、スペイン、スウェーデン

10カ国平均値

注：メキシコを除く調査データを利用している。
出典：OECD。

補-図3　規制領域別の年間遵守コスト——全調査国の平均値

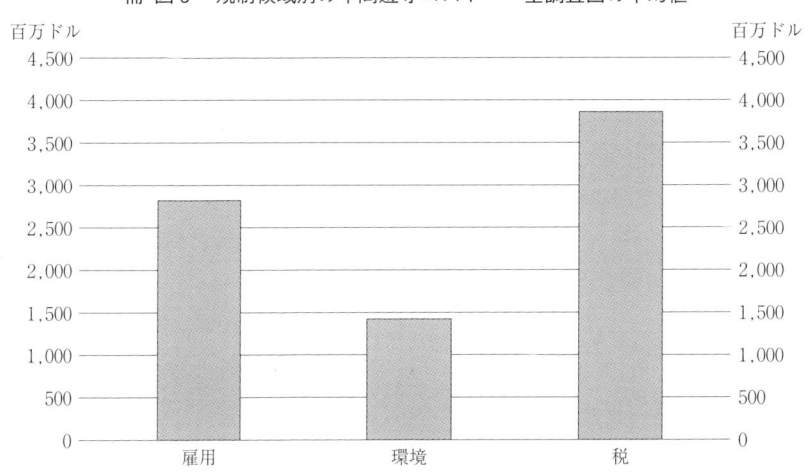

注：メキシコを除く調査データを利用している。
出典：OECD。

補-図4　企業規模別の従業員1人当たり年間行政的コスト

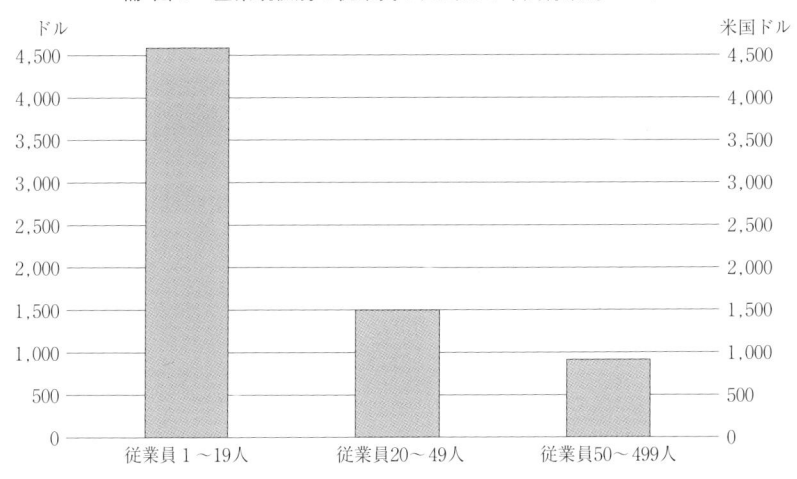

注：メキシコを除く調査データを利用している。
出典：OECD。

では他の要因が，遵守コストの大きさに影響を与えていると思われる。

遵守コストの大半は，税金に関する行政的な義務（46％）と雇用に関する規制（35％）の遵守に費やされたものである（補-図3）。平均的に見て，環境規制に関する行政的な義務を遵守するために費やされる金額はそれほど高くない（19％）。

中小企業に不均衡な影響を与えていること

調査は，規制が小規模事業に，よく知られた「逆進的な」影響を与えていることを確認している。これは，よく指摘される現象であり，相互に関連する多数の要因，とりわけ企業を経営する場合に働く規模および範囲の経済性によるものである（他の原因に関してはボックス1を参考）。行政的コストは，規制の遵守に要する固定費用的な要素のため，さまざまな規模を有する中小企業の間で相対的に変化する。従業員1人当たり遵守費用は，企業規模が小さくなるにつれ，比例的に高くなっている。小規模企業の従業員1人当たりのコストは規模の大きい中小企業のそれより5倍超も高い。すなわち，小規模企業（1～19人の従業員）が年間平均25,000ドル，もしくは従業員の1人当たり4,600ドルものコストを費やしているのに対し，やや規模の大きい中小企業（20～49人の従業員）は年間平均45,000ドル，もしくは従業員の1人当たり1,500ドルのコストしか費やしていないのである。これがもっと大きな中小企業（50～500人の従業員）となると，その年間平均コストは96,000ドル，もしくは従業員1人当たり900ドルのコストしか費やしていないことがわかる（補-図4）[3]。このデータは，従業員1人当たりのコストが安定化する基準値が，20人以下の従業員の小規模企業のところにあることを示唆している。

補-ボックス1　行政遵守コストが中小企業に逆進的な影響を与える理由

規制コストが中小企業に反比例的に働く主たる理由として，しばしば次の三つが挙げられる。1番目は，コストの規模である。多くの中小企業にとって，規制遵守コストは間接費と純利益の一大部分に相当する。企業レベルでは，こうしたコストの

大部分は，利潤と留保所得の直接的な減少につながる。その結果，企業は資産，知識，およびイノベーションに投資するための内部資源をほとんど持てなくなる。また，株主も貧しい配当しか受け取れなくなる。これはとくに中小企業にとって重要である。なぜなら，彼らは，わずかな内部資源をリスクの高い事業に投資する傾向にあり，また資本市場に接近することが困難だからである。長期的には，このような内部留保の逓減は中小企業の財務を苦しくし，成長の機会を奪い，雇用の創出を制限する。

2番目の理由は，行政遵守コストの性質にある。行政遵守コストは固定化される性質がある。すなわち，売上高の変化は，短期的には，遵守コストに何ら影響を与えないのである。遵守コストは企業に二つの問題を生み出す。一つは，遵守コストは事業の「損益分岐点」を引き上げことである。損益分岐点では，粗収益は，すべての固定費が回収されなければならないレベルにある。もしこの回収レベルが上昇するなら，企業は売上高を増加させるか，もしくは単位マージンを改善しなければならない。もう一つの効果も，これと密接に関連している。行政遵守コストは，企業内で固定費の水準を引き上げることで，企業の「操作上のギアリング（伝導装置：operational gearing)」を高める効果を持っている。ギアリングは，固定費と粗収益との間の関係で定義されると，企業が売上高と単位マージンの変化にさらされたときの純利益の変動幅を測る尺度となる。ギアリングのレベルが高まるにつれ，企業は柔軟性を失い，新しいビジネス機会を開発できなくなり，財務上の損失を被りやすくなる。

3番目の理由は，遵守コストが起業家の注意力を逸らすことである。政府規制の遵守は，企業のオーナーや上級経営者・管理者が，遵守問題に直接関与することを要求する。換言すれば，行政手続は，起業家精神を牽引する主要な要素の一つに特別な影響を与えるのである。これは規模が大きな企業より小規模の企業にとって重大な問題となる。中規模，大規模な企業は行政スペシャリストを自ら雇えるだけの，もしくは外部スペシャリストに委託できるだけの規模と金融資源を持っている。こうした専門家は，規制遵守の問題を細部にわたって処理する。そのため，上級管理者はビジネス経営にその力を自由に集中できることになる。だが，小規模企業は資源をほとんど有さず，少数の上級スタッフを規制遵守のための事務処理に関与させざるをえない。小規模企業には管理スタッフの厚みがないので，これは，経営者がビジネス経営に集中する力を削ぐことを意味している。

政府が，「小さな政府」ということで，その活動規模の削減を求める圧力にさらされるようになると，それにつれて，この問題はもっと深刻になるおそれがある。例えば，情報を収集する別の手法を開発したり，既存の情報をもっと有効に活用するというより，会社に政府への情報提供義務を追加的に課すことで，遵守コストを公共セクターから民間セクターに転嫁する余地がここにはあるのである。

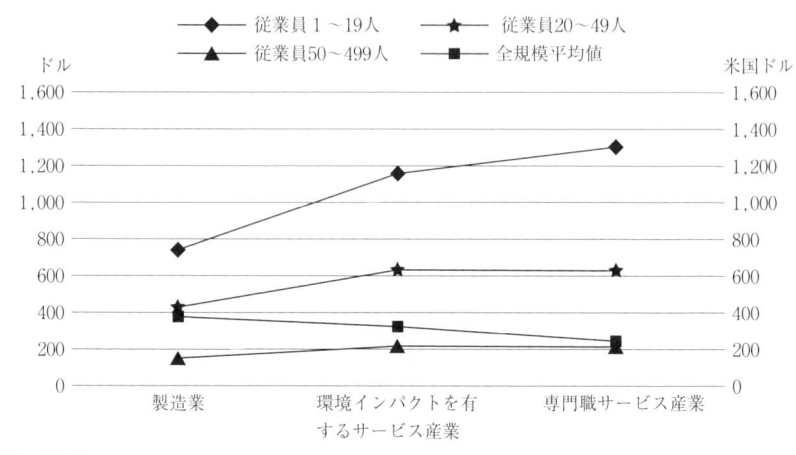

補-図5　企業規模および経済分野が環境遵守コストに及ぼす効果──全調査国の平均値

◆ 従業員1～19人　★ 従業員20～49人
▲ 従業員50～499人　■ 全規模平均値

(縦軸：ドル／米国ドル、0～1,600)
横軸：製造業　環境インパクトを有するサービス産業　専門職サービス産業

出典：OECD。

データの分散分析は，付録Ⅵ（本書では割愛──訳者）で提示されている。それによれば，環境規制の「逆進的な効果」が働くかどうかは経済分野に依存しており，またその効果は，環境インパクトの有無に関わりなく，サービス分野で大きいことがわかる（補-図5）。これは多分，この種の環境規制が，サービス産業の中小企業というより，大規模な製造企業向けに設計されていることによるものであろう。

いくつかのサービス分野の企業は製造業分野の企業よりかなり高い行政遵守コストを負担している

行政遵守コストは，産業分野の間でかなり異なる。表面的には，製造企業とサービス企業は，ほぼ同じ行政遵守コストを費やしているように見える。しかし，サービス分野の企業を環境インパクトが大きい企業（例えば，運輸や公共インフラ関連企業）と小さい企業（例えば，ビジネス・サービス企業のような主に専門的なサービスを提供する企業）に分けると，異なる構図が現れる。環境インパクトを有するサービス企業は，多くの国で，規制を遵守するため，製造企業よりも多くのコストを費やしている（補-図6）。とはいえ，これは国に

補I 調査結果 123

補-図6 経済分野別の年間遵守コスト──全調査国の平均値

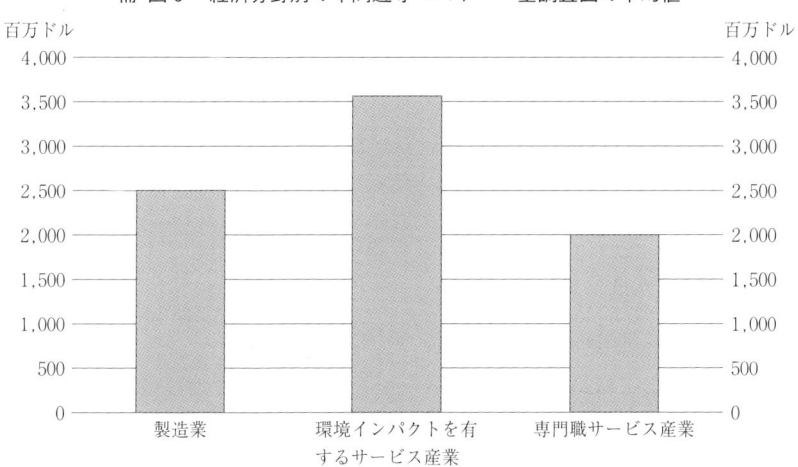

(百万ドル)
- 製造業: 約2,500
- 環境インパクトを有するサービス産業: 約3,550
- 専門職サービス産業: 約2,000

注:メキシコを除く調査データを利用している。
出典:OECD。

補-図7 経済分野別の従業員1人当たり年間行政的コスト──全調査国の平均値

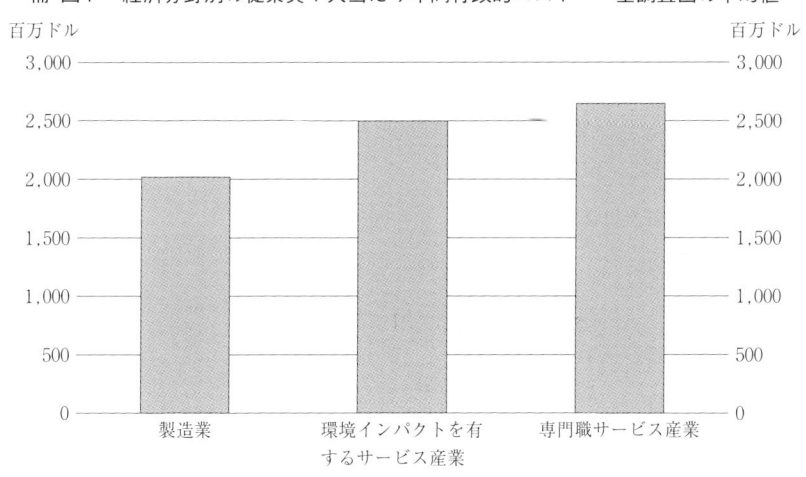

(百万ドル)
- 製造業: 約2,000
- 環境インパクトを有するサービス産業: 約2,500
- 専門職サービス産業: 約2,650

注:メキシコを除く調査データを利用している。
出典:OECD。

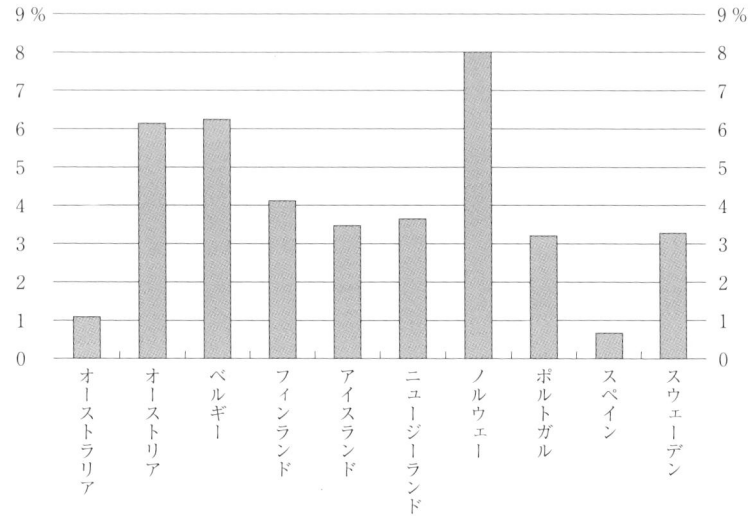

補-図8　年間売上高との対比で見た総行政的遵守コストの国別比率

[棒グラフ：オーストラリア 約1.1、オーストリア 約6.2、ベルギー 約6.3、フィンランド 約4.1、アイスランド 約3.5、ニュージーランド 約3.6、ノルウェー 約8.0、ポルトガル 約3.2、スペイン 約0.7、スウェーデン 約3.3]

注：メキシコを除く調査データを利用している。
出典：OECD。

より，若干の差がある。加えて，従業員1人当たりの遵守コストは，環境インパクトの有無に関わりなく，概してサービス分野のほうが製造業分野より高い（補-図7）。

行政遵守コストは企業収入の一大部分に相当する

こうしたコストの測定値をより一般的に展望するために，OECDは，行政遵守コストの相対的な高さを示す三つの指標を開発した。それは，企業の年間総売上高に占める総遵守コストの比率（百分比），一国レベルのビジネス・セクターのGDPに占める総遵守コストの比率（百分比），および国民経済規模のGDPに占める総遵守コストの比率（百分比），である[4]。総遵守コストは，10カ国の調査によると，企業の年間総売上高の約4％に等しい（補-図8）。

これは企業にとってかなり大きな負担である[5]。1990年代の欧州企業の公表

資料から引用した数字をベースに見ると，この種のタイプの負担は，利払い前，税払い前の利益（売上高比率で見た）の約40％にも及んでいる[6]。実際，1990年代の経済循環の底において，上の三つの領域で測定した規制遵守の支出額は，上場企業が得た純利益よりも大きかった。加えて注意すべきは，中小企業は大規模な上場企業に比べ，概してより低い収益しかあげていないことである。

さらに問題となるのは，行政遵守コストの水準が，サービス分野と製造業分野の広い範囲にわたり，いずれの企業にとっても――固定要素が存在するため――似通ってくるような場合である。だが，これは純利益（正味マージン）についてはあてはまらない。純利益は，付加価値レベルの差異，資本設備の必要度，および市場競争の度合いを反映する傾向がある。いくつかの分野では，低い純利益と高い資産集約度の組み合わせによって，高い資本収益率が獲得されている。例えば，流通分野では，たいていの食料品卸売業者の純利益は売上げの１％未満しかないのに対し，多くの食料品雑貨の小売事業者は売上げの５％近くの純利益の獲得を見込んでいる。とはいえ，こうした分野でも，上述の調査で見た三つの領域で行政遵守コストは，税引き前，利払い前の利益に等しいか，それを上回っているのである。

その大きさを純利益との関係で見ると，行政遵守コストは，その小さな変化が企業の利潤性向，資本収益率，留保利益のイノベーション投資への利用可能性，および効率性の改善にかなりの影響を及ぼすことがわかる。そうであれば，行政遵守コストは競争力，投資，および雇用と富の創出に重大な影響を及ぼすことになる。

要するに，行政遵守コストに経済資源のかなりの部分が費やされている

補-図９は，調査を受けた国が，その国の経済資源のかなりの部分を，規制行政の遵守に費やしていることを示している。また，この補-図９から，国富，環境，および労働保護の水準が類似した国が，規制の遵守にさまざまな金額を

補-図9 ビジネス・セクターのGDPおよび一国規模のGDPとの対比で見た行政遵守コストの国別比率

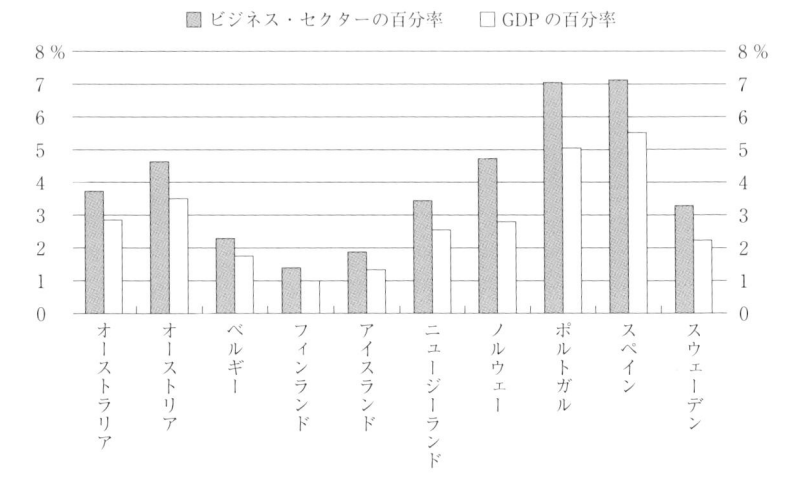

■ ビジネス・セクターの百分率　□ GDPの百分率

（棒グラフ：オーストラリア、オーストリア、ベルギー、フィンランド、アイスランド、ニュージーランド、ノルウェー、ポルトガル、スペイン、スウェーデン）

注：1) 中小企業のGDPに関しては，推定値を利用できない。したがって，この指標は行政遵守コストが有するさまざまなインパクトを反映していないばかりか，各国のビジネス・セクターのGDPに占める中小企業の多様な比率も反映していない。それゆえ，ここでの値は中小企業が民間部門でより大きな役割をはたしている国ではより高くなるであろう。
　　　2) メキシコを除く調査データを利用している。
出典：OECD。

投下していることがわかる。調査で収集したデータを基礎に計算すると，中小企業に発生した税金，環境，および雇用に関わる行政遵守コストは，平均値で，ビジネス・セクターのGDPの4％，国民経済レベルのGDPの3％に及んでいる（補-図9）。

ビジネスGDPの百分比で表現された比率は，遵守コストの大きさを示す等級として解釈されるべきである。というのは，この比率は特定の変数に非常に敏感であるからである。この比率は，規制の費用便益分析の文脈のなかで調査されるべきものでもある。ここで得られた結果は，ほかの研究（付録II，本書では割愛──訳者）によって導かれた結論とも整合している。他の多くの研究でも，行政遵守コストに関する推計結果はGDPの3～4％の範囲に収まっているからである。

遵守コストは過小評価されているきらいがある

　前述したOECDの調査結果は，注意深く，解釈されるべきである。例えば，コストの測定値は，正確な測定値というより，一つの指標的なガイドないし等級テストと見なされるべきである。そもそも，調査は，規制から生じるコストの推定値が，政府規制の総コストを過小評価するよう設計されていた。なぜなら，ビジネス調査には，次のような限界があったからである。

――（500人以上の従業員を有する）大規模企業を含んでいなかったこと。
――すべての規制領域を含んでいなかったこと。
――経営者と技術職スタッフに事務員の給料が支給されていると仮定して内部費用を価値評価したこと。
――ビジネスに直接関わる運営コストは測ったが，規制を遵守するのに必要な投資や設備などの資本コストは測らなかったこと。
――従業員が1人もいない企業（個人事業者）を除いたこと。
――既存企業，その大部分が一定期間実在していた企業に焦点を合わせていること。したがって，調査は，事業者に追加義務を課す，起業に伴う行政遵守コストを捉えていない。
――農業分野と鉱業分野を除いたこと。
――規制がイノベーション，事業運営の効率性，柔軟性，および投資に及ぼす影響など，いわゆる規制の間接的な効果を考慮しなかったこと。
――公共セクターが規制を司ることによって生じるコストを考慮に入れなかったこと。

　だが他面，ビジネス側が行政遵守コストを過大評価している領域もある。つまり，経営者のなかには，「政治的な」目的を達成するため，故意に遵守コストを過大に算定する者もいたかもしれないのである。またほかに，一つの政策領域の遵守コストを別の政策領域のそれと差異化するのが困難な経営者もいたかもしれない。その場合には，コストの測定値を上方に押し上げるような，いわば測定にバイアスをかけるような重複効果が働いているかもしれない。

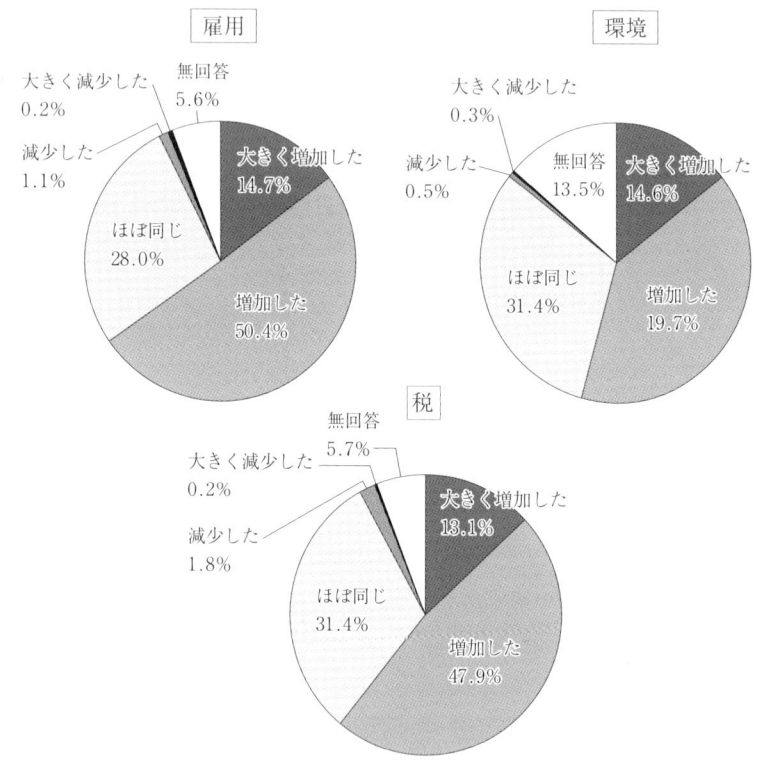

補-図10　各規制領域で認められた遵守コストの変化

雇用
- 大きく減少した 0.2%
- 減少した 1.1%
- ほぼ同じ 28.0%
- 増加した 50.4%
- 大きく増加した 14.7%
- 無回答 5.6%

環境
- 大きく減少した 0.3%
- 減少した 0.5%
- ほぼ同じ 31.4%
- 増加した 19.7%
- 大きく増加した 14.6%
- 無回答 13.5%

税
- 大きく減少した 0.2%
- 減少した 1.8%
- ほぼ同じ 31.4%
- 増加した 47.9%
- 大きく増加した 13.1%
- 無回答 5.7%

出典：OECD。

企業は行政遵守コストが増加していると考えている

企業の大半（約60％）は，行政遵守コストが過去2年間（1998〜1999年）で増加したと考えている（補-図10）。

税金と雇用に関する行政遵守コストが増加したという企業の主張を見ると，その主たる理由が，規制の複雑性が増した点にあることがわかる（補Ⅱの補-図33を参照）。環境規制に関しては，規制の複雑性の問題と並び，新規規制の導入とビジネス側の遵守義務の増加が，遵守コストの増加を牽引しているよう

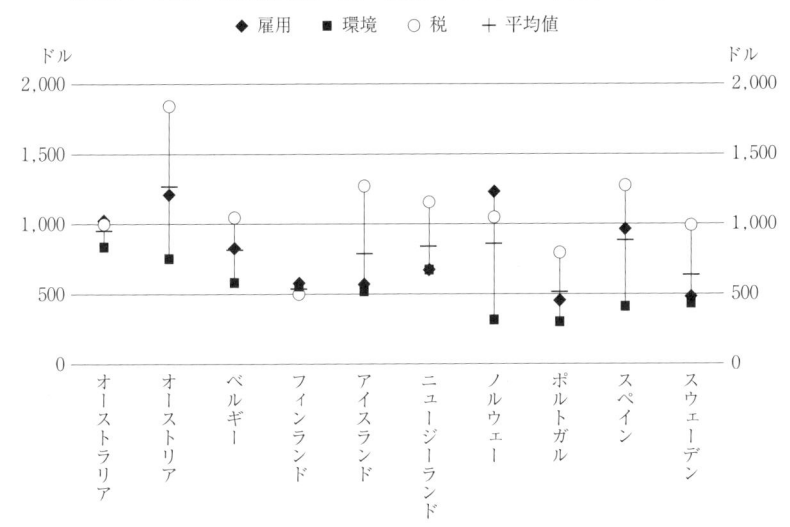

補-図11　国別・規制領域別に見た従業員1人当たり年間平均遵守コスト

◆ 雇用　■ 環境　○ 税　＋ 平均値

注：メキシコを除く調査データを利用している。
出典：OECD。

に思われる。

調査結果は以前の研究成果と整合的である

　OECDの調査結果を他の調査研究の結果と比較するのは難しい。他の調査研究は異なる手法を採用し，異なる定義を使用しているからである。OECD調査の重要な目的は，さまざまな国に対し，単一の手段・方法を横断的に適用・実施し，遵守コストを測定するという，そうした最初の試みを行うという点にあった。だが，それにもかかわらず，OECDの調査結果は他の調査作業と整合的である（付録Ⅱ，本書では割愛——訳者）。

分散分析によれば，国内規制の枠組みのなかで規制が中小企業に与えるインパクトは，政策領域と企業規模によって大きく異なる

　分散分析の結果は，調査の対象となった国の間で遵守コストの構造にかなり

の差異があることを，また雇用，環境，および税の三つの規制領域の間でも違いがあることを証明している（補-図11）。すなわち，規制の質およびその執行のあり方が，規制コストを決定する重要な要因になっていると思われるのである（付録Ⅳ，本書では割愛——訳者）。

2．間接的な行政遵守コスト

間接的な遵守コストは，イノベーションを促進し，事業運営を効率化し，長期的に変化に適合していく会社の能力に影響を及ぼすのであって，きわめて重要である

先に論議したように，企業は，規制を遵守するとき，直接的なコストを負担するだけではなく，ビジネスの活力に影響を及ぼすような間接的なコストを負担することにもなる。欧州産業連盟（UNICE）の調査によれば，規制の直接的かつ間接的なコストは，会社がどの程度能力を伸ばし[7]，長期的な成功を収められるかに影響を及ぼす。とくに遵守コストは，イノベーション（新しい商品・サービス，および生産工程の開発），運営効率性の最大化（一定の質を有する財・サービスの生産費用の最小化，運営の柔軟性の最大化），長期的な構造調整（競争環境の変化への効果的な対応）などで，会社の能力に影響を与えることになる。

間接的なコストに貨幣価値を付けるのは難しい。それというのも，規制は，事業内部の基礎的な生産工程や費用構造に影響を与えるが，今度はそのことが会社によるイノベーション，運営効率の最大化，および変化への適応を一段と困難にするからである。

OECD調査は，雇用規制によって生まれるいくつかの間接的な費用を検討している。その調査結果は，中小企業の経営者の意見を基礎に，雇用規制の遵守に伴う間接的なコストに関し，いくつかの指標を提供している。

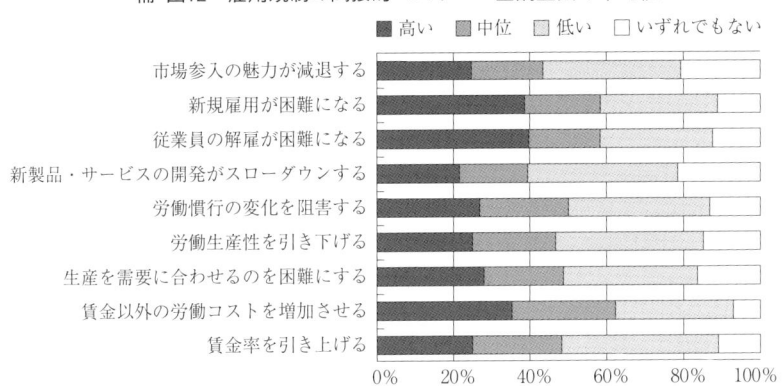

補-図12 雇用規制の間接的コスト――全調査国の平均値

■高い ■中位 □低い □いずれでもない

- 市場参入の魅力が減退する
- 新規雇用が困難になる
- 従業員の解雇が困難になる
- 新製品・サービスの開発がスローダウンする
- 労働慣行の変化を阻害する
- 労働生産性を引き下げる
- 生産を需要に合わせるのを困難にする
- 賃金以外の労働コストを増加させる
- 賃金率を引き上げる

注:無回答と「とくに意見なし」という回答は,ここには含まれていない。
出典:OECD。

調査によれば,ほとんどの中小企業は雇用規制が間接的なコストを生むと考えている

大多数の中小企業は,雇用規制の遵守がビジネスとその成果に影響を与えると考えている。こうした影響は次の三つの領域で目立っている。まず,雇用規制は,賃金のかたちをとらない労働コストを増加させる。ついで,それは従業員の削減を困難にする。そして最後に,新しい従業員の雇用を困難にする(補-図12)。こうした影響は,他の研究にも見いだされるものである[8](付録Ⅱ,本書では割愛――訳者)。

3.規制と行政手続の質

規制の質――効率性,透明性,および簡素性――は,会社が規制を遵守するとき負担しなければならない直接的かつ間接的なコストに影響を与える

多くの政府が,規制のデザインと実施方法を改善することで,すなわちその行政と執行のあり方を改善することで,規制の質を向上させようとしている。規制の質が優れていると,規制当局は,法律の確実性,政策の効果,およびそ

補-図13 規制の質——全調査国の平均値

「完全に同意」と「ほぼ同意」の合計値と「ほぼ不同意」と「完全に不同意」の合計値

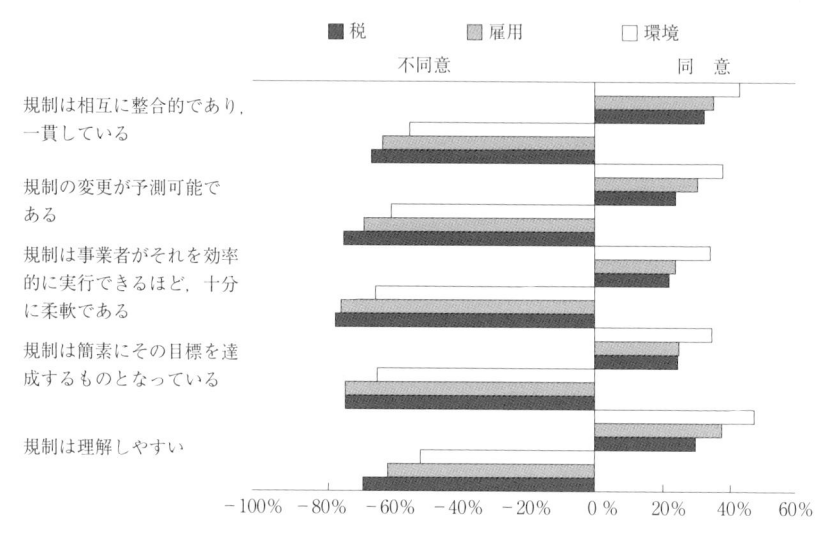

■ 税　　□ 雇用　　□ 環境

注：無回答と「とくに意見なし」という回答は，ここには含まれていない。
出典：OECD。

の遵守といった重要な公共政策の目標を容易に達成できるようになる。規制の質は，また，会社によって負担されなければならない直接的かつ間接的なコストにも影響を与える。先行研究によれば，多くのOECE諸国において既存の規制の質に関する枠組みには重大な欠陥があった(9)。そのため，OECD諸国は，全国レベルと下位の地方政府レベルで，規制の質に関する管理を強化する必要があることに合意したのである(10)。

調査によれば，多くの中小企業は規制の質に批判的である

OECD調査は，税金，雇用，および環境に関する規制の重要な設計上の「特徴」を検討している。それによると，一般的に中小企業は自分たちの国の税金と雇用に関する規制の質に批判的である。だが概して，彼らは環境規制の質についてはそう批判的ではない（補-図13）。他の研究もほぼ同じ結論に到達して

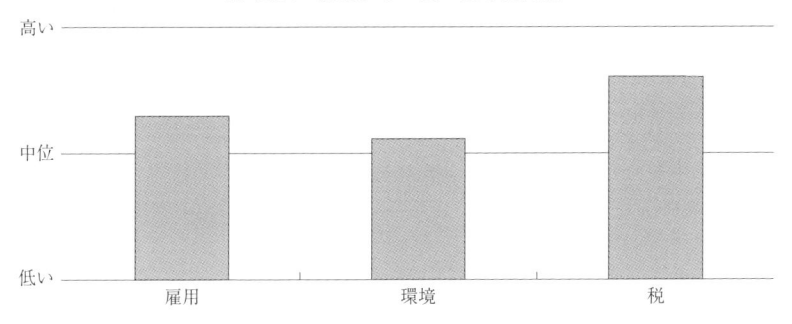

補-図14　規制タイプ別の遵守認知度

出典：OECD。

いる（付録Ⅱ，本書では割愛——訳者）。

　中小企業は，次の理由で，税金と雇用に関する規制を批判している。まず，いずれの規制も企業が効率的に規制を遵守するのに十分な柔軟性に欠けている。ついで，それらは目標をできるだけ簡単に達成しようとはしていない。さらに，それらはわかりにくい。最後に，その変化を予測しにくい。これに対し，環境規制は，批判されることもあるが，前2者ほどではない。だが，企業は，環境規制についても，それを効率的に履行するのに十分な柔軟性を有しておらず，そう簡単に定められた目標を達成できないと考えている。

中小企業は，規制遵守レベルはそこそこ高いと感じている

　中小企業は，彼らの産業の一般的な規制遵守レベルはそこそこ高いと考えている。しかし，雇用と環境に関する規制の遵守レベルは，税金に関する規制のそれよりも低いと感じている。これについては，国の間でも差がある（補-図15，補Ⅲの補-図43，補-図44も参照）。

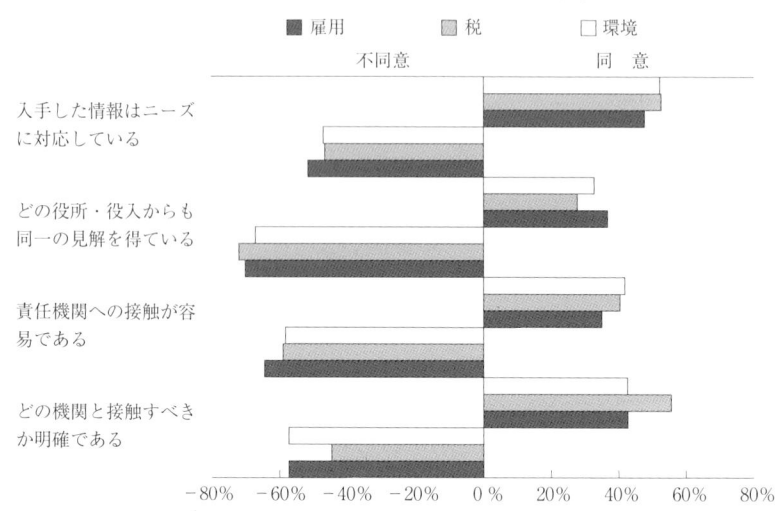

補-図15　規制情報のわかりやすさと一貫性

　　■ 雇用　　■ 税　　□ 環境

項目	
入手した情報はニーズに対応している	
どの役所・役人からも同一の見解を得ている	
責任機関への接触が容易である	
どの機関と接触すべきか明確である	

注：無回答と「とくに意見なし」という回答は，ここには含まれていない。
出典：OECD。

4．規制行政の質

　多くのOECD諸国で，政府は，規制を管理し，執行する手法を改善しようとしている。これは，重要である。というのは，そうした改善は一般的に規制当局がより高い遵守レベルを達成するのを支援するからである。貧しい行政およびその意思決定は，企業と市民が負担しなければならないコストを増加させる大きな要因となっているのである。

中小企業は，彼らが役所に情報を求めるとき，それに対応する行政の質に批判的である

　この調査で，中小企業は，望ましい一組みの行政特性を基礎に，自分たちの国における税金，雇用，および環境に関する規制の評価を求められた。彼らは，まず，役所の情報を探索・入手するときの行政の質について質問を受け，つい

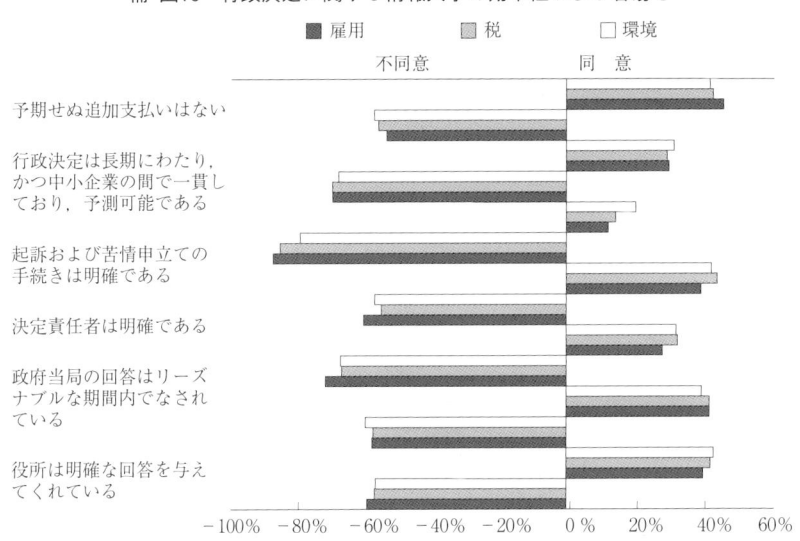

補-図16 行政決定に関する情報入手の効率性および容易さ

■ 雇用　■ 税　□ 環境

不同意　　同意

- 予期せぬ追加支払いはない
- 行政決定は長期にわたり，かつ中小企業の間で一貫しており，予測可能である
- 起訴および苦情申立ての手続きは明確である
- 決定責任者は明確である
- 政府当局の回答はリーズナブルな期間内でなされている
- 役所は明確な回答を与えてくれている

注：1) 無回答と「とくに意見なし」という回答は，ここには含まれていない。
　　2) 規制手続の柔軟性と官僚的性質に関する質問は不正確で，有益な情報を与えてくれているとは思えない。それゆえ除いている。

出典：OECD。

で，役所に意思決定を求め，そこから許認可を受けるときの行政の質について質問を受けた。こうした領域では，中小企業は役所に対し一般的に否定的な捉え方をしている。とくに，中小企業は，自分が受け取る情報の首尾一貫性という点で（さまざまな役人と接触する場合），また責任官庁との接触の容易性という点で，批判的である（補-図16）。

中小企業は，役所の意思決定を知ろうとするとき，それに対応する行政の質に一段と批判的である

一般的に，11カ国の中小企業は，情報を得るために役所と接触する場合より，意思決定の結果を知ろうとする場合のほうが，役所に対しより批判的である。とりわけ，彼らは，次の諸点で行政に批判的である。

・誰がその意思決定の責任者であるが明確にされていないこと。

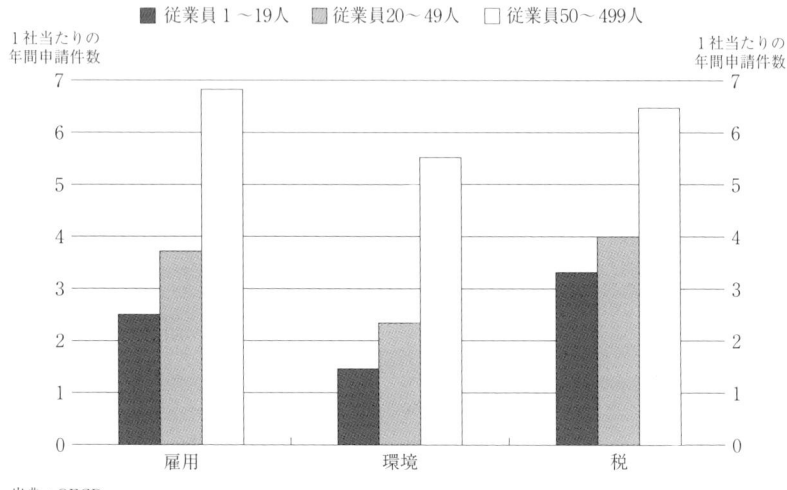

補-図17　規制領域別に見た企業1社当たりの年間許可申請件数

■ 従業員1〜19人　■ 従業員20〜49人　□ 従業員50〜499人

出典：OECD。

・意思決定に一貫性と予測可能性が欠けていること（長期的に見た場合に，また類似の企業の間で）。
・担当する行政当局に説明責任が欠けていること。

驚くべきことに，多くの国で意志決定のスピードアップに改革の焦点が当てられていたこともあり，政府の意思決定の遅延と役所からの明確な回答の欠如という点では，役所の対応は企業の間であまり不評ではない[11]。

規制領域の間でも差がある。一般的に，企業は，雇用関連当局の意思決定過程により批判的である。だが，環境領域の問題にはあまり懸念を抱いていない（ただし，環境領域において選択肢による質問に「とくに意見なし」という回答を寄せている比率は，ほかの二つの領域のそれに比べはるかに高い）。これは，中小企業が，環境当局にあまり情報を要求しておらず，そこから許認可を得ることもあまりないことに関係していよう。中小企業には環境行政に不満足である理由があまりないのである（補-図17，補-図18）。

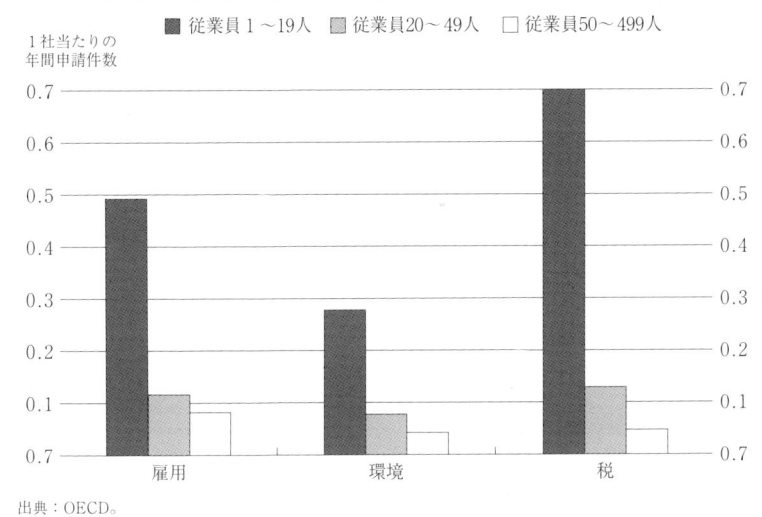

補-図18　規制領域別に見た従業員1人当たりの年間許可申請件数

■ 従業員1〜19人　■ 従業員20〜49人　□ 従業員50〜499人

1社当たりの年間申請件数

（雇用、環境、税）

出典：OECD。

さらに，企業が，役所からその意思決定と許認可の結果を知ろうとするとき，行政の質をどのように感じているかについては，国の間で大きな差がある（補Ⅲの補-図48，補-図51，補-図53を参照）。

優れた規制行政は，中小企業が年間平均8件の許認可ないし意思決定を要求している点から見て，きわめて重要である

この調査では，企業に1年間で何件の認可ないし意思決定を要求しているかを質問している。すべての企業，および規制を横断的に見ると，企業は毎年，平均8件の申請を行っている。この調査結果によれば，平均して，大規模な中小企業は三つの規制領域にわたり年間19件も要請をしている。これに対し，中規模の中小企業は10件，小規模の中小企業は7件である（補-図17）。このデータを各企業の従業員数に合わせて調整すると，小規模の中小企業の要求件数は，中規模のそれのほぼ4倍，大規模のそれの8倍以上ということになる（補-図18）。これは，規制に関する行政の意思決定情報を入手するとき，それに伴い事業者が感知する問題は，概して中小企業に，とりわけ小規模の中小企業に大

きな影響を及ぼしていることを意味する。しかしながら，優れた規制慣行が存在するかどうかについての参加諸国の最初の質問には，いくつかの点で重要な相違があった（補Ⅲの補-図54を参照）。

注：
（1） この調査のすべての結果は，OECDのデータ・ベースwww.oecd.org/puma/regref/で利用できる。
（2） メキシコ調査の定量的な問いに対する回答には信頼性に問題があるため，利用していない。
（3） だが，調査のいう逆進的効果には，それを強く見るバイアスが働いているかもしれない。前述したように，最小規模の中小企業の調査回答者（例えば，たった1人の経営者）は，より規模の大きな企業の回答者に比べ，細部に至るまですべての規制コストに気づきがちである。
（4） ビジネス・セクターのGDPは，次のように計算される標準推定値である。すなわち，それは，国内総生産（GDP）－（被雇用者補償額＋純物品税＋政府一般の固定資本費消額）の式で計算されている。
（5） いくつかの市場では，企業はこうした遵守コストを消費者に転嫁できる。したがって，行政遵守は価格上昇を導くようなインパクトを与えるかもしれない。
（6） ゴールドマン・サックス（Goldman Sachs）のデータによれば，1998年の欧州上場公開会社の（税引前）平均売上高純利益率は，10％から11％の間にあった。だが，この数年，売上高利益率はその半分の水準に下がっている。この数字は，ゴールドマン・サックスの「投資調査研究（1998年）」に拠っている。
（7） 欧州産業連盟（1995年），「欧州産業連盟（UNICE）の規制レポート──規制改革目標の設定による欧州潜勢力の解放」を参照。
（8） 欧州自動車産業連合（1994年），「欧州自動車産業連合（ACEA）の産業リストラクチュアリングに関する年次白書」，および欧州産業連盟の上掲書を参照。
（9） Jacobs, Scott et al.（1997年）「規制の質と公共セクターの改革」（OECD），特定領域における規制の質については，他の諸研究，例えば，Business Decision社（1997年）「欧州アニマル・ヘルス分野の競争力の測定基準（アニマル・ヘルスの欧州連合＝FEDESA）」を参照。
（10） OECD（1995年），「OECDの政府規制の質の改善に関する提言」，また，OECD（1997年），「規制改革に関する閣僚委員会への報告：総合」（翻訳，山本哲三・山田弘監訳『世界の規制改革上・下』日本経済評論社，2000年，2001年）を参照。

(11) 質問書に含まれている,「手続は柔軟であり,官僚的ではない」という項目は,分析の対象から外されている。客観的に評価するには不十分と思われたからである。

訳者注：この補Ⅰは*Businesses' Views on Red Tape*の"Ⅱ. Result from the Survey"を全訳したものである。因みに上書は,"Ⅰ. Introduction","Ⅱ. Results from the Survey","Ⅲ. Conclusion"と13のAppendixから構成されている。

補Ⅱ　調査結果の総括

　本レポートは，政府規制と行政手続が小規模および中小規模の企業にかなりの影響とコスト負担をもたらしていることを確認している。調査に参加した企業からの情報によれば，行政的コストは，一国の産出高の一大部分を浪費しているに等しい。それは，調査参加国のビジネス・セクターのGDPの平均4％に及んでいる。また，レッド・テープも企業の年間売上高の4％に及んでいる。比例的に見れば，小規模の中小企業は，より規模の大きな中小企業に比べ，従業員1人当たりの行政負担で5倍以上の負担に耐えていることになる。こうしたコストはますます多くの国で認知されるようになってきている。また，調査結果によれば，企業の行政的コストは，経済活動分野によって異なり，サービス分野がもっとも強い打撃を受けている。こうした違いは，行政的規制のシステムの簡素化と政府の規制能力の改善から大きな利得が得られることを示している。

　加えて，規制インパクト，認知されている規制の質，および規制の枠組みは国によっても，政策領域によっても，異なっている。このことは，規制慣行のベンチマークの作成やその共有だけではなく，効率性やイノベーションの探求にも巧みな手段を講ずる余地があることを示唆している。また，これは，OECDの規制政策に関する作業が有する基本的な要素を確認するものでもある。政府は，規制改革のイニシアティブを起ち上げ，その目標に取り組みながら，同時に行政負担を減らせるような質の高い規制と行政手続を求めて規制慣行を改善し，政策手段を開発することができる。

ここでの調査結果は，行政負担を減らし，伝導力を有し，かつ中小企業（SME）にフレンドリーな規制環境を築くために，OECD加盟国政府の優れた規制慣行をもっと詳しく探索する必要があることを示している。そうした研究プロジェクトは，ボローニャ憲章（Bologna Charter）の提言を支持することにもつながるであろう。その憲章のなかで，そこに参加したOECD諸国は，一国レベル，および準国家レベルで収集された統計とデータに基づき，中小企業政策の効果，その規制環境，および規制パフォーマンスを測る基準の作成にもっと力を入れて取り組むよう，要求している[1]。

注
（1） www.oecd.org//dsti/sti/industry/smes/act/Bologna/bologna_charter.htm を参照。

訳者注：この補遺Ⅱは，*Businesses' Views on Red Tape* の "Ⅲ. Conclusion" を全訳したものである。

補Ⅲ　調査の詳細な説明と調査結果

　この補Ⅲは，OECD調査の方法と主要な結果をより詳細に説明するものである。また，個々の国の調査から得られた詳細な結果にも言及している。

1．調査方法

1.1　目　標

　規制の管理および改革に関するOECD作業部会の指示を受け，OECD事務局は，OECD諸国が規制および規制行政の質とコストについて重要な情報を収集するのを支援するため，1998年にビジネス調査を行った。その目的は，調査参加国が自ら感じ取っている弱点に眼を向け，規制と行政手続の質を改善する戦略を調査・研究できるよう，いわば参加国の規制改革を支援することに置かれていた。調査は，一国規模の規制システムと行政システムの重要な側面を示す指標の開発，とりわけ国際比較を可能にする定性的かつ定量的な指標の開発に貢献することを意図して設計されている。したがって，この調査の重要性は，諸結果の比較可能性にある。すなわち，政策領域間の，企業規模間の，および国内の経済分野間の，はたまた参加国間のさまざまな結果の比較可能性にあるのである。

1.2　調査の範囲

　この調査は，すべての政府レベル——地方，地域，全国，および国際社会といった——の規制がもたらす影響を総合的に研究するものである。調査は，税，

雇用，および環境という三つの規制領域を検討している。調査で用いられている定義は以下の通り。

　雇用規制：これには，雇用と解雇，健康・安全性基準の遵守，労働者の権利，労働者評議会ないし労働組合との協議，雇用関連データの統計報告，雇用関連の税ないし給与支払に伴う税の管理，社会保障と年金，もしくはそれ以外の法で定められた労働者福祉（出産休暇と疾患）などが含まれている。

　環境規制：これには，ライセンス，許可，事業計画，環境影響評価などが含まれている。具体的には，排出物・廃棄物の処理と有害物質の処分義務の遵守，生産工程ないし製品の品質基準，汚染の制御と製品の品質管理，環境報告と環境テスト，記録の保持，環境賦課金，環境税など環境に関連した日常的な行政義務が含まれている。また，製品と生産工程に対するエコマークのラベリングも，ここでは問題となる。

　税規制：これには，営業利益にかかる税／法人税，資本と資産にかかるその他の税金（例えば，配当税，財産税），売上税（例えば，付加価値税，一般的な売上税），および減免要求（例えば，PAYE所得税）などが含まれている。

　なぜこうした領域が選択されたのかというと，いずれの領域も，一国規模および国際規模のビジネス調査で，一貫して規制のあり方が懸念される領域として上位にランクされているからである。また，この三つの規制領域は，先行研究が指摘しているように，ビジネス側が比較的容易に測定できる直接的な遵守負担を課しているからである[1]。

　調査はいかなるOECD加盟国においても使用できるように設計されている。調査は，1998年4月から1999年3月にかけて，11カ国（豪州，オーストリア，ベルギー，フィンランド，アイスランド，メキシコ，ノルウェー，ニュージーラ

ンド，ポルトガル，スペイン，およびスウェーデン）で実施された（本レポート，*Businesses' Views on Red Tape* の Introduction に収められた表-1を参照。本書では割愛——訳者）。ただし，メキシコから提出された数量データについては，その質に問題があったため，最終結果を出すところでは用いなかった。本レポートは，こうした11カ国の調査結果を検討したものである。さらに詳細な結果については，OECDが参加国に提供した国別の報告書で知ることができる[2]。

1.3 質問書

この調査は，規制の管理および改革に関するOECD作業部会の指導の下，1995年6月から1997年12月までいくつかの段階を経て進められたものである。この作業は，OECDの他の部局，世界銀行の専門家，および外部コンサルタントからの支援を得ている。質問の草案は四つの国（イギリス，スウェーデン，カナダ，およびメキシコ）で試験的に試され，その試験結果に照らし合わせて適当な修正が施された。

質問書は，郵便調査を用いることを想定して，設計された。三つの質問モデルが準備された。すなわち，三つの規制政策領域の各々に質問書が準備されたのである。各標本企業には，税，雇用，および環境の各々ひと組みの質問書が送られた。各質問書は四つの分野に分かれている。第1の分野は，従業員の数と売上高，および経済分野など，企業を分類するための質問から成っている。第2の分野は，規制の質，新規規制の策定プロセスへの企業参加，および遵守レベルに関し，ビジネス側の認知度を問題にしている[3]。第3の分野は，行政から情報を入手し，その意思決定を知ろうとするときの行政の接触態度に対するビジネス側の捉え方を含め，規制行政の質に関する問題を取り扱っている。そして，最後の第4の分野は，規制遵守コストに焦点を置いている。遵守コストは，遵守責務の外部委託などで雇用した外部支援者に支払うコストだけではなく，企業内部で遵守手続を引き受けるときのコストをもカバーしている。因

みに，雇用に関する質問書のコピーが，補Ⅵに添付されている[4]。

1.4 標　本

調査は中小企業にその焦点を置いている。その理由の一つは，小規模事業者は，他の事業者に比べ，概してより大きな規制負担，とりわけ行政負担にさらされており，一段とそうした負担に敏感になっていることにある。もう一つの理由は，パイロット調査により，大規模企業が質問に答えにくい事情を抱えていることがわかったからである。直接的な，単一出所の情報をあまり利用できないのである。これとは対照的に，質問書への回答を割り当てられる中小企業の企業家ないし経営者のほうが，一般的な傾向として，規制の質や規制・行政手続のコストをよく理解しているといってよい。

ギャラップ・フランスが，国，政策領域，および企業規模のどのレベルにおいても，結果を横断的に比較できるような統計的プロトコルを開発した。参加国には二つのサンプル規模が提示された。一つは，少なくとも1政策領域当たり180の質問（1国当たりで540の質問）に答えるサンプルと，もう一つは少なくとも1政策領域当たり100の質問（1国当たりで300の質問）に答える「小規模な」サンプルである。両サンプルの主要な違いは，各層（企業規模別，経済分野別）の統計的な推定値の質にある。とはいえ，サンプルの選択で得られた諸結果は，推奨されたサンプルを利用した国の諸結果と，比較が可能である。

データは，企業規模と経済分野によって分類される。中小企業は次の三つの規模のカテゴリーに分割される。1～19人の従業員から成る企業，20～49人の従業員から成る企業，50～499人の従業員から成る企業が，それである[5]。この分類は，最小規模の中小企業で文書業務に責任を負うのは企業家および経営者であるとの仮定に立ってなされている[6]。中規模の中小企業でも一人の雇主が責任を負う場合が多いであろう。だが，大規模な中小企業ともなると，税，雇用，および環境に関する規制の遵守に責任を負うのは，別のユニット（部

課)である可能性が高い。

　プロトコルは，製造業分野とサービス産業分野の潜在的な差異を検討するため，そうした分析を可能にする十分な数の会社を標本で確保している。また，これにとどまらず，サービス分野の企業をさらに二つのグループに分ける対策をも講じている。すなわち，サービス分野の企業を環境に影響を及ぼすサービス事業者（例えば，運送企業）と環境に重大な影響を及ぼさない専門職サービスの事業者とに分けているのである。後者は，知的資本がきわめて重要な役割を果たすビジネス・サービス企業などの活動を含んでいる（付録Ⅷを参照。金融，不動産，リース，コンピュータ関連研究・開発などの事業や会計士，弁護士，建築士などの職業，そして広告，教育，健康，福祉などのサービス事業を含んでいる。本書では割愛——訳者）。こうした決定がなされた理由は，パイロット調査の段階で，この二つの下位グループは，環境規制について非常に異なる経験をしているかもしれないということが判明したからである。この下位の区分も，「専門職サービス」は環境規制にあまり繋がりがないとの仮定に基づいている。そうしたサービス事業者は，自分のサービスを環境当局とは違う省庁の管轄下で提供できるため，環境規制の負担からより自由であることができるのである。

1.5　フィールドワーク

　調査は，OECD事務局と参加政府，ビジネス団体（商工会議所，産業団体，もしく雇主組織）とのパートナーシップの下で実施された。ほとんどの国で，この調査には研究機関や専門コンサルタントが関与している。

　各パートナーは，質問の準備，その翻訳，公式なビジネス登録簿からのランダムな企業の選抜，データの送付，入力などの特定の作業に個々責任を負っている。OECD事務局は，こうした作業の調整と参加国への支援デスクの提供にとどまらず，調査の枠組みの準備や最終データの分析にも責任を負っている。

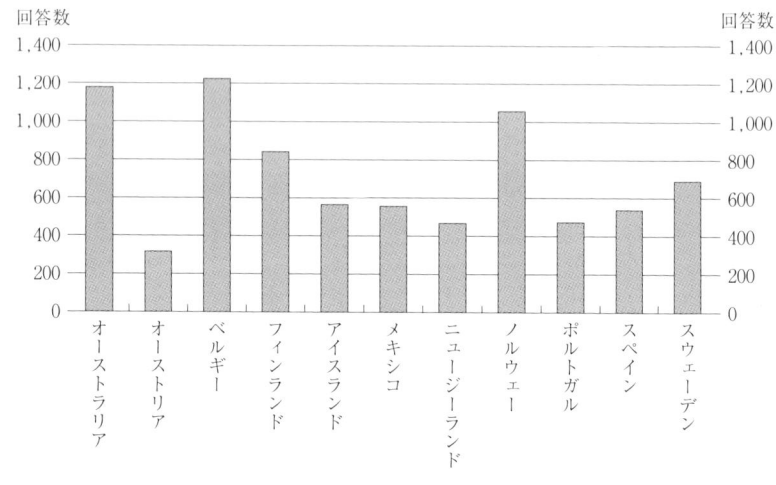

補-図19　国別調査サンプルの大きさ(7)

出典：OECD。

　質問書の翻訳に際し、各国の特徴に合わせ、それぞれの政府およびビジネス団体によって微調整がなされた。またその際には、データの比較可能性を十分に保証するような基準づくりに向け考慮が払われた。

　調査は、質問書は郵便で中小企業に送付されるということで設計されていた。しかし、ビジネス文化や企業の特殊な性質もあり、また事前調査での経験もあり、スペインとメキシコについては電話で調査を行うことに決めた。したがって、スペインとメキシコから得られた諸結果の解釈には、何がしかの注意が必要である。

1.6　回答率と結果の一貫性

　調査は11カ国にわたり、総計で7,859の中小企業が回答を寄せてくれた。

　回答の数は、ベルギーとオーストラリアでもっとも多く、オーストリアでもっとも少なかった（補-図19）。国によってバラツキはあるものの、平均回答率

補Ⅲ　調査の詳細な説明と調査結果　149

補-表1　サンプルの大きさと国別および規制領域別の回答率

参加国	調査実施日	最初のサンプルの企業数	処理された質問書の数	回答率（百分比）			統計
				雇用	環境	税	
オーストラリア	1998年4～6月	1,500	1,170	88.8	62.4	82.6	78.0
オーストリア	1999年6月	1,500	315	20.8	20.4	21.8	21.0
ベルギー	1999年7月	4,500	1,217	27.6	26.3	27.2	27.0
フィンランド	1998年4～6月	2,100	839	37.6	40.4	41.6	40.0
アイスランド	1998年4～6月	1,676	561	32.2	29.2	39.0	33.5
メキシコ[1]	1998年4～6月	3,026	552	17.8	18.0	18.8	18.2
ニュージーランド	1999年4月	1,500	464	30.2	26.4	36.2	30.9
ノルウェー	1998年4～6月	2,106	1,052	50.7	50.1	49.0	50.0
ポルトガル	1999年第3四半期	2,600	468	17.4	15.9	20.7	18.0
スペイン[2]	1999年1～3月	536	536	n.a.	n.a.	n.a.	n.a.
スウェーデン	1998年4～6月	1,500	685	48.8	43.8	44.4	45.7

注：1）　ほかの国の郵便調査で用いられた類似の方法に従い，メキシコでは電話調査がなされた。
　　2）　電話調査で用いられた方法に問題があり，回答率を算定できない。

でみると，この調査の回答率はほぼ40％であった（補-表1）。オーストラリアは78％の回答率であったが，メキシコとポルトガルの回答率はわずか18％に過ぎなった。回答率は政策領域の間でも差があった。オーストラリア，アイスランド，およびニュージーランドでは，環境規制に関する回答率が他の二つの規制領域のそれより少なかった。だが，すべての国が少なくとも300の回答を受理しており，これは，比較分析を十分に保証する回答数といってよい。

――調査は，企業のランダム・サンプルに基づいている。このことと回収された回答の規模から見て，ここで得られた結果は，調査に参加した国の，同じ特性を持つすべての企業に拡大することができよう。

――調査題目について無回答バイアスが存在するかどうかを評価するために，無回答者宛てに三つの簡単な質問を含む追跡書簡を郵送した。無回答者は，その理由を問われただけではなく，同一産業の他企業に比べ，行政遵守コストをどの程度見積もっているかを問われた。オーストラリア，アイスランド，およびメキシコの3カ国だけが，この郵便カードの分析に参加した。

――オーストラリアでは，ほとんどの無回答者が，自分たちの行政遵守コス

補-図20　企業規模別の調査サンプルの大きさ

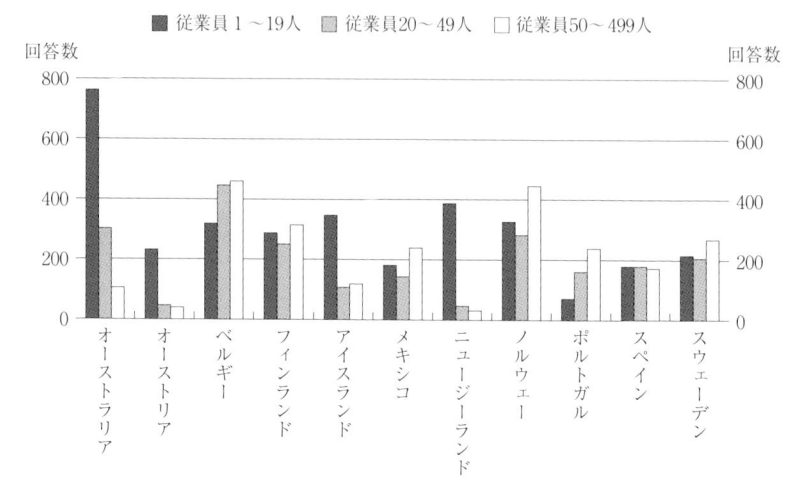

■ 従業員1～19人　■ 従業員20～49人　□ 従業員50～499人

出典：OECD。

　　トはかなり低く，あっても妥当なレベルであると答えていた。質問の長さ，テーマへの無関心，および遵守コストを纏めることの難しさが，無回答の主たる理由であった。
——アイスランドでは，ほとんどの無回答者は，遵守コストに関して意見を持っておらず，意見はあってもコストはそこそこの水準であると考えていた。無回答者のなかには，調査が複雑すぎて遵守コストを纏めあげるのは大変であると返書で記している事業者もいる。調査を仕上げる時間がなかったという回答も多くに共通していた。
——メキシコでも，多くの無回答者が，実際に行政的なコストを評価できないと答えていた。だが，評価できないと答えた事業者の大多数が，コストは妥当な水準であるとも答えている。加えて，無回答者の大多数が，電話世論調査で意見を述べなかったのは，テーマに関心がないか，もしくは多忙で答えられなかったからだと述べている。

　税と雇用に関する質問書のなかの個々の質問に対する回答率は，概して受容

補Ⅲ　調査の詳細な説明と調査結果　151

補-図21　経済分野別の調査サンプルの大きさ

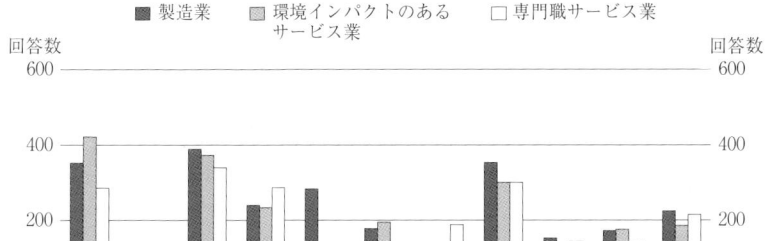

凡例：■ 製造業　■ 環境インパクトのあるサービス業　□ 専門職サービス業

（棒グラフ：縦軸は回答数、0～600。横軸は国：オーストラリア、オーストリア、ベルギー、フィンランド、アイスランド、メキシコ、ニュージーランド、ノルウェー、ポルトガル、スペイン、スウェーデン）

出典：OECD。

できる水準であった。しかし，環境に関する質問書のある種の質問に関しては，無回答の比率が高かった。とくに専門職業サービス分野の企業の間で，目立って無回答の比率が高い。これは，多分，環境に関わる規制や行政手続が，彼らに直接的な影響を与えていないからである。この分野の結果は，それゆえ，注意深く解釈される必要がある。加えて，すべての定性的な質問に関する信頼区間は，信頼水準が国によって変わるものの，すべて受容できる水準であることを示している。無回答と「とくに意見なし」の国別比率の分析は，付録Ⅴ（本書では割愛——訳者）でなされている。

　定性的な質問の「とくに意見なし」は，無回答として扱われ，分析のなかに含まれない。

　回答率をもっと詳細に見ると，次の但し書きが必要となる。すなわち，特定の国のいくつかの統計的な層で，少数の回答が定量的な推定値の分散を拡大していることである。しかしながら，本分析では，定量的な諸結果には，企業規

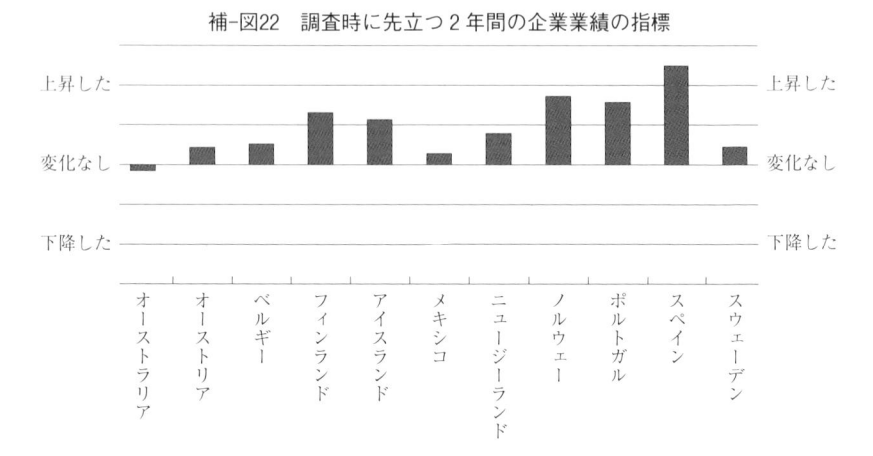

補-図22 調査時に先立つ2年間の企業業績の指標

（縦軸：上昇した／変化なし／下降した）

横軸：オーストラリア，オーストリア，ベルギー，フィンランド，アイスランド，メキシコ，ニュージーランド，ノルウェー，ポルトガル，スペイン，スウェーデン

注：この指標は質問A6「過去2年間で，貴方の事業業績は次の領域で何か変化がありましたか。市場シェア，利潤，雇用，資本投資，および新製品・サービスの発売」への回答に基づき作成されている。
出典：OECD。

模でも，経済分野でも，各国の企業構造を反映するようなウェイトづけがなされている。企業規模および経済分野の観点から見た回収サンプルの大きさは，補-図20，補-図21で示されている。

　質問書ではまた，市場シェア，利益，雇用，資本投資，新商品の発売，輸出販売高（補-図22）などの観点から，調査時のサンプル企業の業績を識別するための質問がなされた。オーストラリアを除けば，ほとんどの調査回答者が，2年前と比較してビジネス環境は改善されていると回答している。これは，景気循環効果が生み出す伝統的なバイアスを削減するものといってよい。中小企業の見地からすると，景気循環は，中小企業の景況に端的に現れるため，政府がそれを問題とせざるを得ないような効果を及ぼすのである。ここでは，スペインの回答者が高い経済業績を報告していることに留意すべきである。これはスペインの規制・行政環境に，中小企業が比較的好感を寄せていることに関係していよう。

回答のあった中小企業を見ると，その大多数（88％）は，5年以上操業しており，調査を受けた企業のうち，完全ないし部分的な外国人所有の下にある企業は13％にすぎない。部分的な外国人所有下にある企業の比率は，ベルギーがもっとも高い（23％）。

2．行政遵守コスト

2.1　行政遵守コストという用語で何を意味するのか

　行政遵守コストとは，ここでは，税，雇用，および環境に関する規制を遵守するため，ビジネス側が行う行政手続と文書業務，もしくはそうした作業を代行するほかの誰かに支払うコストと定義される。それは，企業の所有者，経営者，従業員，もしくは雇用された専門家が，規制を理解し，データを収集し，計画を立て，データを処理・報告し，また政府の求める書式で問い合わせに答え，そのデータを保管するのに費やされる，そうしたすべての時間と資源を含んだものである。このコストは税行政を含んでいるが，実際に税金として支払われる金額を含んではいない。また，このコストは，出所レベル（地方，州，全国，あるいは国際社会）を問わず，すべての政府レベルの遵守コストを含んでいる。だが，ここでの行政遵守コストは，資本支出，すなわち機械・設備などを購入するための支払いを含んでいない。

2.2　調査で採用したアプローチ

　企業は，ビジネスで発生する行政遵守コストの評価を求められた。これは，次のような3段階の手続に従ってなされている。

　第1段階で，企業には，特定領域（税金，雇用，環境）の規制を遵守するのに経営者や従業員が1カ月間に費やした平均時間数の測定が求められた。続いて，1企業当たり費消された内部時間の年間推定値が計算された。その際，年

間内部コストを出すために,ビジネス・サービス分野の時間当たり労働コストが用いられた（本レポートで用いられた外部推定値については,付録Ⅳを参照。本書では割愛——訳者）。OECDは,サンプル企業の数値で当該国のすべての中小企業の遵守コストを表わすため,企業の規模と事業分野の2点で各国の中小企業構造を考慮しながら,このコストを（ウェイトづけをした）外挿法で推定した。

第2段階では,企業には,各領域における規制の遵守に外部サービスを雇用する場合の月当たり平均費用を推計することが求められた。これには,例えば,規制を遵守するために会計士,弁護士,コンサルタントなど外部サービスを雇用した場合に費やされるすべての支出額が含まれている。これもまた,サンプル企業の数値で当該国のすべての中小企業の遵守コストを表わすため,（ウェイトづけをした）外挿法で推定した。

第3段階では,三つの規制領域の,内部コストと外部コストを合算することで,総遵守コストの推定値が計算された。それゆえ,この数値は,行政側の立場から見れば,企業が,税,雇用,および環境に関する規制を遵守するために,費消しなければならない（貨幣タームで表現された）資源を表わしているといえる。

2.3　主要な調査結果

総計で,中小企業は税,雇用,および環境規制を遵守するのに,平均27,500ドルを費やしている。これは従業員1人当たり400ドルを費やしているというに等しい（補Ⅰの補-図1,補-図2を参照）。だが,企業1社当たりの総遵守コストは国の間で大きく異なる。その推定値は,ポルトガル（51,100ドル）を一方の極（上限）に,ニュージーランド（8,900ドル）をもう一方の極（下限）に持つかたちで,国の間でさまざまに分散している[8]。

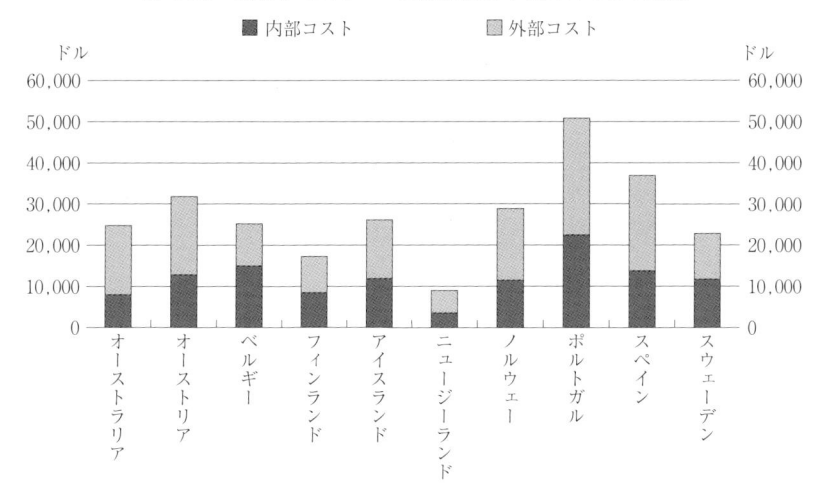

補-図23　総遵守コスト——国別の企業1社当たりの平均額

■内部コスト　■外部コスト

注：メキシコに関するデータは利用していない。
出典：OECD。

　企業は，規制を遵守するために，内部資源と外部資源を混合して使用している。補-図23の遵守コストは事業体の内部で経営者と従業員が費やす時間と外部の専門家の助言・補助サービスに費やすコストを含んでいる。おおまかに見て，その44％が企業の内部コストであり，ほぼ56％が外部コストである。

　ほとんどの国で，税，雇用，および環境に関する規制の遵守を支援する外部専門家（会計士，弁護士，コンサルタントなど）を雇用するのに費やすコストは，内部コストを上回っている。スウェーデンとベルギーだけが，これに該当しない。スウェーデンとフィンランドでは，内部コストと外部コストはほぼ同一であるが，これに対し，ベルギーでは内部コスト（59％）が外部コスト（41％）を上回っている（補-図24）。だが，概して，内部支出と外部支出の比率は，三つの規制領域でほぼ等しい。この例外をなすのは，ポルトガルの雇用規制とスウェーデンの環境規制である。

補-図24　国別および政策領域別に見た内部コストと外部コストの比率

■ 内部コスト　□ 外部コスト

国別（左から）：オーストラリア、オーストリア、ベルギー、フィンランド、アイスランド、ニュージーランド、ノルウェー、ポルトガル、スペイン、スウェーデン

各国の棒グラフは「雇用／環境／税」の3本。縦軸：0％〜100％（ドル）

注：メキシコに関するデータは利用していない。
出典：OECD。

補-図25　企業規模別に見た総遵守コストの売上高に占める比率

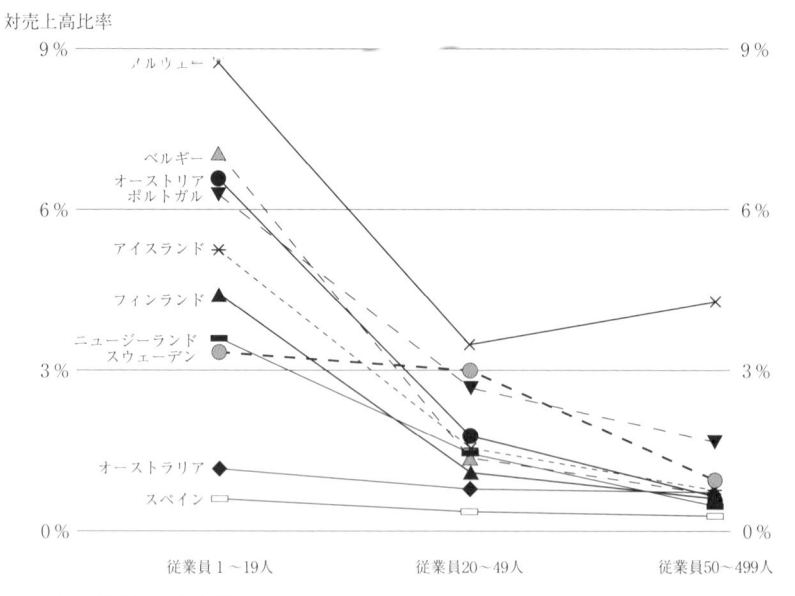

対売上高比率

従業員1〜19人時点の各国の概ねの値：
- ノルウェー：約9％
- ベルギー：約7％
- オーストリア：約6.5％
- ポルトガル：約6％
- アイスランド：約5％
- フィンランド：約4％
- ニュージーランド：約3％
- スウェーデン：約3％
- オーストラリア：約1％
- スペイン：約0.5％

横軸：従業員1〜19人、従業員20〜49人、従業員50〜499人

注：メキシコに関するデータは利用していない。
出典：OECD。

補Ⅲ 調査の詳細な説明と調査結果 157

補-図26 国別および規制領域別に見た総遵守コストのシェア

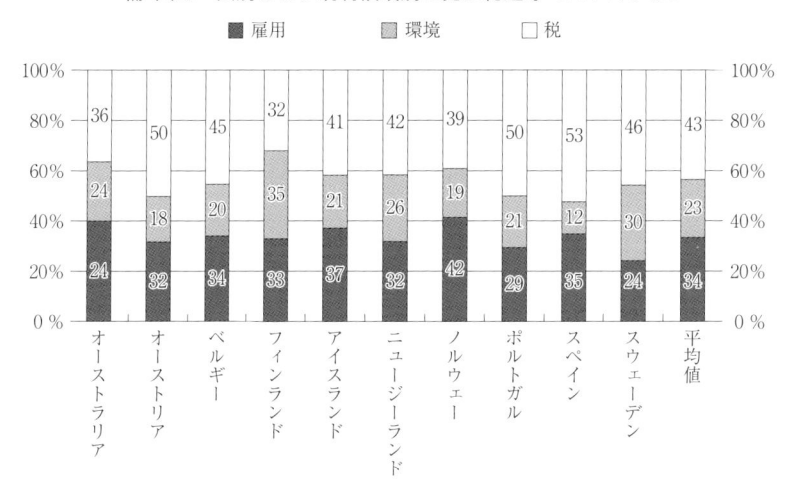

■ 雇用　■ 環境　□ 税

国	雇用	環境	税
オーストラリア	24	24	36
オーストリア	32	18	50
ベルギー	34	20	45
フィンランド	33	35	32
アイスランド	37	21	41
ニュージーランド	32	26	42
ノルウェー	42	19	39
ポルトガル	29	21	50
スペイン	35	12	53
スウェーデン	24	30	46
平均値	34	23	43

注：メキシコに関するデータは利用していない。
出典：OECD。

　総遵守コストは，調査した10カ国の企業の売上げ高のほぼ4％に等しい（補-図25）。だが，総売上げ高に占める平均遵守コストの比率は国によって異なる。この比率で見ると，遵守コストの水準はノルウェー（8％），ベルギー（6.2％），およびオーストリア（6.1％）でとくに高い。他面，オーストラリア（1.1％）とスペイン（0.7％）では，それはずっと低い。さらに，企業規模で見ても，遵守コストには国の間で違いがある。ほとんどの国で，遵守コストと企業規模との間には「逆進的な」効果が働いている。このことは，規制の遵守に関しても，規模の経済が存在することを示しているといってよい。

　こうした遵守コストの大部分は，税（46％），雇用（35％）に関する規制に費やされている。平均的に見ても，環境規制の遵守に費やされる金額（19％）は，前二者に比べ低い（補-図26）。ほとんどの国で，税と雇用に関する規制が，遵守コストの大部分を構成しているのである（約80％）。二つの国だけが，こうしたパターンを見せていない。スウェーデンでは，環境遵守コストが雇用の

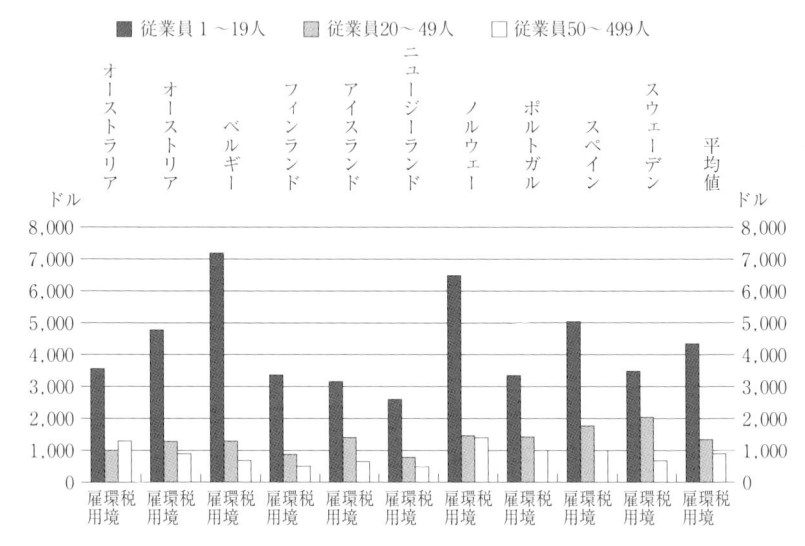

補-図27 年間行政遵守コスト——国別および企業別に見た従業員1人当たりの平均額

■ 従業員1～19人 ▨ 従業員20～49人 □ 従業員50～499人

(棒グラフ：オーストラリア、オーストリア、ベルギー、フィンランド、アイスランド、ニュージーランド、ノルウェー、ポルトガル、スペイン、スウェーデン、平均値 の各国について、雇用・環境・税の3区分で示す。縦軸：ドル、0～8,000)

注：メキシコに関するデータは利用していない。
出典：OECD。

それより高く見積もられているが，やはり税に関する規制の遵守コストが最大のコストをなしている（46％）。ただし，フィンランドでは，総遵守費用は，税，雇用，および環境の三つの領域にだいたい均等に分割されている。

2.3.1 企業規模間の差異

中小企業の規模が異なると，総遵守コストは大きく変化する。総遵守コストは大規模な中小企業で大きいが，従業員1人当たりで計算すると，規模が小さければ小さいほど，それに比例して遵守コストは高くなる。実際に，従業員1人当たりの費用は小規模の中小企業のほうが大規模のそれより5倍も大きくなっている（補遺Iの補-図4を参照）。

・小規模の中小企業（従業員：1～19人）は，1社当たり年間平均25,000ドル，あるいは従業員1人当たり4,600ドルを費やしている。

・中規模の中小企業（従業員，20～49人）は，1社当たり年間平均45,000ド

補-図28　年間行政遵守コスト──国別および経済分野別に見た企業1社当たりの平均額

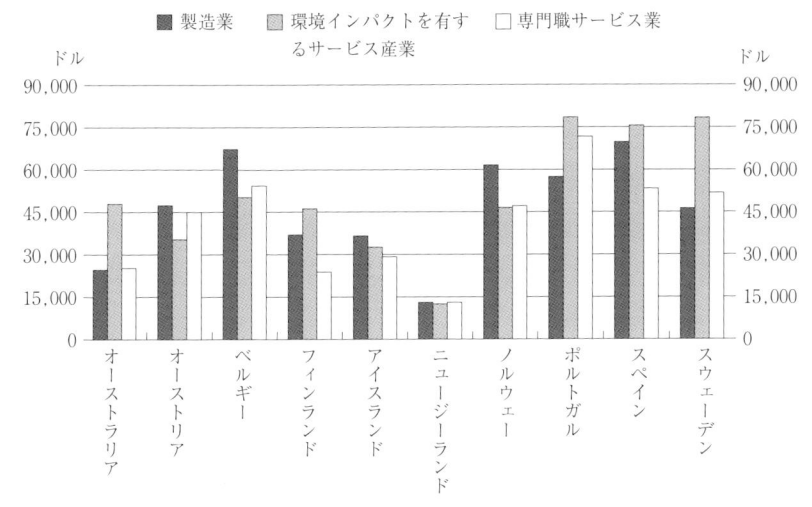

凡例：■ 製造業　■ 環境インパクトを有するサービス産業　□ 専門職サービス業

（縦軸：ドル、0〜90,000）

横軸（国）：オーストラリア、オーストリア、ベルギー、フィンランド、アイスランド、ニュージーランド、ノルウェー、ポルトガル、スペイン、スウェーデン

注：メキシコに関するデータは利用していない。
出典：OECD。

ル，あるいは従業員1人当たり1,500ドルを費やしている。

・大規模の中小企業（従業員：50〜500人）は，1社当たり年間平均96,000ドル，あるいは従業員1人当たり900ドルを費やしている

もちろん，国の間でも差がある（補-図27）[9]。ベルギーとノルウェーでは小規模な中小企業が，ニュージーランドの同類規模の企業の従業員1人当たり遵守コストの2倍以上を費やしている。また，ノルウェーの大規模な中小企業は，同類規模のフィンランドとニュージーランドの中小企業に比べ，従業員1人当たりで見て約3倍のコストを費やしている。

2.3.2　異なる分野の企業間での差異

参加国を横断的に見た場合，製造業分野の会社とサービス産業分野の会社は，平均的にはほぼ同額の行政遵守コストを費やしている。だが，もしサービス分野の会社を，（例えば，運送会社，建設会社などの）環境インパクトを有する

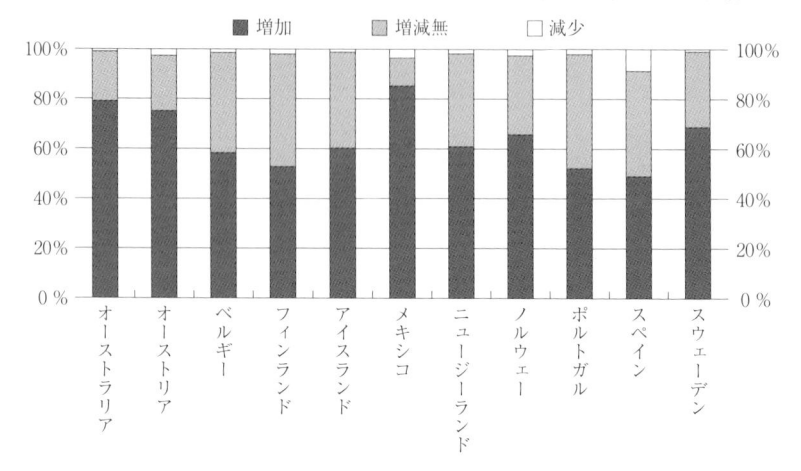

補-図29 企業の観点から見た調査時前2年間の税関連遵守コストの変化

■増加　▨増減無　□減少

オーストラリア、オーストリア、ベルギー、フィンランド、アイスランド、メキシコ、ニュージーランド、ノルウェー、ポルトガル、スペイン、スウェーデン

注：無回答と「とくに意見なし」という回答は、ここには含まれていない。
出典：OECD。

会社と（ビジネス・サービス会社のような）影響インパクトの小さい，主に専門職サービスを提供している会社に分けると，多くの国でそれとは違った構図が浮かび上がってくる。環境インパクトを有するサービス会社は，製造業の会社より，規制の遵守により大きなコストを費やしている（補-図28）。ただし，オーストリア，ベルギー，アイスランド，およびノルウェーは除外される。そうした国では製造業の会社がサービス分野の二つのタイプの会社よりも大きな遵守コストを費やしている。また，ニュージーランドでは，三つの分野の会社の間で遵守コストはむらなく均等に分布しているように思える。

2.3.3　行政遵守コストの変化を企業側はどう認識しているか

大半の企業（約60％）が，行政遵守コストは2年前より増えたと考えている。また，ほぼ3分の1の企業は同一であると考えている。減少したと考えている企業はほとんどない。こうした見方は，調査された11カ国すべてで成立する。規模が異なっていようと，産業分野が異なっていようと，企業はこうした見方を共有している。各規制領域の詳細な結果は，補-図29，補-図30，および補-図

補Ⅲ 調査の詳細な説明と調査結果　161

補-図30　企業の観点から見た調査時前2年間の雇用関連遵守コストの変化

■増加　■増減無　□減少

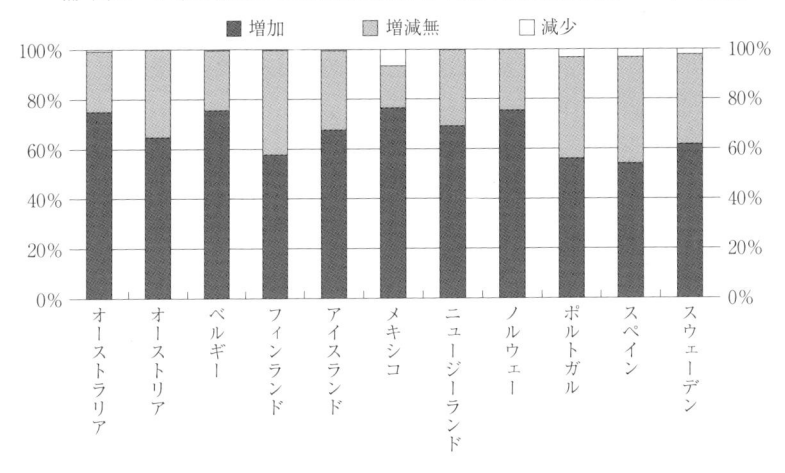

オーストラリア／オーストリア／ベルギー／フィンランド／アイスランド／メキシコ／ニュージーランド／ノルウェー／ポルトガル／スペイン／スウェーデン

注：無回答と「とくに意見なし」という回答は，ここには含まれていない。
出典：OECD。

補-図31　企業の観点から見た調査時前2年間の環境関連遵守コストの変化

■増加　■増減無　□減少

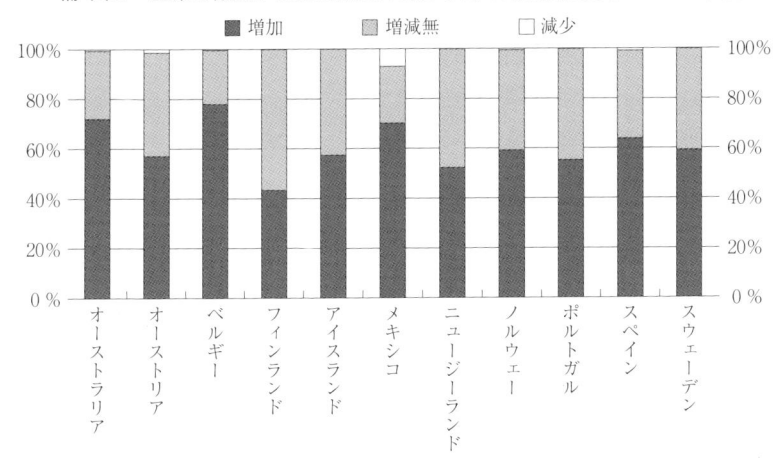

オーストラリア／オーストリア／ベルギー／フィンランド／アイスランド／メキシコ／ニュージーランド／ノルウェー／ポルトガル／スペイン／スウェーデン

注：無回答と「とくに意見なし」という回答は，ここには含まれていない。
出典：OECD。

補-図32 規制遵守コストが増大した主要な理由──全調査国の平均値

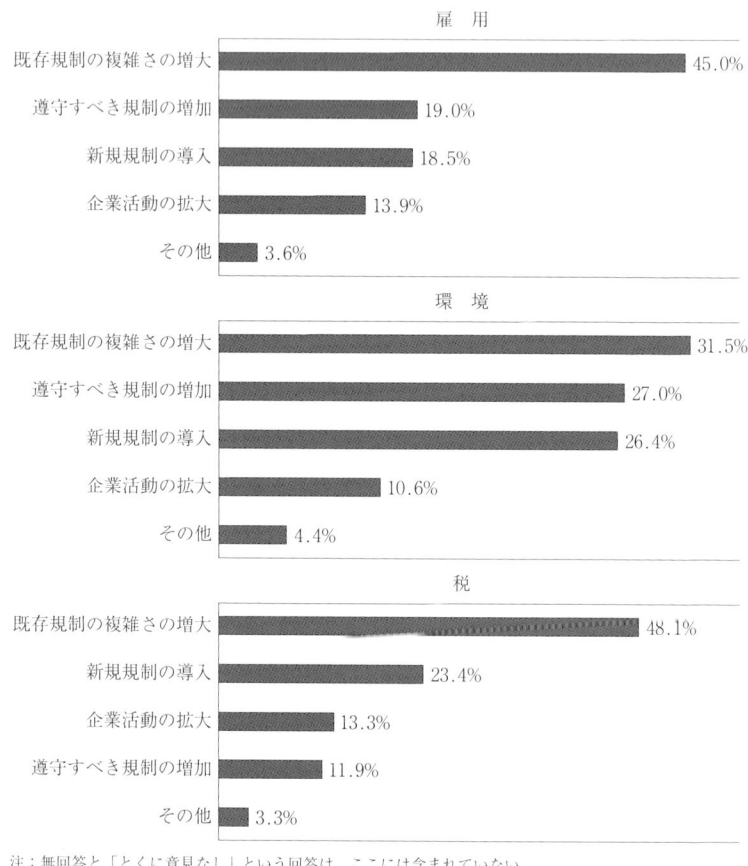

雇　用
- 既存規制の複雑さの増大　45.0%
- 遵守すべき規制の増加　19.0%
- 新規規制の導入　18.5%
- 企業活動の拡大　13.9%
- その他　3.6%

環　境
- 既存規制の複雑さの増大　31.5%
- 遵守すべき規制の増加　27.0%
- 新規規制の導入　26.4%
- 企業活動の拡大　10.6%
- その他　4.4%

税
- 既存規制の複雑さの増大　48.1%
- 新規規制の導入　23.4%
- 企業活動の拡大　13.3%
- 遵守すべき規制の増加　11.9%
- その他　3.3%

注：無回答と「とくに意見なし」という回答は，ここには含まれていない。
出典：OECD。

31に示されている。

　概して，企業は，税，雇用関連の遵守コストが増加した主たる理由を既存規制の複雑性の増加に見ている。環境規制に関しては，新規規制の導入と遵守すべき規制の数の増加が，複雑性の増加と並び，遵守コストを上昇させる重要な要因になったと考えている。各規制領域の詳細な調査結果は，補-図32に示さ

れている。

　こうした見方は，ほとんどの国に共通するといってよい（補-図33，また付録Ⅴ，表-2を参照。本書では割愛――訳者）。ただし，次の三つの国は遵守コストの増加理由でやや例外をなしており注意を要しよう。スペインの中小企業は，新規規制の導入，とりわけ環境規制の領域でのコスト増が，遵守コストの増加のもっとも重要な要因であると考えている。スウェーデンの税関連の規制がもう一つの例外をなす。中小企業は，ここでは新規規制の導入が遵守コストの増加のもっとも重要な要因になったと考えている。さらに，オーストラリアの中小企業は，既存規制の複雑性の増加が遵守コスト上昇の一大理由であると述べているが，これには重要な税制改革が議論されていたまさにそのときに調査が実施されたという，いわば特殊な事情が働いていた可能性がある。

2.3.4　行政遵守コストが経済全体に及ぼす影響

　この調査は，OECDの加盟国の多くが，その経済資源の一大部分を行政的規制を遵守するために投じていることを示している。この調査によれば，類似の国富レベル，環境保護レベル，および労働保護レベルを有する国が行政的規制を遵守するのにさまざまな額の国富を投下しているのは，明らかである（補-表2）。

　この調査で集めたデータに基づき計算すると，税，雇用，および環境規制が中小企業に負わせている行政遵守コストは調査対象国のGDPの1～6％に及んでいると推定される。だが，もしビジネス・セクターのGDP（BGDP）――これは，調査で検討された中小企業の母集団に，より直接的に関連した指標である――を用いれば，行政遵守コストは，全般的に見て，そのほぼ平均4％を占めることになる。測定値の水準は国によって異なる。その比率は，スペイン（BGDPの7.2％）とポルトガル（BGDPの7.1％）で高く，アイスランド（BGDPの1.9％）とフィンランド（BGDPの1.4％）で低い。後者は，補Ⅰで示したよ

補-図33　規制遵守コストが増加した主要な理由──国別分析

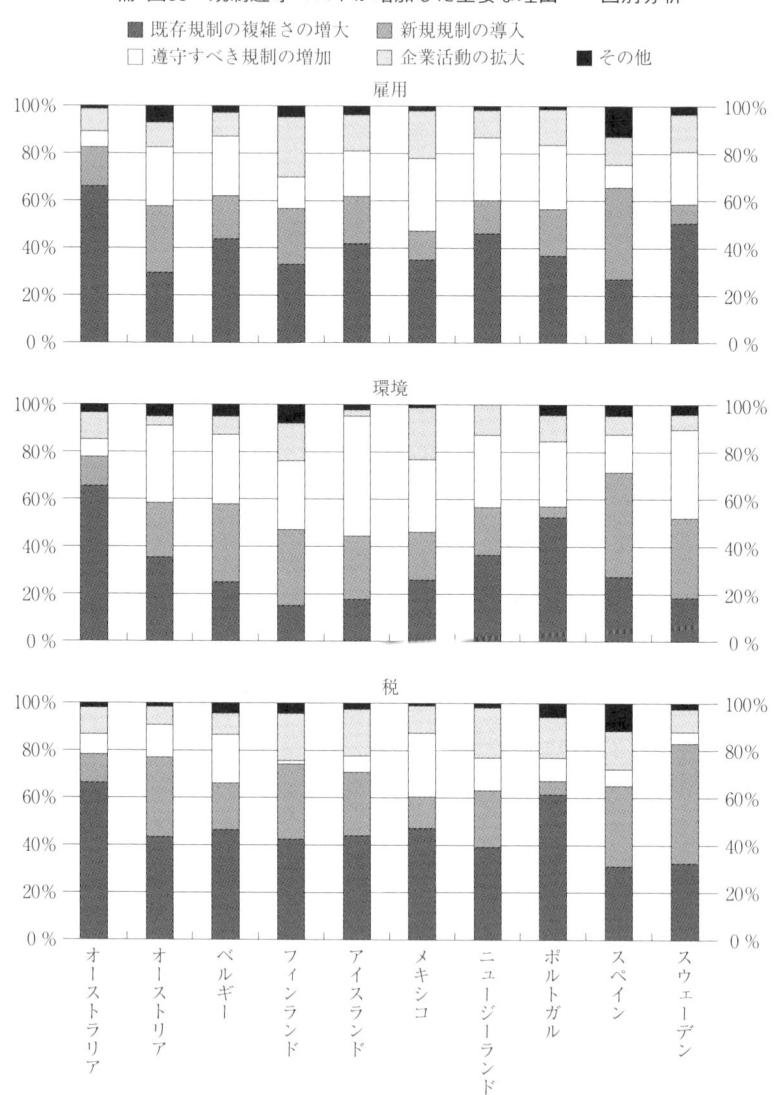

■ 既存規制の複雑さの増大　　■ 新規規制の導入
□ 遵守すべき規制の増加　　□ 企業活動の拡大　　■ その他

雇用

環境

税

オーストラリア　オーストリア　ベルギー　フィンランド　アイスランド　メキシコ　ニュージーランド　ポルトガル　スペイン　スウェーデン

注：無回答と「とくに意見なし」という回答は，ここには含まれていない。
出典：OECD。

補-表2 すべての中小企業(従業員1〜498人)の年間行政遵守コストの推定値(1998年)

	国別遵守コスト			対GDP比	対ビジネスGDP比(BGDP)
	内部コスト(100万ドル)	外部コスト(100万ドル)	国別総コスト(100万ドル)		
オーストラリア	4,282	8,534	12,816	2.9	3.8
オーストリア	2,777	4,094	6,870	3.5	4.7
ベルギー	2,527	1,776	4,303	1.8	2.3
フィンランド	554	579	1,132	1.0	1.4
アイスランド	42	52	95	1.3	1.9
メキシコ	n.a.	n.a.	n.a.	n.a.	n.a.
ニュージーランド	698	1,042	1,740	2.6	3.5
ノルウェー	1,359	2,075	3,434	2.8	4.9
ポルトガル	3,455	4,398	7,853	5.1	7.1
スペイン	14,660	24,091	38,751	5.6	7.2
スウェーデン	2,263	2,131	4,394	2.3	3.3

注:1) 外部コストのデータに関しては付録Ⅵを参照。
2) 推定値は購買力平価で調整されている。
3) ビジネスGDPは単独事業者から成る事業と1人ないし複数の人を雇用する企業を含んでいる。

うに,間違いなく,両国が政府規制の総経済コストを過小評価したことによるものである。

興味深いことに,ここでわれわれは,外部からビジネス関係者に規制遵守サービスを提供することが,それ自体経済活動になっていることに気づく。企業は規制の遵守を支援する専門家ないし企業(例えば会計士,弁護士など)からサービスを購入する必要があるが,補-表2によれば,いくつかの国で,それはかなり重要な経済分野となっている。例えば,スペインの場合,補-表2の第3列(国別総コスト)から内部コストを差し引くと,この「産業」は中小企業に年間ほぼ240億ドルの「規制指向型サービス」を販売していることがわかる。かかる活動は成長を刺激し,雇用を創出するかもしれないが,他面,企業はこの資源をもっと生産的なやり方で投下できる可能性がある。

3．企業の間接的なコスト

3.1　調査で採用したアプローチ

調査の主たる目的は，直接的な遵守コストを定量化することであり，規制の質と規制行政に関する企業の見解を検討することである。したがって，間接的なコストは具体的に解明されていない。とはいえ，調査は，雇用規制によって生み出されるいくつかの間接的なコストを検討している。

最初の質問で，企業は，雇用規制の遵守が彼らのビジネスに及ぼすすべての影響について検討するよう，求められた。以前の研究から得られた証拠を基に，回答者には雇用規制の遵守が生み出す問題の一覧表が提示された[10]。回答者には，すべての雇用規制に関し，それを遵守するのに一覧表で示すような問題が生じたかどうかを，また問題が生じたというのであれば，それはビジネスにどの程度の影響を及ぼしたのかを相対的に評価することが求められた（1は「低い」，5は「高い」といった5段階評価で）。また，これに加え，回答者には，従業員の雇用に関わる遵守コストについても，その効果を評価することが求められた。

このように，調査結果は，中小企業の上級経営者の意見に基づき，雇用規制の遵守に伴う間接的なコストに関し，いくつかの方向指標を提示するものとなっている。ただし，調査はすべての規制範囲をカバーするものではないし，規制遵守に伴う間接的なコストを十分にカバーしているものでもない。

3.2　主要な調査結果

調査によれば，中小企業の約80％が，雇用規制の遵守は彼らの事業と事業業績に何がしかの影響を及ぼしていると考えている（補Ⅰの補-図12を参照）。ま

補Ⅲ 調査の詳細な説明と調査結果　167

補-図34　雇用規制によって生み出された間接的な遵守コスト——国別および質問項目別の分析

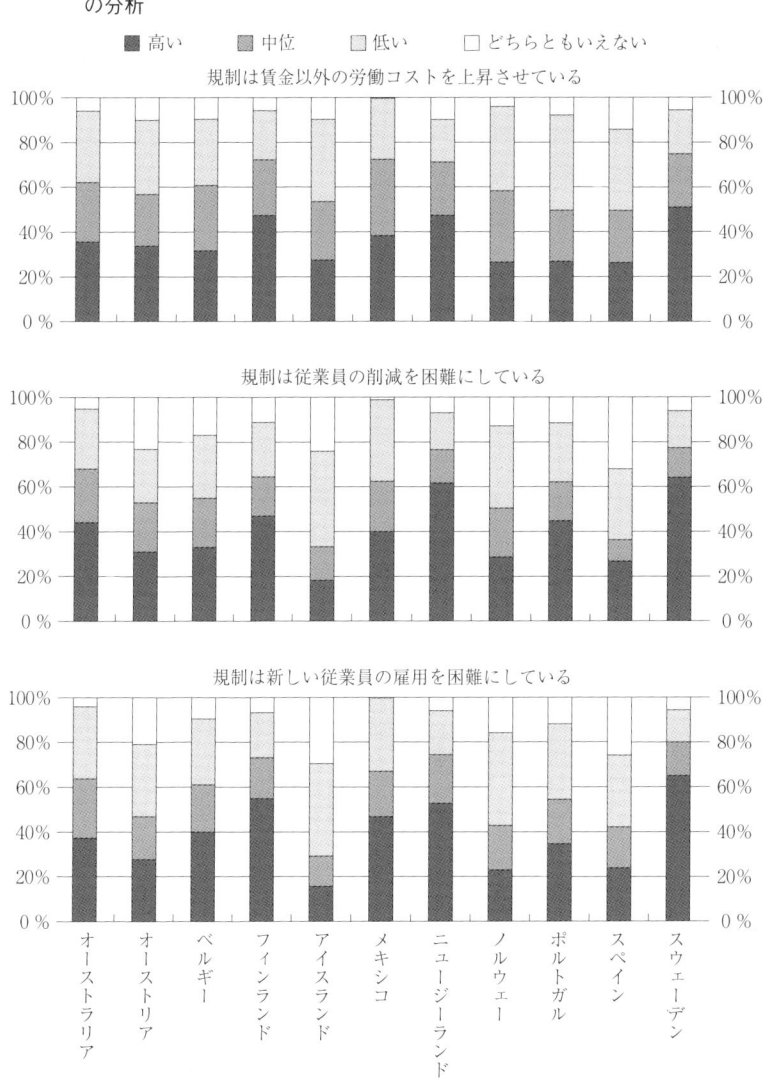

■ 高い　■ 中位　□ 低い　□ どちらともいえない

規制は賃金以外の労働コストを上昇させている

規制は従業員の削減を困難にしている

規制は新しい従業員の雇用を困難にしている

オーストラリア　オーストリア　ベルギー　フィンランド　アイスランド　メキシコ　ニュージーランド　ノルウェー　ポルトガル　スペイン　スウェーデン

出典：OECD。

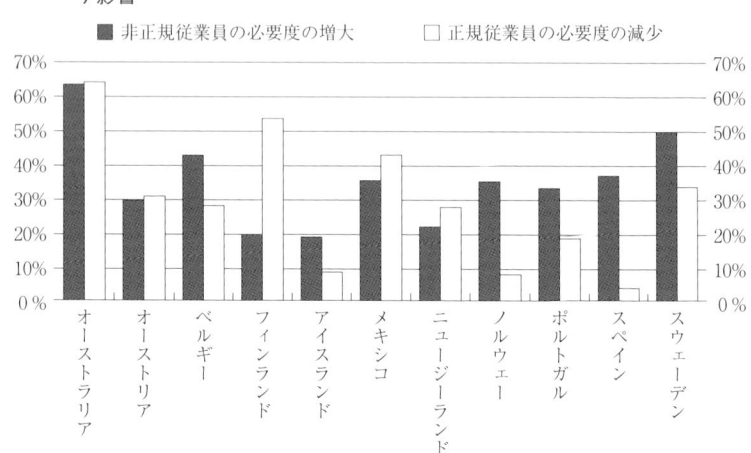

補-図35　企業の観点から見た雇用規制の正規従業員および非正規従業員の必要度に及ぼす影響

■ 非正規従業員の必要度の増大　　□ 正規従業員の必要度の減少

注：このスコアは，遵守コストの効果として，非正規従業員の必要度が（まあまあ，大きく）増したか，正規従業員の必要度が（まあまあ，大きく）減じたかという問いに同意した中小企業の比率に対応している。
出典：OECD．

た，中小企業は，雇用規制が以下の領域でかなり大きな影響（中位，高位）を及ぼしていると考えている。

　——規制は賃金以外の労働コストを増大させる（調査企業の61％）。
　——規制は従業員の削減に困難を生み出す（調査企業の57％）。
　——規制は従業員の新規採用に困難を生み出す（調査企業の57％）。

　ほとんどの調査国の企業は，雇用は彼らに間接的なコストを誘発すると考えている。しかしながら，その一般的なパターンには若干の相違がある。スペイン，アイスランド，およびノルウェーでは，雇用規制の遵守が彼らに大きな間接的なコストを生み出していると考えている企業の数は少ない。これとは対照的に，スウェーデン，メキシコでは多くの企業が，雇用規制の遵守は大きな間接的なコストを生んでいると考えている。

　11の調査国のすべてにわたり，中小企業の経営者は，雇用規制の遵守は，あ

らゆるタイプ（規模）の企業に間接的なコストを生み出していると考えている（補-図34）。調査結果は，製造業分野とサービス産業分野の会社で比較が可能であるばかりか，小規模，中規模，大規模の中小企業でも比較が可能である。

　中小企業の大部分は，雇用規制の遵守が彼らの事業の人事管理に影響を及ぼしていると考えている（補-図35）。そこで認知されている効果は国によって大きく異なるが，調査結果は，規制遵守コストが中小企業に正規従業員を非正規従業員に替えるインセンティブを与えていることを示している。ただし，調査データだけでは，このことが，雇用に否定的な影響をもたらしているのか，より高い規制の便益（既存正規労働者の保護）によってバランスがとられているのか，判断できない。

4．規制の質

4.1　調査で採用したアプローチ

　直接的に操作可能なヤードスティック基準がなく，客観的な評価ができないので，調査対象国の規制の枠組みに関する事業者の意見を比較するのは難しい。加えて，事業者には，規制の質の否定的な側面を強調するといった強いインセンティブが働く。したがって，規制の質のさまざまな要素に関し，その絶対水準を調査するより，相対的な満足・不満足の度合いを調査することに，高い関心が寄せられることになるのである。十分な注意を払えば，世界銀行の調査が示しているように，ビジネス調査から興味深い結果が得られる[11]。OECDの調査は，規制の質を中小企業が認知する仕方には，国によって大きな違いがあることを示している。

　この調査では，会社は，自国の税，雇用，および環境に関する規制の「デザイン上の特徴」を評価するよう，求められた。彼らには，「完全に同意する」，

「ほぼ同意する」,「ほぼ不同意である」,もしくは「完全に不同意である」といった具合に意見を陳述する機会が与えられた。もちろん,それに追加するかたちで,「とくに意見なし」という選択肢も与えられた。

事業者は次のような規制の質に関わる問題で意見を述べることになっている。
・わかりやすさ
・企業が規制を効率的に実行できるような,規制の柔軟性
・規制の変更の予測可能性
・規制がその目標を簡易に達成する可能性
・規制間の整合性
・規制の数にもかかわらず,それを完全に遵守する可能性

企業はまた,遵守レベルについてもその意見を問われた。さらに,自国で新たに規制が策定される間に何回ぐらいコンサルテーションを受けたかという質問も受けている。

4.2　主要な調査結果

4.2.1　規制の質

総じて,調査された11カ国の中小企業は,彼らの国の税,雇用,および環境に関する規制の質について,きわめて批判的であった。税と雇用という二つの規制領域の規制デザインについては,否定的な意見を有する会社が肯定的な意見を有する会社よりも多かった。だが対照的に,環境規制の質では,それを批判する会社の数は少なかった（補Ⅰの補-図13を参照）。しかし,調査から得られる構図は複雑である。質問によっても,国によっても,調査回答には大きな違いがある。このことは,行政側ないし会社側で従来の慣行の改善がなされた規制領域や国があることを示唆している。

中小企業は,**税に関する規制に批判的である**。その理由を列記すると,以下

補-図36 税規制の質——全調査国の平均値

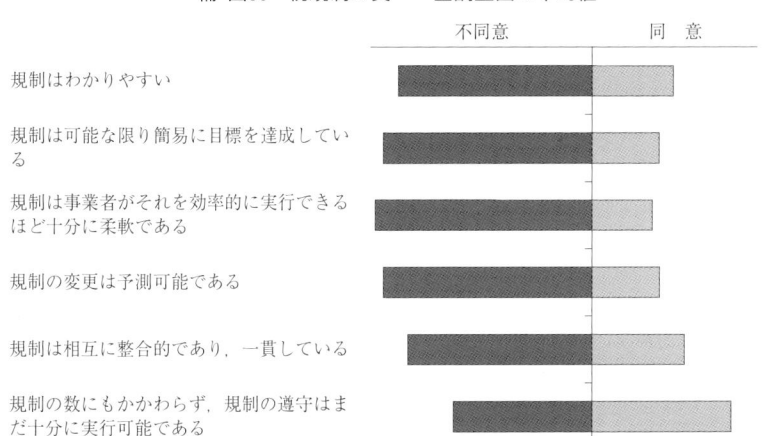

質問事項	不同意	同意
規制はわかりやすい		
規制は可能な限り簡易に目標を達成している		
規制は事業者がそれを効率的に実行できるほど十分に柔軟である		
規制の変更は予測可能である		
規制は相互に整合的であり，一貫している		
規制の数にもかかわらず，規制の遵守はまだ十分に実行可能である		

出典：OECD。

補-図37 税規制の質——各国政府がもっとも高い比率で同意・不同意の回答を受け取った質問事項

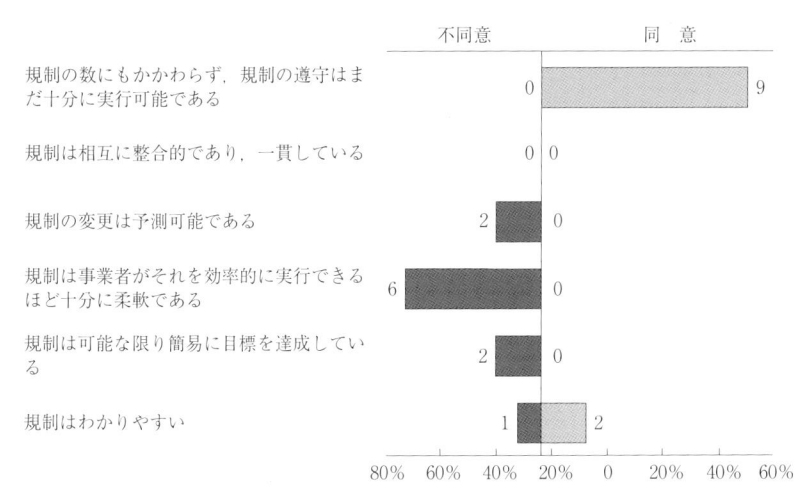

質問事項	不同意	同意
規制の数にもかかわらず，規制の遵守はまだ十分に実行可能である	0	9
規制は相互に整合的であり，一貫している	0	0
規制の変更は予測可能である	2	0
規制は事業者がそれを効率的に実行できるほど十分に柔軟である	6	0
規制は可能な限り簡易に目標を達成している	2	0
規制はわかりやすい	1	2

注：1) 無回答と「とくに意見なし」という回答は，ここには含まれていない。
  2) もっとも高い比率の同意・不同意とは各国で中小企業が同意もしくは不同意の回答を寄せた質問事項のなかで，もっとも件数の多かったものを示している。
出典：OECD。

の通り。規制は企業がそれを効率的に実行できるほど柔軟ではない（78％），規制はそう簡易に目標を達成していない（76％），規制の変更は予測できない（75％），わかりにくい（70％），そして，他の規制との間に一貫性がない（67％）（補-図36）。

　補-図37は，税に関する規制の質の要因を，各国の中小企業が同意・不同意を表明した比率に即して示したもので，これによりもっともその比率の高い事項は何かを確認できる。これによれば，11カ国中，6カ国の中小企業が，税規制の質に関しもっとも問題のある事項として規制の柔軟性の欠如を挙げている。他面，9カ国の中小企業は，「規制の数にもかかわらず，規制の遵守はまだ十分に実行可能である」と答えている。これは──上述した不確実性があるにもかかわらず──，税規制の遵守レベルは，規制の質とそう強く繋がっていないことを示している。

　税に関する規制の質を中小企業が認知する仕方には国による違いがあり，それについては，付録Ⅶの表-3に纏められている（本書では割愛──訳者）。それは以下のように要約できる。
　──オーストラリアの企業は，規制は可能なかぎり簡易にその目標を達成しているという仮定的な質問に高い不同意率を示している。オーストラリアでは94％の企業が，またアイスランドでは60％（64％？──訳者）の企業がこれに否定的である（アイスランドの60％は，肯定的な意見の表明レベルが相対的に高いアイスランド国籍の会社と比較・検討されなければならない）。
　──メキシコとスペインのサンプル企業は，規制の質に関しかなり肯定的な見解を抱いているが，多くの企業が規制の変更を予測しにくいと考えている。
　──ポルトガルのサンプル企業の41％，オーストラリアのサンプル企業の32％（この32％は，この問題に関し肯定的な意見の表明レベルが相対的

補Ⅲ　調査の詳細な説明と調査結果　173

補-図38　雇用規制の質——全調査国の平均値

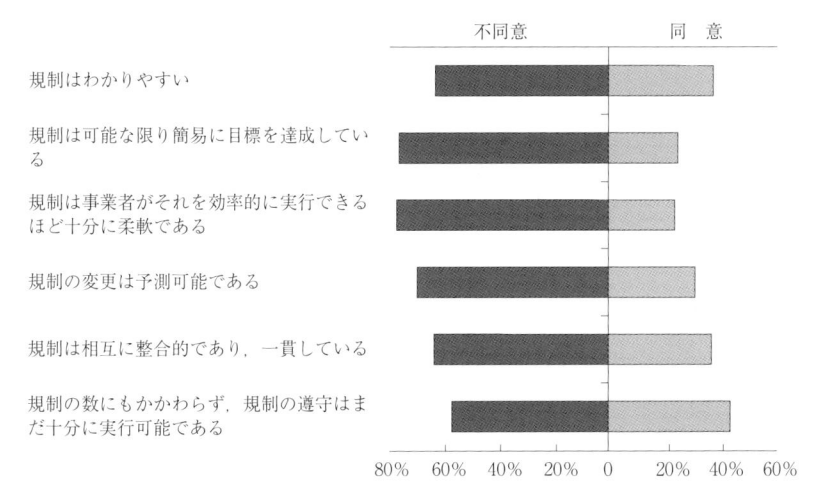

出典：OECD。

に低いオーストラリア国籍の企業と比較・検討されなければならない）
が，税に関する規制は理解しやすいという仮定的な質問に同意している。

雇用に関する規制も同様な理由で批判されている。以下，理由を不同意の比率で列記すると，規制は企業がそれを効率的に実行できるほど柔軟である（78％），規制はその目標を簡易に達成している（76％），規制の変更は予測可能である（75％），規制はわかりやすい（70％），そして，他の規制との間に一貫性がある（67％）（補-図38）。

補-図39は，質問に対する同意・不同意の比率を表わしたもので，これによりもっともその比率が高い雇用規制の質に関わる事項は何かを確認できる。税に関する規制と同様，もっとも強い批判が規制の柔軟性の欠如に向けられている。6カ国の中小企業が，「規制は事業者がそれを効率的に実行できるほど十分に柔軟である」という仮定的な質問項目に，もっとも高い比率で不同意を示している。同意するという比率が高い質問項目は，遵守の実行可能性に関する

補-図39 雇用規制の質——各国政府がもっとも高い比率で同意・不同意の回答を受け取った質問事項

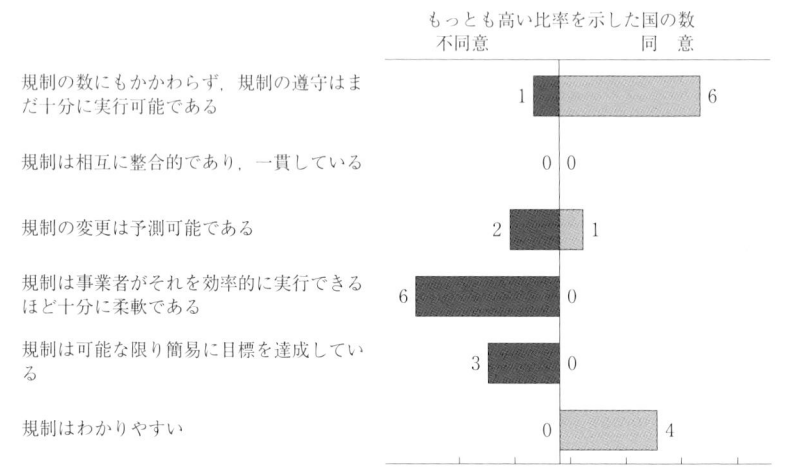

質問事項	不同意	同意
規制の数にもかかわらず、規制の遵守はまだ十分に実行可能である	1	6
規制は相互に整合的であり、一貫している	0	0
規制の変更は予測可能である	2	1
規制は事業者がそれを効率的に実行できるほど十分に柔軟である	6	0
規制は可能な限り簡易に目標を達成している	3	0
規制はわかりやすい	0	4

（もっとも高い比率を示した国の数）

注：1）無回答と「とくに意見なし」という回答は、ここには含まれていない。
　　2）もっとも高い比率の同意・不同意とは各国で中小企業が同意もしくは不同意の回答を寄せた質問事項のなかで、もっとも件数の多かったものを示している。
出典：OECD。

質問（6カ国）と規制がわかりやすいという質問であった（4カ国）。税に関する規制と同様、これは規制の質の認知具合と遵守との間に強い繋がりがないことを意味している。

中小企業が雇用規制の質を認知する仕方には国による違いがあり、それは付録Ⅶの表-3（本書では割愛——訳者）に纏められている。その要約は以下の通り。

　　——オーストラリア、ベルギー、およびスウェーデンのサンプル企業は、とりわけ規制が目標を達成する手法に否定的な見解を表明している。規制は可能な限り簡易に目標を達成しているという項目に、80％超の中小企業が不同意であった。
　　——オーストリアを除く、ほとんどの国のサンプル企業は、規制遵守の実行可能性に肯定的な意見を表明している。スペイン、フィンランド、アイ

補-図40　環境規制の質——全調査国の平均値

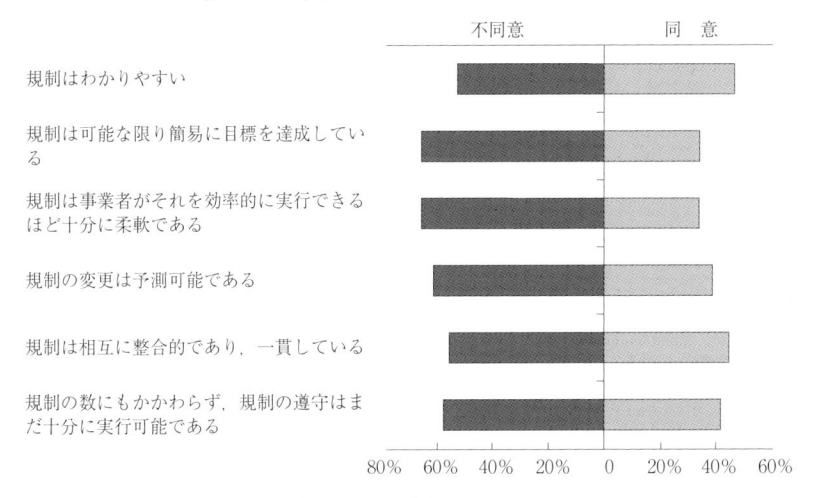

項目	不同意 / 同意
規制はわかりやすい	
規制は可能な限り簡易に目標を達成している	
規制は事業者がそれを効率的に実行できるほど十分に柔軟である	
規制の変更は予測可能である	
規制は相互に整合的であり，一貫している	
規制の数にもかかわらず，規制の遵守はまだ十分に実行可能である	

注：無回答と「とくに意見なし」という回答は，ここには含まれていない。
出典：OECD。

スランド，およびメキシコでは50％以上の企業が，またオーストラリア，ノルウェー，ニュージーランドでは3分の1以上の企業がこれに同意していた。
——大多数の企業は，規制の変更の予測可能性に関して否定的な意見を持っているが，メキシコとスペインのサンプル企業は，規制の質のこの側面にかなり肯定的な意見を持っている。
——スペイン，アイスランド，メキシコ，およびポルトガルのサンプル企業のほぼ50％が雇用規制はわかりやすいと考えている。

環境規制も批判されたが，税，雇用に関する規制に比べ，批判はそれほど厳しくなく，その数も多くなかった。不同意の比率で示すと，企業は，規制は企業により効率的に実行されるほど十分に柔軟でない（66％），規制の変更を予測できない（65％），規制は目標を簡易に達成していない（61％），規制はわかりにくい（56％），そして，他の規制との間に一貫性がない（53％）と考えて

補-図41 環境規制の質——各国政府がもっとも高い比率で同意・不同意の回答を受け取った質問事項

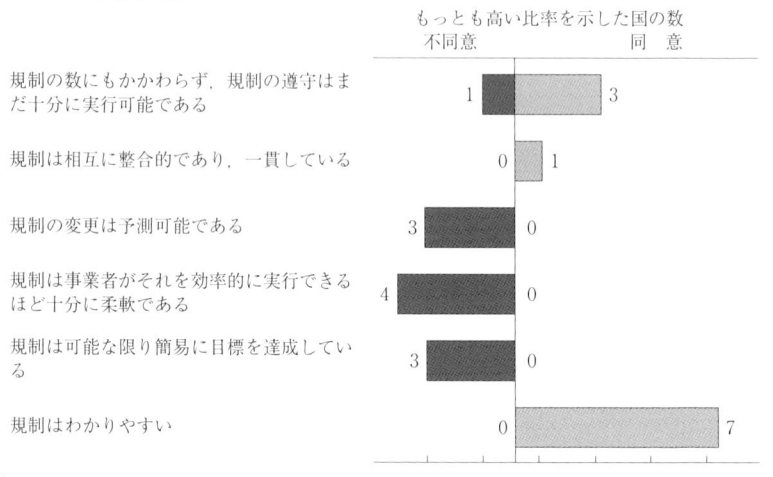

質問事項	不同意	同意
規制の数にもかかわらず，規制の遵守はまだ十分に実行可能である	1	3
規制は相互に整合的であり，一貫している	0	1
規制の変更は予測可能である	3	0
規制は事業者がそれを効率的に実行できるほど十分に柔軟である	4	0
規制は可能な限り簡易に目標を達成している	3	0
規制はわかりやすい	0	7

もっとも高い比率を示した国の数

注：無回答と「とくに意見なし」という回答は，ここには含まれていない。
出典：OECD。

いる（補-図40）。注目すべきは，多くの国で環境規制の質問項目には「とくに意見なし」および「無回答」と答えた中小企業の比率が高かったことである。これは，環境規制の質への関心が，他の規制領域への関心に比べ低いことを示していよう。

各国の中小企業がもっとも高い比率で同意・不同意を表明している質問項目を調べて見ると，再び柔軟性の欠如が重大な懸案事項になっていることがわかる（4カ国）。これに対し，11カ国中，7カ国の中小企業は「規制はわかりやすい」という質問項目に同意しており，規制遵守の実行可能性についても3カ国の中小企業がもっとも強い同意を表明している（補-図41）。こうしたことから，環境規制の質の認知と遵守レベルの間の関係は，税，雇用に関する規制で示された関係と異なること（より強い繋がりがあること）がわかる。

調査によれば，環境規制の質に関する中小企業の回答には，国によって大き

補-図42 「貴方の事業に影響を及ぼすような新規規制の策定プロセスで政府から協議への誘いを受けていますか」という質問事項に同意した中小企業の比率

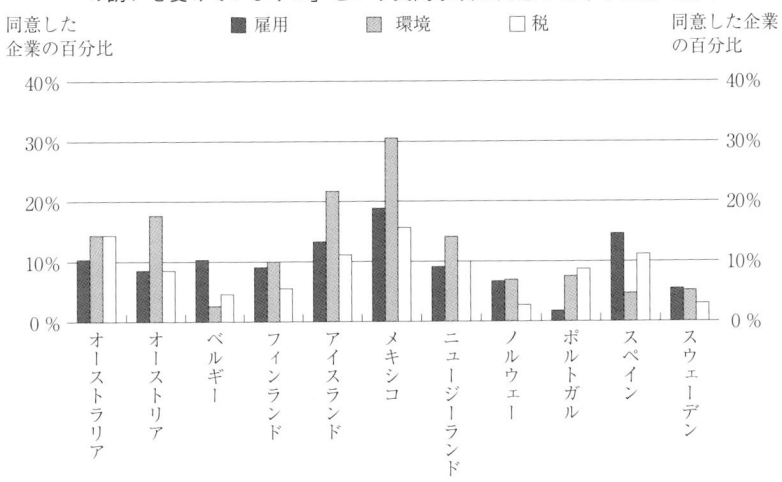

凡例：雇用　環境　税

横軸：オーストラリア、オーストリア、ベルギー、フィンランド、アイスランド、メキシコ、ニュージーランド、ノルウェー、ポルトガル、スペイン、スウェーデン

注：無回答と「とくに意見なし」という回答は，ここには含まれていない。
出典：OECD。

な違いがないことがわかる。環境規制の質は，小規模，中規模，大規模の中小企業のすべてにわたり，また製造業分野とサービス産業分野にわたり，ほぼ同じように認知されている。

4.2.2 コンサルテーション（協議）のレベル

調査国の中小企業は，新規規制の策定プロセスの期間中に，規制当局と協議する機会は少ないと感じている。大多数の中小企業が（77％），新規規制について，めったに，もしくはまったく協議を受けたことはないと答えている。規制当局と頻繁に，もしくは常に協議していると答えた中小企業は全体の9％にすぎない（補-図42）。

この回答パターンは，三つの規制領域（税，雇用，および環境）でほぼ一貫しており，また調査国を横断的に見てもほぼ一貫している。

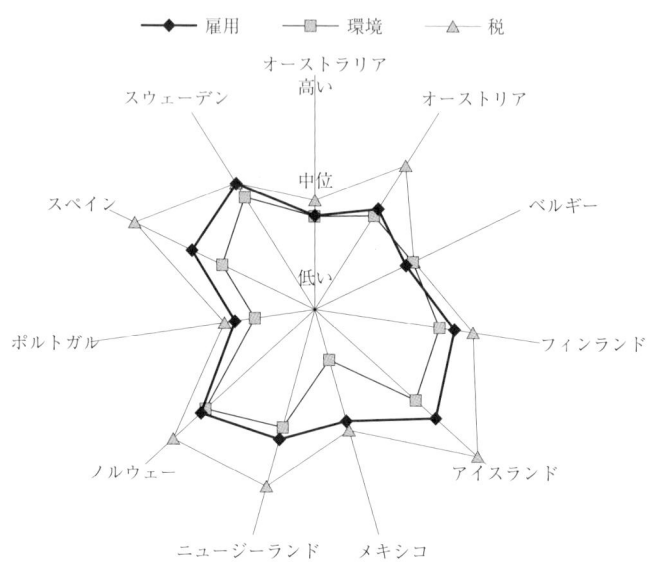

補-図43　企業の観点から見た規制タイプ別の遵守レベル

凡例：◆ 雇用　　□ 環境　　△ 税

注：無回答と「とくに意見なし」という回答は，ここには含まれていない。
出典：OECD。

　すべての利害関係者にコンサルテーションを広げることは，OECDの加盟国政府が規制の質を改善するもっとも重要な方法の一つである。ビジネス関係者は，規制の直接的かつ間接的なコストついてもっとも精通しているいわば遵守コストの情報源となる集団である。この調査で得られた証言は，この重要な手段の活用余地が大きいことを示している。

　しかし，質問書は，経済団体，産業・雇用者団体，商工会議所といったビジネスを代表する機関が，協議プロセスではたす重要な役割に言及していない。コンサルテーションの認知度が低いということは，こうした代表的なビジネス機関が，メンバー間でコミュニケーションを改善する余地のあることを示している。

補-図44　企業の観点から見た企業規模別の遵守レベル

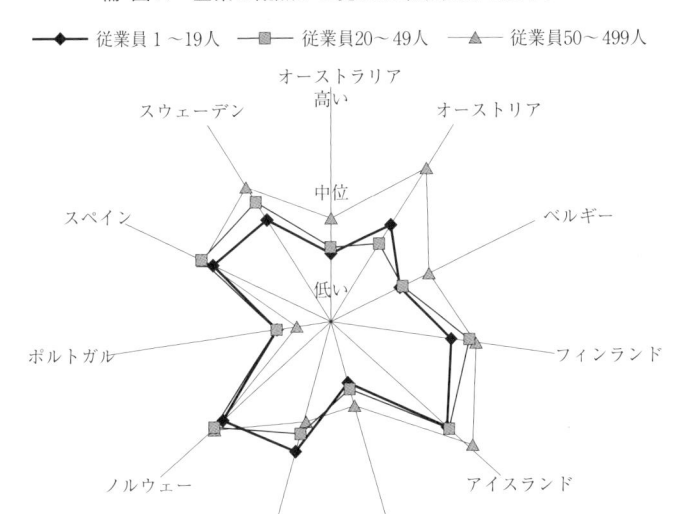

── ◆ ── 従業員1～19人　── ■ ── 従業員20～49人　── ▲ ── 従業員50～499人

注：無回答と「とくに意見なし」という回答は，ここには含まれていない。
出典：OECD。

4.2.3　遵守レベル

　中小企業は，彼らの産業の一般的な規制遵守レベルについても意見を求められた。全般的に，中小企業は遵守は妥当な水準，もしくは高い水準にあると考えている（補-図43）。

　遵守レベルは，規制領域の間で差がある。税に関する規制の遵守水準は，雇用や環境に関する規制のそれよりも高いと見なされている。

　加えて，企業の観点から見た遵守度は国によっても違いがある。ノルウェー，スウェーデン，アイスランド，およびスペインでは，ほかの国の企業に比べ，より多くの企業が遵守度は高いと考えている。すべてのケースで，税に関する規制の遵守度は，雇用規制と比べて高く，環境規制と比べるとはるかに高い。

オーストラリア，ベルギー，メキシコ，およびポルトガルの企業は，他の国の企業に比べ，規制の遵守レベルを「そこそこの」水準にあると見なしている。こうした国でも税に関する規制については，雇用および環境に関する規制よりも遵守度が高いと考えられているが，そのギャップは他の国の企業に比べ，一段と小さなものとなっている。

異なる規模の企業の間でも，興味深い違いがある（補-図44）[12]。一般的に，企業の規模が大きくなるにつれ，遵守度はより高い水準にあると考えるようになる。例えば，オーストリアでは，大規模な中小企業の間では，中小規模のそれに比べ，遵守レベルはずっと高いと見なされている。

5．規制行政の質

5.1 調査で採用したアプローチ

中小企業には，望ましい規制特性の集合を基礎に，自国の税，雇用，および環境に関する規制行政を評価することが求められた。彼らには，「完全に同意」，「ほぼ同意」，「ほぼ不同意」，「完全に不同意」というかたちで回答を求める一連の質問項目が与えられた。また，そこには「とくに意見なし」という選択肢も設けられた。

まず，企業には，**規制情報を得るため役所に接触するときの役所側の態度**（対応の質）が問われた。とくに，下記の項目につき，彼らの意見が問われた。
　——接触するべき役所は明確になっているか。
　——責任当局との接触は容易か。
　——さまざまな役人，部署の間で意見は整合的か。
　——情報は企業のニーズに応えているか。

ついで，企業には，**行政の意思決定と許認可の情報を得るため役所に接触するときの役所側の態度（対応の質）**が問われた。とくに，下記の項目について，彼らの意見が問われた。

――明確な答えを容易に得られるか。
――当局の回答は迅速か。
――起訴および苦情を訴える手続は明確にされているか。
――手続はどの程度柔軟か，また手続は非官僚的なものか。
――意思決定は，長期にわたり，類似のビジネス関係者の間で一貫性があるか，また予測可能か。
――（行政に）要求される支払額は予測可能か。

5.2　主要な調査結果

5.2.1　行政の質――政府当局（役所）に情報を求める場合

調査した11カ国の中小企業は，役所に情報を求めるときの行政当局のいくつかの態度に批判的であった。だが，概して，インタビューされた中小企業の3分の1は，行政の質に満足していた。

とくに目立ったのは，少なくとも半数の企業が，入手した情報の有用性について肯定的な意見を持ち，また大多数の企業が接触すべき役所を知っていたことである。だが，役人および役所の間での規制説明の整合性や責任官庁との接触の容易性については，否定的な意見を持っていた。

ところで，こうした状況は，規制領域の間で，また特定の役所の間で異なっている。概して，調査国全般にわたり，企業は，税および環境に関する規制情報を求めるときより，雇用規制に関する情報を求めるときのほうが，役所の対応の質に批判的である。

補-図45　雇用規制に関する情報を効果的に入手できているか

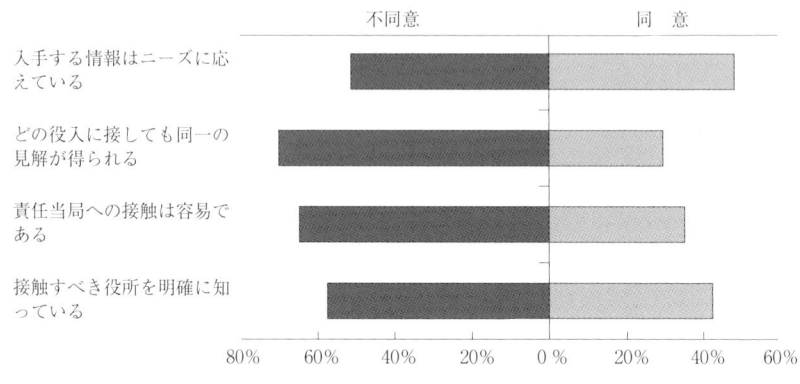

出典：OECD。

補-図46　税規制に関する情報を効果的に入手できているか

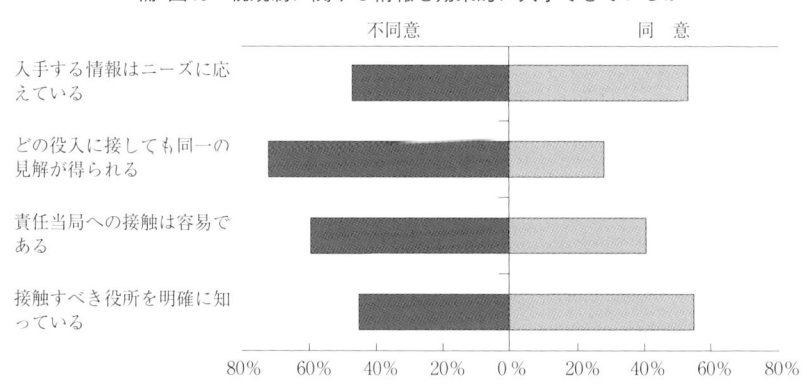

出典：OECD。

　その理由は，回答が矛盾しているという点にある。すなわち，中小企業は，雇用規制に関する情報を求めるとき，彼らが接触する当局から同一の見解が得られる，また責任当局への接触は容易であるとの仮定的な質問に，それぞれ70％，65％の比率で不同意を表明している（補-図45）。

　中小企業は，同じような理由で，税務情報を求めて税務署に接触するときの

補-図47　環境規制に関する情報を効果的に入手できているか

不同意　　　　　　　同　意

- 入手する情報はニーズに応えている
- どの役人に接しても同一の見解が得られる
- 責任当局への接触は容易である
- 接触すべき役所を明確に知っている

出典：OECD。

　行政対応の質にも批判的である。彼らは，どの税務担当者からも同一の見解を得られる，また税務当局への接触は容易であるという仮定的な質問に，それぞれ72%，59%の比率で不同意を表明している。他方，税規制に関する情報を入手するために，接触すべき役所を明確に知っているという仮定的な問いについては，否定的な意見より肯定的な意見のほうが多かった（補-図46）。

　中小企業は，**環境**規制に関する情報を得るため役所と接触するが，やはり行政対応に批判的ではあるものの，前二者の規制ほどではない（補-図47）。企業は，どの役人からも同一の見解を得る，また当局への接触は容易であるとの仮定的な問いに，それぞれ67%，58%の比率で不同意を表明している。だが，必要な環境規制情報を入手するときの役所の対応については，否定的というより肯定的な意見を持つ企業のほうが多かった。

　役所に情報を求めるとき，企業が行政の質を認知する仕方には国による違いもある（付録Ⅶの表4を参照。本書では割愛――訳者）。以上，三つの規制領域における情報入手時の行政の対応を見てきたが，企業が情報を得るために役所と接触するときの行政対応の質についてどのように認知しているかは，企業の

補遺-図48　雇用規制に関する行政決定ないし許認可を効果的に得ているか

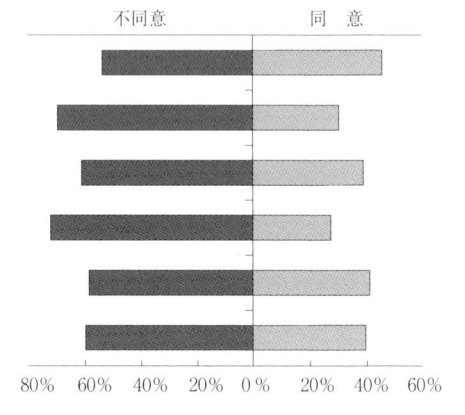

出典：OECD。

規模や経済分野によってあまり変わらず，かなり類似しているといってよい。

　オーストラリアの企業はすべての規制領域（税，雇用，および環境）で，情報入手時の行政対応の質について，ほかの調査国の企業より否定的な意見を持っている。ニュージーランドの企業も，雇用規制に関する情報を求めるときの行政対応の質を考慮に入れた場合には，ほかの国の企業よりも否定的である。

　オーストリア，ベルギー，およびメキシコでは，状況は異なっている。ただし，オーストリアの企業は，環境規制に関する情報を求めるとき行政対応の質を考慮に入れた場合には，ほかの国の企業より一段と否定的である。

　他方，ベルギーの企業は税規制に関する情報を求めるときの行政対応の質について，ほかの国の企業よりも一段と肯定的である。また，メキシコの企業は，雇用規制に関する情報を求めるときの行政対応の質について，ほかの国の企業より一段と肯定的である。

補-図49 雇用規制に関する行政決定ないし許認可を効果的に得ているか──各国政府からもっとも高い比率で同意・不同意の回答を受け取った質問事項

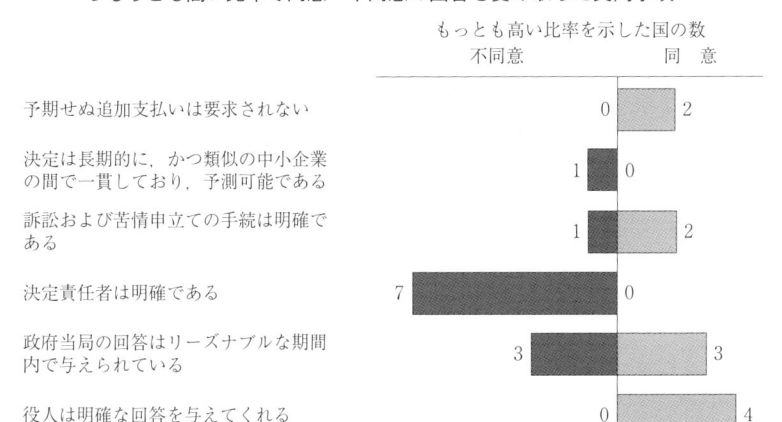

もっとも高い比率を示した国の数

質問事項	不同意	同意
予期せぬ追加支払いは要求されない	0	2
決定は長期的に，かつ類似の中小企業の間で一貫しており，予測可能である	1	0
訴訟および苦情申立ての手続は明確である	1	2
決定責任者は明確である	7	0
政府当局の回答はリーズナブルな期間内で与えられている	3	3
役人は明確な回答を与えてくれる	0	4

出典：OECD。

5.2.2 行政の質──政府当局（役所）に意思決定と許認可についての情報を求める場合

調査した11カ国の中小企業は，概して，役所から単に情報を入手するときより，意思決定と許認可について情報を得るときのほうが，行政対応の質に一段と批判的である（補-図48）。

補-図49によれば，多くの国は，雇用規制で要求される意思決定を伝えるときの行政の質に関し，一つの命題（質問事項）をおよそ疑わしいと考えている。すなわち，11カ国のなかで7カ国の中小企業が，誰が意思決定に責任を負うかを知っているという項目をもっとも問題視しているのである。肯定的な意見について見ると，11カ国はもっと細かく分かれる。すなわち，4カ国の中小企業が役所は明確な回答を与えてくれていると答え，また3カ国の中小企業が行政側の回答にはリーズナブルな期限が設けられていると答えている。

国別の調査結果を調べれば，問題点を指摘し，ベスト・プラクティスを作成

補-図50 税規制に関する行政決定ないし許認可を効果的に得ているか──全調査国の平均値

予期せぬ追加支払いは要求されない
決定は長期的に，かつ類似の中小企業の間で一貫しており，予測可能である
訴訟および苦情申立ての手続は明確である
決定責任者は明確である
政府当局の回答はリーズナブルな期間内で与えられている
役人は明確な回答を与えてくれる

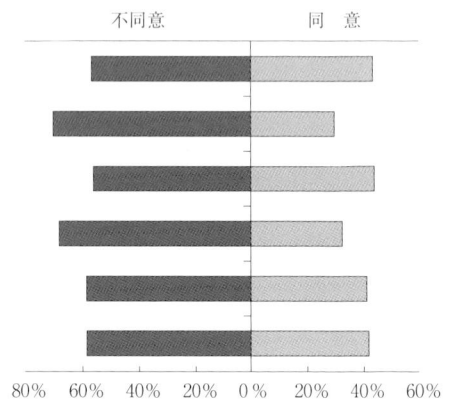

出典：OECD。

することができよう。

――政府から回答を得る所要時間については，オーストリアとベルギーでリーズナブルとの評価を受けており，それぞれ49％と58％の企業がこの問題に肯定的な回答を寄せている。これとは対照的に，アイスランドとポルトガルでは行政決定を得るのに要する所要時間にもっとも多くの批判が寄せられている。

――アイスランドとメキシコを除くと，中小企業は主に行政決定の責任者が明確ではないことに不満を抱いている。両国を除くと，この問題に対してサンプル企業の3分の2以上が否定的な回答を寄せている。

――フィンランドとノルウェーの中小企業は，雇用規制を遵守するとき，行政決定を得るために予期せぬ追加支払いを考慮に入れるといったことはほとんど問題にならないと考えている。

企業は，ほぼ同じ理由で，行政決定を得るために**税務署**と接触するときの当局の態度にも批判的である（補-図50）。だが，行政決定の責任者は明確であるという項目をもっとも問題視している国は，5カ国にとどまった。3カ国の中

補-図51 税規制に関する行政決定ないし許認可を効果的に得ているか——各国政府から
もっとも高い比率で同意・不同意の回答を受け取った質問事項

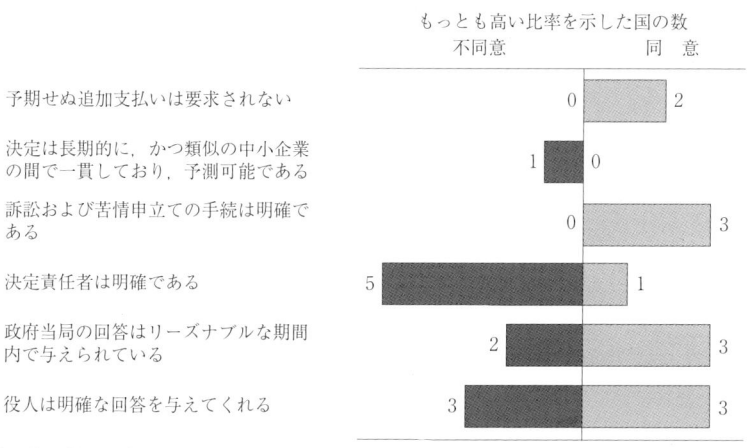

質問事項	不同意	同意
予期せぬ追加支払いは要求されない	0	2
決定は長期的に，かつ類似の中小企業の間で一貫しており，予測可能である	1	0
訴訟および苦情申立ての手続は明確である	0	3
決定責任者は明確である	5	1
政府当局の回答はリーズナブルな期間内で与えられている	2	3
役人は明確な回答を与えてくれる	3	3

注：無回答と「とくに意見なし」という回答は，ここには含まれていない。
出典：OECD。

小企業は，税務署が明確な回答を与えてくれるという項目をもっとも同意できない問題に挙げている。回答はタイムリーであるという点に最大の問題があると見ている国はわずか2カ国にすぎない（補-図51）。

付録Ⅶの表5（本書では割愛——訳者）から，いくつかの国別特徴が浮かび上がってくる。
　——政府の回答期限については，オーストリアとベルギーの中小企業がそれをリーズナブルであると評価している。それぞれ企業の53％，65％がこの問題に肯定的な意見を表明しているのである。対照的に，アイスランドとポルトガルの企業はこの問題で批判的であり，それぞれ企業の72％，66％が不満足であると表明している。
　——フィンランドとメキシコの企業は，税に関する規制を遵守するときは，行政決定を得るために予期せぬ追加支払いを要求されるという問題をそれほど懸念していない。
　——税に関する規制については，ベルギー（調査企業の53％），ノルウェー

補-図52 環境規制に関する行政決定ないし許可を効果的に得ているか──全調査国の平均値

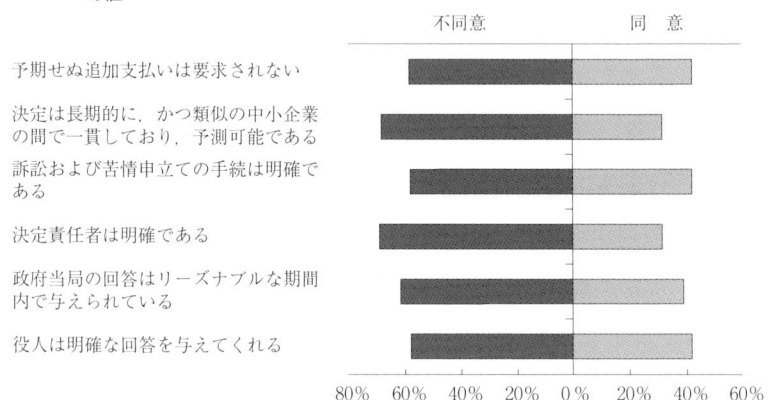

項目	不同意	同意
予期せぬ追加支払いは要求されない	約60%	約40%
決定は長期的に，かつ類似の中小企業の間で一貫しており，予測可能である	約70%	約30%
訴訟および苦情申立ての手続は明確である	約60%	約40%
決定責任者は明確である	約70%	約30%
政府当局の回答はリーズナブルな期間内で与えられている	約60%	約40%
役人は明確な回答を与えてくれる	約60%	約40%

出典：OECD。

補-図53 環境規制に関する行政決定ないし許認可を効果的に得ているか──各国政府からもっとも高い比率で同意・不同意の回答を受け取った質問事項

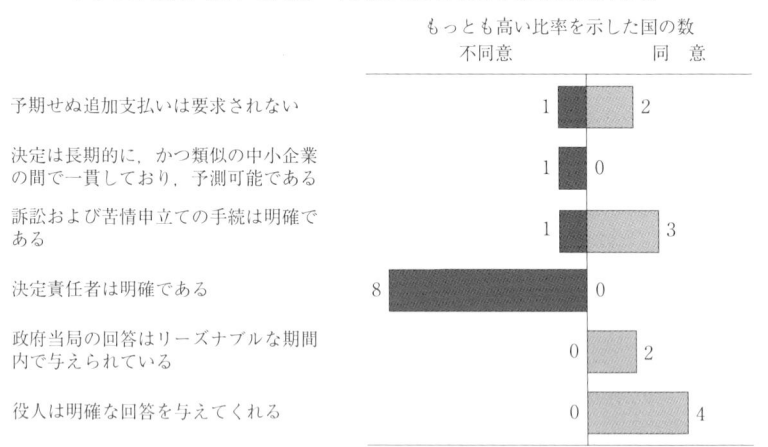

もっとも高い比率を示した国の数

項目	不同意	同意
予期せぬ追加支払いは要求されない	1	2
決定は長期的に，かつ類似の中小企業の間で一貫しており，予測可能である	1	0
訴訟および苦情申立ての手続は明確である	1	3
決定責任者は明確である	8	0
政府当局の回答はリーズナブルな期間内で与えられている	0	2
役人は明確な回答を与えてくれる	0	4

注：無回答と「とくに意見なし」という回答は，ここには含まれていない。
出典：OECD。

補-図54　規制領域別に見た企業1社当たりの年間平均許認可申請件数

■ 雇用　■ 環境　□ 税

申請件数

国	税	環境	雇用
オーストラリア	3.5	2.6	3.5
オーストリア	2.9	1.4	2.5
ベルギー	3.2	1.3	2.5
フィンランド	2.6	2.2	2.4
アイスランド	1.1	0.8	0.8
メキシコ	3.6	1.4	2.9
ニュージーランド	2.7	1.2	1.5
ノルウェー	1.7	1.1	3.7
ポルトガル	3.3	1.4	3.5
スペイン	6.7	1.7	5.2
スウェーデン	3.7	2.9	2.7

出典：OECD。

（調査企業の56%），およびスペイン（調査企業の70%）が，訴訟手続は明確であると考えている。

——スウェーデンの企業は，税に関する規制の一貫性と規制の変更の予測可能性について，非常に否定的な見解を抱いている。

環境規制に関する，行政決定と許認可を得るため，企業と役所と接触するときの行政対応の質も批判されているが，それは，ほかの二つの規制領域に対するものほど厳しくはない（補-図52）。ここでは，企業は行政決定の責任者が明確でないと考えている。すなわち，八つの国の企業が質問リストの中でこれをもっとも問題視しているのである（補-図53）。

付録Ⅶの表5（本書では割愛――訳者）が示しているように，政府当局に環境に関する行政決定と許認可を求めるときに，企業が行政対応の質を認知する仕方には，国によりやや差がある。だが，環境規制に関する質問に対し，企業が「とくに意見なし」と回答した比率が高いことは，留意するに値する。情報

を入手するため役所と接触するときの行政対応の質については，総じて企業の認識は企業規模，経済分野を越えて共通していたからである。

5.2.3　必要とされる許認可の数

企業は，規制を遵守するため，さまざまな役所に許認可や行政決定を要請している。調査企業には，単年度に必要とされる行政決定の数を提示するよう，求められた。

調査した11カ国の企業は，年間平均8件の決定を役所に求めていた（補-図54）。すべての国で，環境に関係する役所より税と雇用の関係する役所でより多くの許認可が求められていた。だが，決定が求められる許認可の平均件数は，国によって異なっている。アイスランドの平均要請件数（2.7）はスペインのそれのわずか5分の1であった。

注
（1）　欧州産業連盟（1995年），「欧州産業連盟（UNICE）の規制レポート――規制改革目標の設定による欧州潜勢力の解放――」，および Brunetti A., Kisunko G. and Weder B. (1997) *How Businesses See Government-Responses from Private Sector Surveys in 69 Countries*, World Bank Paper, Washington DC. を参照。
（2）　全調査結果のデータベースは，www.oecd.org/puma/regref/ で利用可能である。
（3）　OECD（1995年）「政府規制の質の改善に関する OECD 閣僚理事会の提言」をベースにしている。
（4）　税，環境に関する質問書も雇用のそれに類似している。興味があれば，www.oecd.org/puma/regref/ で閲覧できる。
（5）　中小企業の定義については，OECD の科学・技術・産業局の「中小企業に関する作業部会」が用いているものを利用している。
（6）　従業員のいない会社（所有者1人）は標本から外している。回答率が低くなる可能性があったからである。
（7）　すべてのコスト推定値は，関係国によって提供された母集団データをベースにした規模別，産業種別の中小企業分布によってウェイトづけがなされていること

に留意すべきである。各国の中小企業分布に関しては，付録Ⅳ（本書では割愛——訳者）を参照。
（8） 異なるウェイトづけをしているため，オーストリア産業調査研究所（Austrian Institute for Industrial Research）は，同じデータを使用しているものの，自国の行政遵守コスト（105,381オーストリア・シリング＝ATS，単位百万）を本レポートの計算値（135,177 ATS，単位百万）より低く見積もっている。
（9） ただし，いくつかの国における中小企業の母集団の大きさとサンプルの大きさが，国と国との間の比較を困難にしていることを銘記すべきである。
（10） 例えば，欧州産業連盟（1995年），前掲書を参照。
（11） Brunetti A et al. 前掲書を参照。
（12） だが，いくつかのサブ・グループの標本規模はきわめて小さいので，こうした結果の解釈には注意が必要である。

訳者注：この補Ⅲは *Businesses' Views on Red Tape* の "Appendix Ⅰ. Detailed description and results of the survey" を全訳したものである。

補Ⅳ　調査質問書

1．調査実施主体：OECD（後援：参加政府，経済団体代表）

認証番号：

ビジネス関係者の雇用規制に関する遵守コストの調査

　この調査は，OECD諸国のビジネス関係者に対する規制・行政環境の国際比較を可能にする，複数国を対象とした最初のビジネス調査です。この調査は，OECD，加盟国政府および経済団体が共同で実施するものです。OECDは，貴方が提供してくださる情報を，ビジネスのための規制・行政環境の国際比較をするための指標の開発に用います。それだけではありません。今度は，貴国の政府が貴方の提供情報をビジネス環境改善に役立てることになるでしょう。貴方の国で調査参加を要請されている企業の数は非常に少ないので，貴方の回答は分析結果を有効なものにするのにとても重要です。どうかこの質問に回答するのに，しばしお時間をお貸しくださるようお願い申し上げます。ほとんどの回答者にとって，この質問への回答には30分から45分ぐらいの時間がかかると思います。ご記入が済んだら，1998年までに同封の前払いの封筒にそれを入れてお返しください（返送に2週間かかることをご考慮ください）。

　貴方の回答は極秘に保管し，決して貴方ないし貴方の会社に迷惑はおかけしません。もし回答できないような質問があれば，無回答のまま放置し，次の質問に飛んでください。貴方のご協力に心から感謝します。

> ### この調査の範囲
>
> 　この調査は，貴方のビジネスに適用されているすべての雇用規制を遵守するのに要する**コスト**を調査の対象としています。**雇用規制**は，政府が事業者に課している義務であり，次の範囲をカバーしています。
> - 従業員の雇用と解雇
> - 健康・安全性基準の遵守，従業員の権利
> - 労働評議会ないし労働組合との協議
> - 雇用関連データの統計報告
> - 雇用関連業務ないし納税，社会保障と年金，もしくは法律が義務づけている諸々の従業員福祉（例えば，産休や疾病休暇）
>
> われわれは，政府の出所レベル（地方，州，全国，あるいは国際社会）を問わず，貴方のビジネスに与えているすべての雇用規制の影響についてお尋ねします。
>
> **誰がこの質問に答えるべきですか。**
>
> 　この調査は，中小企業の一般経営者（あるいは同等の方）に向け設計されています。
> 　グループ会社，持株会社ないし複数の事業所（工場・店舗）を有する会社である場合には，この質問に記されている住所の企業に及ぼす影響にその評価を限定して質問にお答えください。
> 　もし貴方が国際的なグループの一部であったり，ほかの国に支店／工場を有する場合には，この質問書が送られてきた国の企業にのみ限定して質問にお答えください。

セクションＡ：企業項目

Ａ１．貴方の事業は主にどのような経済分野で活動していますか（一つだけボックスにチェックを入れてください）。

☐ 漁業	☐ 不動産
☐ 製造業	☐ 機械などのレンタル
☐ 建設業	☐ コンピューターおよびその関連事業
☐ 卸売り・小売り	☐ コンサルタント
☐ 自動車，自転車など修理業	☐ 教育・調査研究
☐ ホテル・レストラン	☐ 健康・社会福祉
☐ 運送，倉庫，通信	☐ 他のサービス
☐ 金融仲介業	☐ その他（特記してください）：

補Ⅳ 調査質問書　195

A2．1998年1月末現在で，何人の従業員を雇っていますか。

> 総　計：

A3．どのくらいの期間にわたり，事業を展開していますか（一つだけボックスにチェックを入れてください）。

- ☐ 2年未満
- ☐ 2年以上から5年未満
- ☐ 5年以上

A4．貴方のビジネスの昨年の年間総売り上げはいくらでしたか。

> 総　計：

A5．貴方の事業は，部分的な，あるいは完全な外国人所有ですか。

- ☐ はい
- ☐ いいえ

A6．過去2年間で，以下の領域で貴方の事業業績に何か変化は起こりましたか（一つだけボックスにチェックを入れてください）。

	かなり減った	減った	変化なし	増えた	かなり増えた	とくに意見はない
1．市場シェア	☐	☐	☐	☐	☐	☐
2．利益	☐	☐	☐	☐	☐	☐
3．雇用	☐	☐	☐	☐	☐	☐
4．資本投資	☐	☐	☐	☐	☐	☐
5．新商品・サービスの発売	☐	☐	☐	☐	☐	☐
6．（輸出業者なら）輸出高	☐	☐	☐	☐	☐	☐

A7. 貴方の企業（もし大企業であるなら，貴方の用地）が位置する所在地を，州ないし地方の名前でご記入ください。

セクションB：雇用規制の質

ここでは，政府の雇用規制の質に関する貴方のご見解を伺います。

B1. 雇用規制を全体的に考えて見た場合，貴方は下の声明に同意しますか，それとも不同意ですか（一つだけボックスにチェックを入れてください）。

	完全に同意	ほぼ同意	ほぼ不同意	完全に不同意	とくに意見はない
1．規制はわかりやすい	❏	❏	❏	❏	❏
2．規制は可能な限り簡易に目標を達成している	❏	❏	❏	❏	❏
3．規制は事業者がそれを効率的に実行できるほど十分に柔軟である	❏	❏	❏	❏	❏
4．規制の変更は予測可能である	❏	❏	❏	❏	❏
5．規制は相互に整合的であり，一貫している	❏	❏	❏	❏	❏
6．規制の数にもかかわらず，遵守はまだ十分に実行可能である	❏	❏	❏	❏	❏

B2. 貴方は，ご自身の事業に影響を与えるような新規規制の策定プロセスで政府と協議したことがありますか（一つだけボックスにチェックを入れてください）。

❏ いつも　❏ ときどき　❏ あまり　❏ 決してない　❏ とくに意見はない

B3. 貴方の産業で活動している企業は一般にどの程度雇用規制を遵守していますか，ご意見をお聞かせください。(一つだけボックスにチェックを入れてください)。

| ❏ 高い遵守水準 | ❏ 適度な遵守水準 | ❏ とくに意見はない |

セクションC：雇用規制に関する行政対応の質

ここでは，政府がどのように雇用規制を管理・運営しているかという問題について，貴方のご意見を伺わせてもらいます。

C1. 雇用規制に関する情報を入手するときに接触する役所について考えたとき，貴方は以下の所説にどの程度同意しますか，それとも不同意ですか（一つだけボックスにチェックを入れてください）。

	完全に同意	ほぼ同意	ほぼ不同意	完全に不同意	とくに意見はない
1．接触すべき役所を明確に知っている	❏	❏	❏	❏	❏
2．責任当局への接触は容易である	❏	❏	❏	❏	❏
3．どの役人に接しても同一の見解が得られる	❏	❏	❏	❏	❏
4．入手する情報はニーズに応えている	❏	❏	❏	❏	❏

C2. 雇用規制に関する情報を入手するときに接触する役所について考えたとき，貴方は以下の所説にどの程度同意しますか，それとも不同意ですか（一つだけボックスにチェックを入れてください）。

	完全に同意	ほぼ同意	ほぼ不同意	完全に不同意	とくに意見はない
1．役人は明確な回答を与えてくれる	❏	❏	❏	❏	❏
2．政府当局の回答はリーズナブルな期間内で与えられている	❏	❏	❏	❏	❏
3．決定責任者は明確である	❏	❏	❏	❏	❏
4．訴訟および苦情申立ての手続は明確である	❏	❏	❏	❏	❏
5．手続は柔軟であり，官僚的ではない	❏	❏	❏	❏	❏
6．決定は長期的に，かつ類似の中小企業の間で一貫しており，予測可能である	❏	❏	❏	❏	❏
7．予期せぬ追加支払いは要求されない	❏	❏	❏	❏	❏

C3. 過去1年の間に，雇用規制を遵守するため，貴方の事業所は，何回，政府に行政決定ないし許認可を申請しましたか（おおよその数字を記してください）。

C4. すべての雇用規制を遵守するときの影響を考えたとき，それが貴方の事業に及ぼす潜在的な影響度を，5段階で評価してください（一つだけボックスにチェックを入れてください）。

	皆無 0	(低) 1	2	3	4	(高) 5
1. 賃金率を上昇させる	☐	☐	☐	☐	☐	☐
2. 賃金以外の労働コストを上昇させる	☐	☐	☐	☐	☐	☐
3. 需給調整に困難を生み出す	☐	☐	☐	☐	☐	☐
4. 労働生産性を低下させる	☐	☐	☐	☐	☐	☐
5. 作業慣行の変更を妨げる	☐	☐	☐	☐	☐	☐
6. 新しい製品およびサービスの開発を遅らせる	☐	☐	☐	☐	☐	☐
7. 従業員の削減に困難を生み出す	☐	☐	☐	☐	☐	☐
8. 従業員の新規採用に困難を生み出す	☐	☐	☐	☐	☐	☐
9. 新しい市場への参入意欲を減退させる	☐	☐	☐	☐	☐	☐

C5. 雇用規制の遵守コストは，貴方の企業の次のような動向にどのような影響を及ぼしましたか，ご意見をお聞かせください（一つだけボックスにチェックを入れてください）。

	大きく減った	減った	変化なし	増えた	大きく増えた	なんとも言えない
1. 正規従業員を雇用する必要があったとき	☐	☐	☐	☐	☐	☐
2. パート従業員を雇用する必要があったとき	☐	☐	☐	☐	☐	☐

3．一時雇いの従業員を雇用する必要があったとき	☐	☐	☐	☐	☐	☐
4．従業員向け備品を換える必要があったとき	☐	☐	☐	☐	☐	☐
5．国外の営業所を再配置する必要があったとき	☐	☐	☐	☐	☐	☐

セクションD：雇用規制の行政遵守コスト

ここでは，行政遵守コストの問題にのみ質問を集中します。

──遵守コストは，貴方の事業所が雇用規制を遵守するときに必要となる行政手続および文書業務に要する費用，もしくはそれを代行する誰かに支払わなければならない費用として定義されます。

行政遵守コストは，政府によって要求される文書に記入するだけでなく，企業の所有者，経営者，従業員，あるいは雇われた専門家が，規制を理解し，データを収集・処理し，それを報告し，保管するのに費やす時間と資源をすべて含むことになります。また，雇用関連の税務，社会保障，および年金分担金に関する業務も，これに含まれます（ただし，実際の支払額ではない）。

──行政遵守コストには，**資本支出を含めないでください**。企業の生産活動ないしサービス提供の期間中に機械・設備や他の生産要素（例えば，健康・安全性に関する設備，装置）を購入することもあると思いますが，そうしたものへの支払額を含めないでください。

われわれが問うているのは，政府の出所（地方，州，全国，もしくは国際社会）に関係なく，貴方の事業に影響を与えているすべての雇用規制の行政遵守コストであることを忘れないでください。

D1. 貴方の事業で，経営者および従業員が雇用規制を遵守するために費やしている時間は月平均で何時間ぐらいですか（一番多忙な月と暇な月を調整し，1月当たりの時間数を推定してください）。

| 月平均 | 時間 |

D2. 主に雇用規制の遵守に役立てるためにコンピューターおよびソフトを購入したことがありますか（一つだけボックスにチェックを入れてください）。

☐ はい　　　　　　　　　　☐ いいえ

「はい」と答えた人は，主に雇用規制を遵守するためにコンピューターおよびソフトの購入に年間どのくらい支出したか推計してください（どうぞ，貴方の国の通貨で最適な支出額を計算してください）。

年間

D3. 雇用規制を遵守するために外部サービスを雇用する場合，貴方は月間平均でどのくらいの金額を費やしていますか（どうぞ，月間平均支出額を推計してください。そこには規制を遵守するために雇った会計士・税理士，弁護士，もしくは給与コンサルタントなどによる外部サービスへの支出をすべて含めてください）。

月平均

D4．以下の活動に関連する雇用規制の行政遵守コストの大きさを4段階で評価してください（一つだけボックスにチェックを入れてください）。

	行政遵守コスト				
	低 1	2	3	高 4	とくに意見はない
1．規制の理解と伝達	❏	❏	❏	❏	❏
2．従業員の雇用・解雇の管理	❏	❏	❏	❏	❏
3．雇用関連の税金，社会保障，および年金負担金の管理	❏	❏	❏	❏	❏
4．他の従業員福祉（例えば，産休や病気休暇）の管理	❏	❏	❏	❏	❏
5．従業員の権利，安全性・健康に関する義務の遵守（例えば，事故報告，検査など）	❏	❏	❏	❏	❏
6．労働評議会および労働組合との内部協議の組織化（法律で要求されている限りで）	❏	❏	❏	❏	❏
7．雇用関連データの統計報告	❏	❏	❏	❏	❏
8．政府調査に関連した問題およびそれを遵守するうえで発生する問題	❏	❏	❏	❏	❏
9．雇用規制によって要求されている他の行動	❏	❏	❏	❏	❏

D5. 過去2年間に雇用規制から生じる行政遵守コストはどのように変わりましたか，ご意見をお聞かせください（一つだけボックスにチェックを入れてください）。

大きく増えた 増えた	……その結果として……	❑	新しい雇用規制が導入された
		❑	既存の雇用規制の複雑性が増した
		❑	企業活動が広がった
		❑	雇用規制の遵守度が増した
変化なし		❑	
減った 大きく減った	……その結果として……	❑	雇用規制が簡素化，もしくは削減された
		❑	政府が遵守コストの削減に成功した
		❑	会社内で行政遵守のあり方を再編した
		❑	雇用規制の遵守が減った
		❑	規制のある生産過程，製品・サービスを廃止した

D6. 雇用規制が貴方のビジネスに課している行政遵守コストを推計してもらいましたが，その推計値を貴方と同じ産業で活動している他の企業に比べどう思われますか（一つだけボックスにチェックを入れてください）。

❑ 低い	❑ 適当	❑ 高い	❑ とくに意見はない

基礎情報（選択可能）

もし貴方がこの調査から生じる疑問に答えてくださるご意思があれば，どうぞ連絡先をお教えください。貴方の回答は極秘に扱われます。

回答者の名前：
回答者の職場資格：
企業の名前：
電話番号：
ファクス番号：
メール・アドレス：

このプロジェクトの調査結果を要約したレポートをお望みなら，教えてください。

☐ はい	☐ いいえ

「はい」と答えた人は，住所（送付先）を記してください。

質問は終了しました。ご協力ありがとうございます。どうぞ用意された封筒に入れ，速かにご郵送ください。

改めて，ご協力に感謝いたします。

OECD 調査に問い合わせしたいことがある場合には，下記の住所にご連絡

ください。

The Business Survey Project
Public Management Service
OECD
2, rue André-Pascal
75775 PARIS Cedex 16
Tel: (33-1) 45 24 89 47
Fax: (33-1) 45 24 87 96
E-mail: cesar.cordova@oecd.org

訳者注：この補遺Ⅳは *Businesses' Views on Red Tape* の "Appendix Ⅲ. The Survey questionnaire" を全訳したものである。

解　題

はしがき

　本書は，OECDが，昨年，出版した*Cutting Red Tape*（2006）を全訳したものである。ただ，それにとどまらず，本書は，*Cutting Red Tape*の展開に基礎データを提供しているOECD調査報告書*Businesses' Views on Red Tape*（2001）を一部追加翻訳するかたちで収めている。内容的には，*Cutting Red Tape*だけでも1冊の本として十分に独立した内容を有するものであるが，敢えて「補」のかたちで行政負担に関する調査報告書を添付した。その理由は，それにより本書の理解がより深まると考えられるからである。加えて，日本ではあまり問題とされない企業，とりわけ中小企業の規制遵守コストにメスを入れる手掛かりを得られると考えられたからである。

　OECD（PUMA）は，1990年代後半から2000年代初期にかけて，規制改革の評価基準を作成し，それを基礎に加盟国の規制改革審査を行ったが，同時にそれと並行して行政改革（現代国家・公共部門の効率化・電子政府化）についても作業を進めていた。その集大成が*From Red Tape to Smart Tape: Administrative Simplification in OECD Countries*（2003），*Modernizing Government: The Way Forward*（2005）という二つの報告書であり，本書はそれを，行政簡素化の観点から，要約したものである。不幸にも，日本では，民営化と規制緩和という「10年遅れの議論」に政治の関心が集中したこともあり，最近に至るまで世界の行政改革の情勢にあまり注意が払われることはなかった。とりわけ，前書は行政的規制の改革に密接に関連しているにもかかわらず，わが国ではほとんど無視されてきたといってよい。このことは，行政的規制の改革で日本が

他の先進国に大きく遅れをとったことを意味している。

　こうした事情を考慮すれば，本書は，行政改革の推進にとっても翻訳に値する報告書と思われる。それでは，日本の行政的規制の改革や行政改革を前進させるうえで本書はどのように役立つのか，以下簡単に私見を述べさせていただく。

I．本書の構成と主要な内容

　本書は，全体の内容を要約した「概要（Summary）」と行政簡素化への取り組みの必要性を鮮明に表明した「序章（Introduction）」を除けば，「行政簡素化戦略」，「簡素化の手段」，および「簡素化に向けた制度的な枠組み」の全3章からなっている。こうした3章から成る構成は，規制を政策・戦略，政策手段，および制度・機関の3点セットで総合的にとらえるOECD（PUMA）のユニークな手法に準拠したものといってよい。

　さて，本書の主要なメッセージは，民営化・規制緩和後の規制改革をいかに展望するかにある。いうまでもなく，経済社会が複雑さを増せば増すほど，既存規制の見直しが必要となるばかりか，新たな規制も必要となる。だが，この流れをそのまま受け入れれば，行政国家はますます肥大化し（規制大国），ビジネスばかりか（遵守コストの上昇），国民にも多大な負担（行政負担の上昇）を生むのは必定である。たとえ，規制の拡大・強化が，経済社会・国民に相応の利益をもたらすとしても，こうした規制の便益を規制コストないし負担が超える可能性は高い。また，過剰な規制は，市民社会から「自由」の空気を奪い取り，それへの反発が遵守率の低下，しいては政府への信頼の揺らぎにつながりかねない。

　上の問題に対し，OECDは規制改革の推進，すなわち規制政策，政策手段および制度・機関にわたる規制の包括的な見直し（「規制の質の改善」）という方向を打ち出しているが，今次それに行政簡素化という古くて新しい課題を追加したといってよい。この行政簡素化の流れが，規制改革と密接に絡みあって進

展していることを考慮すれば,最近の規制改革の推進が行政簡素化を改めてパブリック・ガバナンスの一大課題に浮上させたといってもよい。両者が,今後,好循環の関係を維持し,政府改革の一大ムーブメントを形成するかどうかは慎重に見極める必要があるが,行政簡素化が規制・行政改革の牽引車になることは,まず間違いなかろう。本書のいうように,この点では,「行政簡素化は,10年前に規制改革のコアをなしていた民営化や規制緩和よりも,もっと視界のきく問題」なのである。

本書は,この行政簡素化の問題に,戦略,政策手段,および制度・機関の三つのレベルでアプローチしている。これは,2002年のOECDレポート『規制政策:介入主義から規制ガバナンスへ』で明確に整理された規制アプローチをほぼそのまま踏襲したものである。

まず,第1章の「行政簡素化の戦略」では,この10年間に先進国で起きた戦略上の大きな変化を三つの項目に纏めている。第一番目は,行政簡素化の問題に対し,従来の一時的,分野別のアプローチに代わり,長期(永続)的な,「政府全体的な」アプローチが,採用されるようになったということである。第二番目は,行政簡素化は,一面では独自の課題として重要度を増しながらも,同時に規制の管理,とりわけ規制の質の改善の一環をなすものとして,いわば規制改革と密接に関連する問題として,総合的に推進されるようになったということである。そして,第三番目は,規制改革における政策手段の発展,とりわけ規制影響分析(RIA)やそれと結びついた標準コスト・モデル(SCM)の導入によって,今次の行政簡素化戦略にあっては数値目標の設定が重要な戦略となりつつあるということである。

本書は,続く第2章で,こうした行政簡素化の戦略変化を支えている要因に言及している。こうした戦略変化の背景には,最近の経済学,行政学の新たな流れ,とりわけ1980〜90年代に発展を見た費用便益分析の理論や「新しい公共経営(New Public Management)」理論の台頭・普及があり,また国際経済および国民経済のマクロ・ミクロ次元での一大変化(グローバル化,情報・サービス経済化,および企業行動の変化など)があったわけだが,何といっても簡

素化戦略の変化を促したのは，簡素化手段の発展である。すなわち，ICT技術の発展とそれを中心的な手段に推進された電子政府の構築であり，またそれと連携した行政・規制手続のプロセス・リエンジニアリングの普及やワンストップ・ショップの活用（その電子ベース型への転換〔単一窓口政策〕）であった。本書は，この問題を，許認可・ライセンスの手続改革との関連で具体的に言及し，こうした手段は許認可・ライセンスの手続領域でも大きな成果を挙げる可能性があることを明らかにしている。

　それでは，戦略面，政策手段面でのこうした変化を踏まえ，行政簡素化を推し進めるには，どのような制度的枠組みないし政府機関を設計すべきなのか。第3章は，この問題を，規制改革との関連を考慮しながら検討している。従来の規制改革機関に行政簡素化の任務を兼務させたほうがよいのか（イギリス型），もしくは行政簡素化という単一目標を達成するための独立政府機関を設置したほうがよいのか（フランス型），また永続的な簡素化推進機関として設置するほうがよいのか，暫定的な機関でよいのか，たしかに悩ましい問題である。本書はさまざまな国の例を採りあげ，この問題に言及している。行政簡素化は規制改革のなかに「埋め込まれる」傾向があること，またそれは包括的，永続的に取り組むべき課題であることを示唆しているものの，いずれの国にも共通するような理想的な制度モデルは存在しないというのが，ここでの結論である。

　以上が本書の要約である。短いレポートではあるが，本書はわが国が「政府の構造改革」を遂行するうえで，避けて通れぬいくつかの問題を提示しているように思える。

II　三つの課題

1．規制改革と行政簡素化との関連

　通常，行政改革というと組織改革（省庁再編，民営化，アウトソーシング，

独立行政法人化など），公務員制度改革，および予算改革など，制度や人事を中心にした改革を連想するが，ここで問題にされているのは，行政手続，文書業務，とりわけビジネスや市民に負担を負わせている規制・行政手続の改革（簡素化）である。いわば行政業務・手続の見直しといってよく，大上段に構えるというより，行政の仕事の内容，流れの変革を通して，法規，組織，行政制度を変えていくという，行政改革へのミクロ的なアプローチを採っている。最初から組織・制度論的なアプローチを採った行政改革がわが国をはじめ多くの国で失敗してきたことを考慮すれば，これは斬新で期待が持てる「新しいアプローチ」といってよい。

ところで，行政簡素化という場合，それは誰のための，何のための簡素化なのであろうか。政府（役人）自身のためであることはいうまでもないが，それ以上に行政が負担（行政的なコスト）を負わせているビジネス関係者や市民のための簡素化でなければならない。したがって，その目的も，第一義的には，ビジネス活動や市民生活に課されているさまざまな制限・制約を緩和し，ビジネス社会に競争とイノベーションの風を，また市民社会に「自由な風」を通すことに置かれなければならない。そして，このことは，行政簡素化が行政的規制の改革と密接に関係していることを意味している。

周知のように，OECDは，規制を価格，参入・退出，投資など市場に直接介入する経済的規制，公共の利益に関係する社会的規制，および情報義務や許認可・ライセンスなどの取得に要する行政的規制の三つに分類している（用語解説を参照）。前2者が規制の効果が及ぶ対象（経済および社会）を指す機能的な概念でもあるのに，第3番目は，もっぱら行政主体が規制を立案・執行・管理運営するため，一連の法規等に基づき行う業務・手続を指している。したがって，行政的規制とは，本来的には行政の内部で解決されるべき自己完結的な概念であり，それが機能面で問題とされる場合には，経済・社会にどのような，またどの程度の負の影響（法規の遵守コスト）をもたらしているかが問題となる。

こうして，行政簡素化と行政的規制の改革は，行政・規制手続の改革という

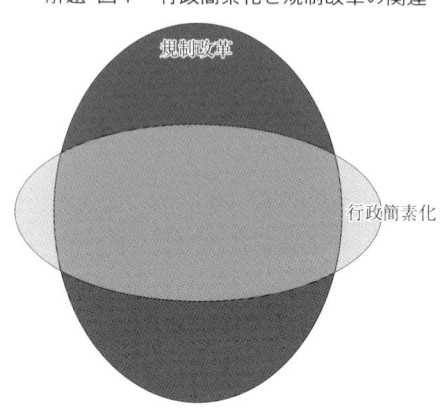

解題-図1　行政簡素化と規制改革の関連

面でほぼ重複するが，規制政策が先の三つのカテゴリーから成っているという意味では，また規制改革がその根拠をなす一連の法律，下位の法律の見直しを必須の条件としているという意味では，本書がいうように，規制改革のほうが行政簡素化よりも包括的であるといってよい。だが他面，行政業務・手続に，規制行政をはみ出す行政部分（例えば，住民登録，社会・医療保険，議会関連の事務，諸種の行政サービスなど）があることを考えれば，行政簡素化はすべて規制改革に包括されるものでもない。その関係は，正しくは，解題-図1のように重なり合う二つの集合としてイメージできよう。

とはいえ，問題はこの重複部分にある。当然のことながら，この重複部分は，規制改革と行政簡素化が相互促進的な関係にあることを含意しており，一方を欠いては，他方も不十分に終わることを意味している。そして，ここにわが国の規制改革がいまひとつ迫力を欠いた理由もある。規制緩和にばかり重点を置き，規制改革に際し行政簡素化をなおざりにしたきらいがあったといわざるをえないのである。例えば，この間の規制緩和にもかかわらず，規制の数は一向に減っていない（約1万3,000件）。このことは，行政側によって，見直し分が加算されるため件数は変化しないが，規制の強度が緩和されていると説明されてきた。だが，重要な問題は，そこでどれだけ行政・規制の簡素化（行政負担，

行政遵守コストの軽減）が実現されたかにある。この点についての検証はほとんどなされていない。今後の規制改革については，それを行政簡素化と一体で推進すること，できれば行政（規制）遵守コストについて明確な削減目標（値）を設定するかたちで推進することが望まれる。

2．遵守コストの測定と行政簡素化の目標値の設定

　行政簡素化は，政府の効率化，スマートな規制の実現にとって欠かせない改革である。だが，一概に行政簡素化といっても，何を基準に簡素化というか，そのベンチマーキングはなかなかむずかしい。通常，公務員等の削減，再配置をもってイメージしやすいので，行政簡素化は公務員制度改革と同一視されやすい。だが，行政簡素化は本来的には行政業務・手続の簡素化を意味し，たしかに人員の削減と再配置が伴うこともあるが，それは付随的かつ2次的な結果にすぎないことに注意を要する。

　行政簡素化のベンチマーキング問題の解決は，思わぬ方向からやってきた。規制改革の進行に伴い，1990年代後半から規制影響分析（RIA）が欧米を中心に急速に進展を見たことである。より正確にいえば，このRIAの進展に伴い，従来政策評価（日本では公共投資プロジェクト，ODA，大型R&D）に用いられていた費用便益分析が規制政策にも一般的に適用されるようになり，そこで規制コストないし規制負担の定量分析が喫緊の課題となったからである。そして，そこで標準コスト・モデル（SCM）が開発され，行政遵守コスト（以下，行政を規制行政で代表させる）が計測されるようになったのである。OECDは，本書で，行政簡素化を規制改革，すなわち規制の質の改善の一環をなす改革と捉え，事前・事後の行政簡素化戦略を主にRIA，とりわけ規制コストの一大部分を占める行政遵守コストの計測に依拠して推進するよう提言している。そして，これに基礎を与えたものこそ，オランダで開発され，EU諸国で普及した標準コスト・モデルであった。実際，多くの欧州諸国がそれをベンチマークに長期的な負担削減目標（値）を設定している。このSCMの急速な普及の背景には欧州独特の事情が働いている。欧州諸国は，EU規制でRIAに着手しなけ

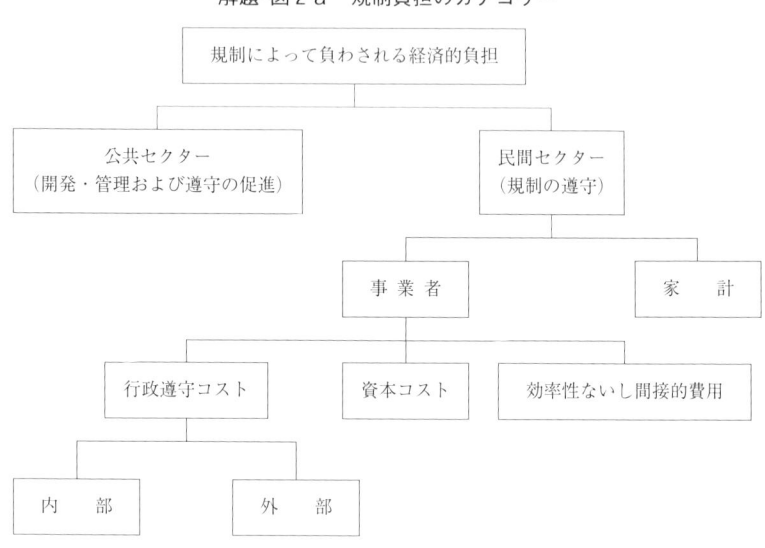

解題-図2a　規制負担のカテゴリー

```
          規制によって負わされる経済的負担
          ┌─────────────┴─────────────┐
    公共セクター                      民間セクター
（開発・管理および遵守の促進）          （規制の遵守）
                                ┌─────────┴─────────┐
                              事業者                家　計
              ┌─────────────────┼─────────────────┐
        行政遵守コスト         資本コスト      効率性ないし間接的費用
        ┌────┴────┐
      内　部    外　部
```

出典：Jacobs, Scott, et al. (1997) "Regulatory quality and public sector reform", in OECD (1997), *The OECD Report on Regulatory Reform: Thematic Studies*, Paris, を改作。

ればならない事情があったが，それだけではない。EU法の国内法への取り入れに，国により行政負担，行政的コストに歴然とした差があるのを発見し，産業競争力の強化が至上命題であった域内政府は，こぞって規制の効率化と遵守コストの最小化を図らざるをえなかったのである（とくに，EUの「AないしB規制」）。これはEU内の産業競争が政府間ないし行政間の競争に転化したものといってもよいであろう。

わが国には，アジア圏であることから，こうした事情は働かなかった。また，政策評価への取り組みが遅れたこと，規制影響分析の実験期間が長く続き，定量分析が進まなかったこともあり，わが国は欧米の流れに大きく取り残されてしまった。本書が指摘しているように，行政遵守コストを測定している国々は，行政簡素化において，明確な数値目標を設定することが可能となっており，実際実行している国も少なくないことを考えれば，これは今後の規制改革，行政改革を推進するうえで，放置できない問題である。

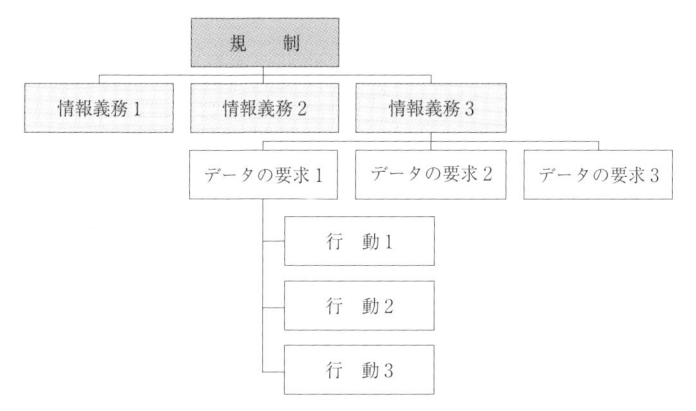

解題-図2b　標準コスト・モデルの構造

```
          規　制
    ┌───────┼───────┐
 情報義務1  情報義務2  情報義務3
         ┌────┼────┐
      データの要求1 データの要求2 データの要求3
              ┌─────┤
              │  行　動1
              │  行　動2
              │  行　動3
```

出典："International Standard Cost Manual: Measuring and Reducing Administrative Burdens for businesses".

　だが，遵守コストの測定は，そう簡単な問題ではない。その国際比較を可能にするためにも，わが国も標準コスト・モデルに立脚した日本版SCMを作成する必要がある。そのためには，責任担当箇所（総務省ないし内閣府）を決定し，そこでタスクフォースを立ち上げなければならない。このタスクフォースは，行政遵守コストの概念を定義し，測定作業の手順を定めたうえで，いくつかの重要な規制領域について早急に定量分析の実験を試みる必要がある。この実験は，最近の潜在的国民負担率の上昇を考慮にいれれば，たんにビジネスが負わされている負担にとどまらず，市民が負わされている負担についても，同時に試行してみる必要があろう（因みに，2003年時点で，オランダとデンマークのビジネス遵守費用はそれぞれ年間164億ユーロ，45億ユーロであり，GDPの3.6％，2.4％に相当すると推定されている）。

　欧米の行政（規制）遵守コストの概念とモデルの構造は，一般に二つの概要図（解題-図2a，図2b）によって示されるが，測定に先立ち，いくつかの予備的考察が必要となる。まず，民間ビジネスをどう定義するかが問題となる。国内法で実施されていない規制ルールや業界団体などの任意の自発的規制をどう処置するか，遵守の仮定をどのようにおくか（100％でよいか），固定費をど

のように評価するか（情報通信機器やソフト）などを検討しておかなければならない。そのうえで，各規制につき，情報義務，データ提出義務，ビジネスに負わされる他の行政的負担を列記し，規制の起源と目的などを確認した上で，最大の作業である規制目録からの情報義務，データ提出義務等を抽出・分解し，行政的な行動への細分を行う必要がある。そして最後に，その行政行動をABC会計（活動基準原価計算）で，コストドライバー（活動の計測基準）を定め，計測しなければならない。こうして，ようやく遵守コスト分析の門口に立てるのである。

その手続きは欧州諸国でマニュアル化されている。したがって，ここでは詳述しないが[1]，要は標準コスト・モデルで行政遵守コストを実際に測定してみることにある。代表的な規制領域をいくつか選んで，早急に測定作業に取り組むべきであろう。

3．電子政府の推進

電子政府とは，インターネット技術を利用し，行政内部および行政と国民，民間事業者との間の各種の行政情報・サービスのやり取りを電子化し，行政機関の事務効率化，国民生活の利便性の向上，産業活動の活性化を図るものである。電子政府は，当初は行政事務の簡素化の有力な手段として登場したが，いまやその戦略射程は行政改革の域を超え，産業活性化（行政負担の軽減によるアントロプレナーシップの興隆，イノベーションの促進）や国家組織の効率化，民主化にまで広がりつつある。わが国も，「高度情報通信ネットワーク社会形成基本法（通称，IT基本法，2000年）」を契機に，いちはやくe-Japan戦略を立上げ，重点計画のメインに「電子政府の推進」を置き，2003年までに電子情報を書類情報と同等に扱う行政の実現めざしてきた。また，それを補完すべく，行政情報の電子化，公共分野のICTインフラ整備を積極的に進めてきた。だが，その結果は，いまひとつ思わしくない。国連（UN）の電子政府調査レポート（2003年）によれば，日本は電子政府の国際ランキングでトップテンにも入っていない。国連は，電子政府の進捗状況を二つの指標で評価している。一つは，

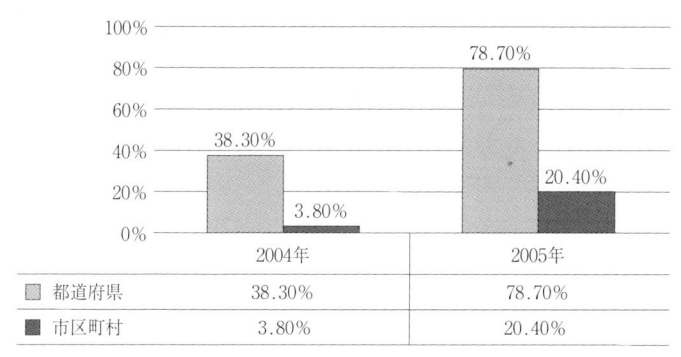

解題-図3ａ　汎用受付システムの導入率の推移

	2004年	2005年
都道府県	38.30%	78.70%
市区町村	3.80%	20.40%

出典：総務省編『平成18年版　情報通信白書　ユビキタスエコノミー』。

情報通信インフラの整備状況や人材開発状況などを指数化したもので，この「E-Readiness」で，電子政府を機能させるために必要な情通信基盤の充実度を測定している。もう一つは，実際の国民の利用状況を指数化したもので，この「E-Participation」で利用動向を測定している。こうした二つの分野で電子政府の進展度を調査・分析した結果，国連は，米国などアングロ・アメリカン諸国とウェーデンなど北欧諸国をランキングの上位国に位置づけている。

これは，2005年の国連による電子政府進捗度調査においてもあまり変わっていない。日本は「E-Readiness」で18位から14位に順位をあげたものの，利用者に対する利便性の高い情報・行政サービスの提供や政府と国民・企業との間の情報交換，政府間の情報のやり取りで，いまだ遅れていることが指摘されている。

平成18年版『情報通信白書　ユビキタスエコノミー』によれば，わが国の中央行政機関による行政手続のオンライン化は，申請・届出等でオンライン化件数13,669件（オンライン化率96.2％），それ以外の行政手続でオンライン化件数11,338件（オンライン化率63.6％）と高い数字を示しており，適用業務も「会計」，「公安・社会秩序」，「政策評価等，広報」などが高い比率を占めていた（解題-図3ａ）。それにもかかわらず，なぜ国際評価が低いのか。利用者の

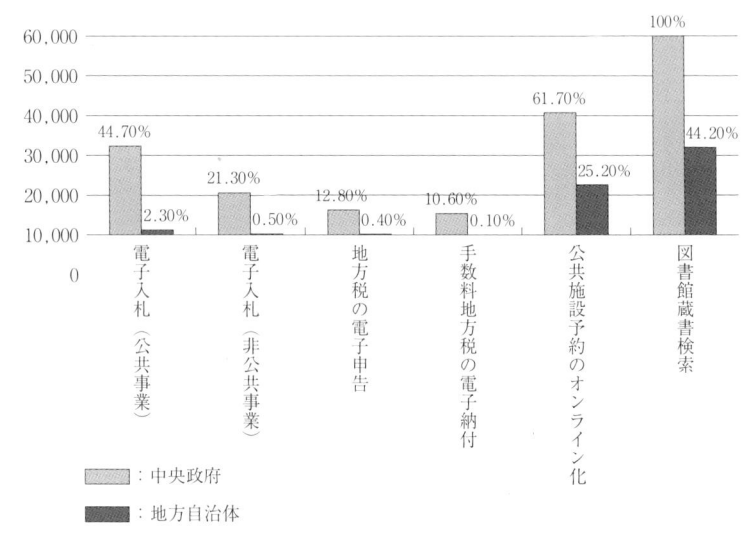

解題-図３ｂ　業務別の実施率

	中央政府	地方自治体
電子入札（公共事業）	44.70%	2.30%
電子入札（非公共事業）	21.30%	0.50%
地方税の電子申告	12.80%	0.40%
手数料地方税の電子納付	10.60%	0.10%
公共施設予約のオンライン化	61.70%	25.20%
図書館蔵書検索	100%	44.20%

出典：総務省編『平成18年版　情報通信白書　ユビキタスエコノミー』。

ニーズをあまり考慮しないで設計がなされているため，国民や企業サイドからするオンライン化された申請・手続等の利用率が低いのである。これは，オンライン化しているサービスの実施率が，図書館蔵書検索や公共施設の予約といった瑣末なものを除き，きわめて低いことに対応している（解題-図３ｂ）。例えば，電子入札，電子選挙，電子税金申告・納付，手数料の電子納付など，肝心な手続やサービスについて，オンラインでの行政サービスの提供（実施率で計られる）が進んでいないのである。地方自治体に至ってはさらに遅れており，2004年時点で電子自治体構築計画を策定しているのは，市町村の３割弱（687団体）にとどまっている。

また，「E-Participation」にいたっては，わが国は上位25カ国中，最下位のグループにランキングされている。これは，政府の情報開示制度が整備され，国民が政策決定に参加するプロセス（パブリック・コンサルテーション）ないしパブリック・コメント手続が設けられたものの，フィードバック装置の整備が

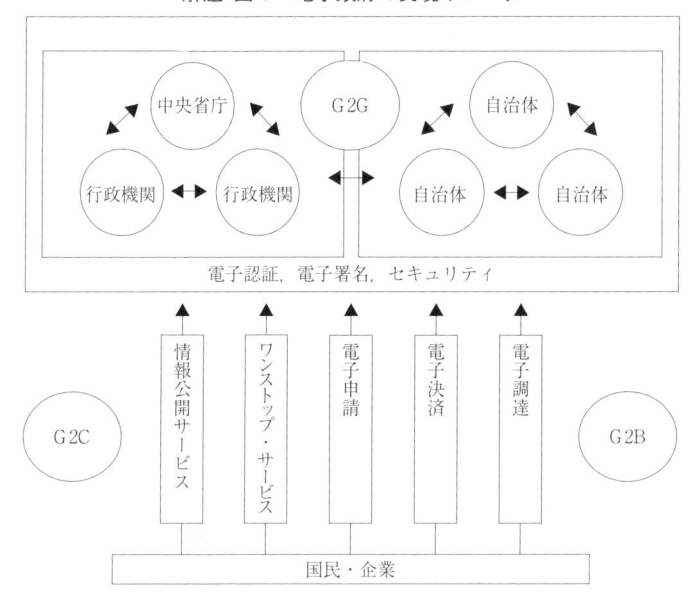

解題-図4 電子政府の実現イメージ

```
┌─────────────────────────────────────────────┐
│  ┌──────────────────┐  ┌──────────────────┐ │
│   中央省庁    G2G    自治体                  │
│                                              │
│   行政機関 ⇔ 行政機関   自治体 ⇔ 自治体      │
│  └──────────────────┘  └──────────────────┘ │
│        電子認証，電子署名，セキュリティ       │
└─────────────────────────────────────────────┘
       ↑     ↑     ↑     ↑     ↑
     情報   ワン   電子  電子  電子
     公開   ストップ 申請  決済  調達
 G2C サービス サービス                    G2B
       ┌─────────────────────┐
              国民・企業
       └─────────────────────┘
```

進んでいないことを意味している。

　国連とは別に，米国の Accenture も，2001年，電子政府に関するレポート "Rhetoric vs Reality-Closing the Gap" を発表している。この調査は，22カ国における電子政府の導入実態を，政府サイトの利便性，行政情報・行政サービスの電子化などで指数化し，それぞれの国を Innovative Leaders, Visionary Followers, Steady Achievers, Platform Builders という四つのグループに区分し，評価している。そこでは，サイトのトップ画面にその国の企業，国民，非当該国民向けの別々の入り口を設ける（ナビゲーション）など，利用者の利便性を高める工夫を施している国が上位にランキングされるが，わが国は Innovative Leader はおろか，「行政簡素化が進められているが，利用者の利便性に対する配慮がいまだ欠けているグループ」(Visionary Followers：ノルウェー，オーストラリア，フィンランド，オランダ，イギリス) にも，「電子政府化の計画は進んでいるが，行政と市民，企業の双方向サービスが不十分であるグループ」(Steady

Achievers：ドイツ，フランスなど7カ国）にも入れられず，ブラジル，マレーシア，南アフリカ，イタリア，メキシコと並び第4グループ（Platform Builders）に位置づけられている。これは，インフラの整備というより，当時の不透明な政策・行政決定の環境，インターネット人口の分散が大きくポイントを引き下げたことによるものとされている[2]。

　行政簡素化の手段としての電子政府という意味で，その進捗度の指標になるのが，本書のいう電子政府進捗の4段階説（1．オンラインによる情報の入手，2．一方向のやり取り，3．双方向のやり取り，4．完全な電子操作）である。これ以外にも，もっと一般的な指標として，上述した国連公共経済行政局（UNPAN-DPEPA）の指標があり，また米国行政学会（ASPA）が進捗度ランキングに際し設定した電子政府の5段階説（シームレス・レベル，トランスアクション・レベル，インターラクティブ・レベル，ウェッブ発信拡大レベル，およびウェブサイト設立レベル）がある。

　前2者についてはすでに前に触れたので，以下ASPAの指標について少々説明を加えておこう。その後2段階についてはすでにわが国もクリアーしているので説明の必要はないであろう。したがって，ここでは前3段階のみを簡単に説明しておく。まず，インターラクティブ・レベルとはデータ・ベースの検索（行政情報・コンテンツの入手），申請書類やアプリケーションのダウンロード，情報・データ提出がオンラインでできるばかりか，メイルウェブ対応型通信システムなどで行政側とやり取りができる状態を指している。ついで，トランスアクション・レベルとは完全な電子申請，電子決済が実現されている状態を，そして最高段階のシームレス・レベルとは省庁間の枠組みを取り去り，政府が全体として企業や市民のニーズに沿って情報・サービスを提供し，そのための業務・手続の効率化が達成されている状態を指している。

　問題は，こうしたいずれの評価においても，わが国が下位グループに位置づけられていることである。わが国は，ICTのインフラ整備，技術面，および人材面では評価されているが，省庁間の相互運用，利用者重視のオンライン・サービスで評価が低い。政府のウェブサイトでもインターラクティブな部分は限ら

れており，電子版ワンストップ行政サービスも立ち遅れている。査証，パスポート，出生届・死亡届（市民生活面），ライセンス，許認可，届出（ビジネス面）などに関する行政手続が，安全かつ簡単にオンラインで可能にはなっていないし，税金，自動車登録料，駐車違反の罰金，公共料金，行政・公共サービスの代金（健保・年金）や手数料などのオンライン決済も遅れている。電子調達，電子入札，電子投票も緒についたばかりであり，他の先進国に大きく遅れている。

　では，こうした立ち遅れの原因はどこにあるのか。いくつかその理由を挙げることができる。第一は，頑強な縦割り行政の弊害である。縦割り行政がデータの共有，省庁間の相互運用を阻害しているのである（ワンストップ・サービスの遅延，全省庁共通ソフトの欠如など）。第二は，住基ネットが起ち上げられ電子署名の使用が開始されたものの，その利用度が低いことに見られるように，国民の間に個人情報保護やセキュリティに関する不安があることである。これは，わが国の行政，ひいては政府への信頼度にも関わる重要な問題である。第三は，技術的な問題であり，汎用機をベースとするレガシー・システムからインターネットおよびXML（eXtensive Markup Language）技術をベースとするウェブ（Web）システムへの移行が円滑に進まず，両者が混在した状態が続いてきたことである。1997年に提唱された行政の情報化は，レガシー・システムを基礎にしたもので，その内容は行政機関内部の事務処理を中心に行政手続の効率化を図ったいわば汎用機ベースの総合行政情報システムとして考えられていた。しかし，その後インターネットの普及に伴い，政府は一転し，行政機関内部の処理から電子申請，電子調達，電子決済など行政と民間の間の手続・取引に電子政府化の重点を移すことになった。このことが，一方で行政機関内部のワークフローの問題を脇に追いやると同時に，他方では利用者重視の視点を欠いたままウェブ・サイトなど電子サービスを急ごしらえさせ，利用勝手が悪く，利用度の低い電子政府を帰結させたのである[3]。このままスローなテンポで改革が続くようなら，情報通信投資の費用・便益分析を含め電子政府戦略の根本的な見直しを行う必要がある。

電子政府は,政府が提供する情報・行政サービスに関し,新たなチャンネルを追加するだけではなく,情報・サービスそのものの質を改善する可能性がある。しかし,これは政府の業務の流れ(プロセス),手続および慣行の改革を通してしか実現できない。これを克服するには,まず政府組織をネットワーク化し,省庁間,自治体間,省庁・自治体間,ひいては政府全体にわたり情報を最大限共有させ,ワンストップ・サービスが可能な情報システムを構築しなければならない(G2G)。また同時に,利用者のニーズに見合うかたちで情報・行政サービスを行い,利用者に要らざる負担をかけぬよう業務,手続を見直す必要がある(G2B,G2C)[4]。

つぎに,電子認証,電子署名,およびセキュリティに関する法制度の整備・見直しが問題となる(解題-図4)。これは,政府の信頼度に関連する重要な問題であるが,セキュリティ問題でのトラブル,住民基本台帳ネットワークの利用度の低さ(転居等での住民登録に限定),電子署名の遅れに見られるように,わが国はこの点でも欧米に一歩遅れている。わが国の電子政府戦略は,行政がビジネス関係者や市民に負わせている負担ないし費用をどう削減するかという,本来の意味での利用者重視の視点に欠けている,早急に利用者のニーズに柔軟かつ迅速に対応する電子行政システムへの転換を図るべきである。

III. 日本は何を学ぶべきか

本書に沿って,わが国の取り組むべき課題を見てきた。だが,行政簡素化に関し,もっと本書から直接的に学ぶべき事柄もあるように思われる。まず,簡素化戦略の政策潮流をどのように受け止めればよいのか,またどのように簡素化戦略を組み立て,それに向けどのような行動計画を講じればよいのか,逐次検討してみよう。

1. 行政改革への取り組み方

行政簡素化は,多くの先進国が取り組んでいる行政改革の最先端の流れであ

り，規制改革が停滞しているわが国にとって，簡素化への取り組みは再度規制改革を推進する起爆剤となる可能性がある。それどころか，従来の行政改革が成功を見ずに終わっていることを考えれば，この問題への取り組みは，わが国の行政改革を新しい視点で推進する契機を与えてくれよう。

改めていうまでもないが，行政改革は1960，70年代から一貫してわが国政府が追及してきた大きな課題であり，その都度，行政改革案が作成されては，反故にされる歴史が積み重ねられてきた。いわゆる土光第二次臨調でも行政改革は民営化と並び大きく取り上げられたし，近年の橋本政権，小泉政権でも重要な課題として位置づけられ，多くの提言，答申がなされてきた。安部政権，福田政権の公務員制度改革もこうした行政改革の流れのなかに位置づけられるものである。しかし，行政改革の歴史を振り返って見たとき，その成果はあまりに貧しい。その結果については評価さえなされておらず，とうてい国民がその成果に満足しているとは思えない。時々の政府が場当たり的に企画・立案し，結果責任を負わないまま霧消していったというのが，わが国の行政改革の実態である。それでは，従来の行政改革のどこに問題があったのか。

これを省察すると，一つ重要な論点が浮かび上がる。それは，政府に行政改革を推進する長期的な戦略が欠けていた，ということである。この問題は，行政改革へのアプローチの仕方，執行手段の確保，および責任機関の問題に分けることができる。アプローチの仕方としては，一貫性，整合性のある改革原理の下，省庁別アプローチを超えた「政府全体的な」アプローチが採られていたか，規制改革との連動が考慮されていたか，などが問われることになる。「政府全体的な」アプローチということでいえば，縦割り行政が，省益優先のセクショナリズムでもって改革を押し戻し，葬り去ってきたように思える。また，包括的なアプローチという点では，政策・戦略，政策手段，およびそれを推進する制度・機関の3点セットで行政改革が推進されてきたか，疑問が残る。中・長期の行革戦略の策定，政策手段の開発に重大な問題があったのではないか[5]。さらに，規制改革との連動という点では，行政改革を，どこで，どのように規制改革とリンクさせるか，ほとんど考慮されなかったように思える。

わが国の行政改革は，財政再建がメインで，眼が利用者重視に向いていないといった政策理念的な問題はひとまず措いても，欧米と比べ後二者で後進性が目立っている。そして，そのことが，頻繁な政権交替もあり，行政改革を「作文」で終わらせる一大要因になっていたといえよう。とりわけ，重大な欠陥は，行政改革のプロセスで，行政簡素化とその執行手段が考慮されなかったことにある。行政簡素化が，規制改革との連動を欠き，それと並行して進められなかったこともあり，行政簡素化の重要な手段となる標準コスト・モデル，電子政府，リエンジニアリング，ワンストップ・サービスなども行政改革との関連でほとんど問題にされてこなかった。だが，すでに電子政府化が進展しつつある現在，こうした手段を用いず，行政改革が十分な成果をあげれるはずもない。わが国の行政改革は，天下りの規制や公務員削減計画に追われ，本来の行政業務・手続，また行政サービスの改革については，何ら本格的な取り組みを行っていないのである。

行政業務・手続の改革を中心に，それとの関連で人事改革，財政（予算）改革，および組織改革を考えるというのが，行政改革の本筋である。わが国のように，これを部分的かつバラバラに実施するというのは，そこから外れているばかりか，明確な成果にもつながりにくい。わが国が現在分散したかたちで進めている諸種の改革（公務員制度改革，特殊法人改革，天下り規制，規制改革など）を上述の行政改革の原則を基礎に整理・統合し，一体的に推進する必要がある。

2．ビジネス調査の必要性

行政簡素化で，戦略上，重要となるのが，明確な目標ないし数値目標の設定である。公務員制度改革や財政改革は，数値目標の設定が比較的に容易であり，実際わが国も人員削減計画や予算シーリングを計画・実行しているが，行政業務・手続については，何ら目標ないし数値目標を設定していない。これが何に由来するものか，本書を読んだ読者は容易に推察できよう。規制影響分析（RIA）の実施の遅れ，とりわけ規制コスト分析の欠如に，その一因があるといってよ

い。そして，これは RIA の導入を行政に追加負担を負わせるという理由で引き伸ばしてきた，わが国の規制改革の後進性に由来しているといってよい。

　それはともかく，行政簡素化にも明確な目標設定，できれば数値目標の設定が必要であることはいうまでもない。もちろん，最初から行政手続のすべてを定量評価するというのは無理がある。だが，すくなくとも行政手続がビジネスや市民に負わせている規制負担については，計測が可能である。また，それに基づく削減目標値の設定は，行政改革を半永続的な課題として中・長期的に推進していくためにも重要である。削減努力の進捗度を評価することで，行政改革の継続に一定の指針を与えることができるからである。

　こうして，わが国も行政遵守コストを測定する必要があるが，その際，国際比較を可能にするためにも，まず欧米ないし OECD の標準コスト・モデルのロジックと計測法を学び，その上でわが国の行政制度，行政慣行，行政，文化に合わせた標準コスト・モデルを設計する必要がある。

　この迂回的な作業を進行させるのに欠かせないのが，かつて OECD が実施したとき，意図的にか，情報伝達上の問題でか，ともかくわが国が参加しなかった企業の行政遵守コストに関するアンケート調査である。実は，わざわざ *Businesses' View on Red Tape* を翻訳し，アンケートの質問書まで，「補Ⅳ」として本書に添付した理由も，ここにある[6]。ここから，わが国でアンケート調査を行う場合の概要をイメージできよう。

　まず，いかなる規制ないし行政手続を調査対象とするかが問題となるが，とりあえず，OECD と同様，雇用関係，環境関係，および税関係の3分野で実施してみてはどうか。調査対象企業の企業規模は工夫されてしかるべきだが，対象業種は全分野とし，とりわけサービス分野では環境への影響度を基準にサービス産業を2分割した OECD の手法を踏襲すべきであろう。また，問題となる規制については，国際規制，国内規制，地域規制が課している行政負担をトータルに問い，総遵守コストを分散分析で推計する必要がある。

　このアンケート調査にあたっては，当然，これを立案・企画し，調査・分析を行う実施主体が問題となる。規制負担が重要な課題になっていることを考え

れば，規制改革・民間開放会議が第一候補者として考えられるが，そのスタッフの数（約30名）からして，時間的，資源的な余裕があるようには思われない。そこで，実施主体としてふさわしいと考えられるのは，産業経済省（中小企業庁）である。誰よりもこの問題に一番精通し，情報・データを蓄積しているからである。とくに，中小企業の行政遵守コストの計測に重点が置かれる場合には，ここがもっとも望ましい実施主体ということになる。アンケート調査が円滑に進むというだけではなく，同省は規制コストの負担問題に大きな関心を抱いていると思われるからである。もちろん，規制負担を負っている経済団体（経団連，日本商工会議所）がこの主のアンケート調査を自主的に実施することも考えられるが，遵守コストの計測にバイアス（過大評価）がかかるおそれがある。

3．制度・機関の問題点

最後は，行政簡素化を実施・推進する主体の問題である。わが国では，行政改革は審議会方式で進められてきた。閣僚からなる推進本部が設けられているものの，政府の内部に権限と責任をもって目標達成を目指す機関が創設されることはなかった。

わが国の行政改革は，1960年代の第1次臨調で基本モデルが作成され，1980年代初期の第2次臨調（土光臨調）で本格的に動き出したが，そこでも民営化問題に焦点が移され，行政改革に関する提言（内部部局の再編，特殊法人，予算・会計・財投，行政事務改革など）は問題の指摘にとどまり，実行されずに終わった。問題は審議会が，答申は提出するが，実施を促す権限を有していないという審議会方式の限界にあった。また，その事務局も各省・民間の「寄せ集め部隊」から成る暫定的な組織にすぎず，それらが行政改革の推進に貢献することもなかった。最近では首相を本部長とした「行政改革推進本部」が設置されているが，これも，目立ったリーダーシップを発揮していない（解題-図5）。行政改革を実行する制度・機関に重大な欠陥があったのである。これには，それなりの事情（頻繁な政府の交代，縦割り行政，強靭な官僚制など）が

解題-図5　橋本政権における行政改革の推進主体

```
                    ┌─────────────────┐
                    │ 新たな行政改革推進体制 │
                    └─────────────────┘

   ┌ ─ ─ ─ ─ ─ ┐      ┌─────────┐      ┌──────────────┐
   │ データの要求 │      │ 内閣総理大臣 │      │ 本部長　総理    │
   └ ─ ─ ─ ─ ─ ┘      └─────────┘      │ 政府行政改革推進本部│
                           │直             │ 全閣僚        │
                           │属            └──────────────┘
              勧告          │機     意見
            ←──────        │関       ──────→
      ┌──────┐      ┌──────┐      ┌──────┐
      │地方分権│      │行政改革│      │行政改革│
      │推進委員会│    │会議    │      │委員会  │
      └──────┘      └──────┘      └──────┘
      ・国と地方の    ・国家機能の    ・規制緩和
        役割分担       あり方        ・官民役割
      ・補助金       ・中央省庁の      分担
      ・地方行政      再編
        体制        ・官邸の機能
                    強化
```

出典：総務省行政管理庁。

あったとはいえ，もはや従来のやり方が許される段階ではない。

　行政簡素化に着手するにあたり，出発点とすべきは，従来の手法（「積み上げ方式」と「審議会方式」）からの決別であろう。これは，首相が，行政改革を実施・推進する専従スタッフから成る半永続的な特別機関を内閣の中枢に設置し，「強制方式」を用いて，改革を推進すべきことを意味する。首相の強力な政治的リーダーシップと積み上げ方式にかわる目標設定型の推進方式が，また専従スタッフから成る行政簡素化機関が，各省庁，政府機関，独立行政法人等との交渉で強力な発言力と権限を持つような制度の構築が欠かせないのである。わが国の規制改革，行政改革の現状に照らして見た場合，これには2通りのやり方があるように思える。一つは，従来の組織，機関の再編をもってこれ

に対処するやり方であり，もう一つは新たな機関を設置するやり方である。

前者については，いろいろな機関の整理統合して，行政簡素化機関を設置することが考えられる。従来の行政改革関連機関と規制改革・民間開放会議を合体させ，行政簡素化と規制改革を一体的に推進するやり方，いまや休眠状態に近い多くの行革・規制改革関連の諸推進本部（電子政府・自治体推進本部，構造改革特区推進本部，地方分権改革推進本部，高度情報通信ネットワーク社会推進戦略本部など）を再統合し，規制改革，行政改革，電子政府化を一体的に推進するやり方，などが考えられる。多くの推進本部会議，委員会等がパフォーマンスを低下させつつある現在，こうした再編・統合には一定の意義があろう。それにより，政策・計画の重複，行政資源の非効率的な配分が避けられるからである[7]。だが従来のやり方を踏襲するかぎりさしたる成果は望めない。そこには専門知識・スキルを持った専従スタッフが配置される必要があるし，また各省庁との交渉で強い権限が与えられなければならない。

後者については，首相の下に，新しい行政改革機関を設立し，そこを中心に行動計画を立案・設計し，行政管理庁をそれに関与させるやり方が考えられる。行政簡素化を半永続的に追求する専従スタッフを擁した新しい特別専門機関ないしタスクフォースの設置が問題となるのである。これは，補償原理（既存の行政改革関連機関の一部整理）に立つかぎり，魅力的な選択肢でありうる。ただし，委員の規模，構成をどうするか，また専門知識・スキルを有する専従スタッフをどこから，その程度の規模で募集するのか，当該専門機関への権限の賦与をどうするかなど，実務レベルの課題は残る。また，この新設機関の主務官庁を，どこに（内閣府か，総務省か），どのようなかたちで（内局か外局か）設置するのか，悩ましい問題が発生する可能性もある。

いずれにも一長一短があり，むずかしい決定になるが，わが国が行政簡素化で他の先進国に立ち遅れているのは事実であり，早急にこれを推進する担当機関を設置する必要がある。理想的には，総務省の規制・行政改革を担当している機関・部局と，内閣府に設置されている同類の機関・部局を統合し，政治からアームズ・レンスの位置に立つ独立性の高い，半永続的な専門機関（外局）

を設置することが望ましいが，当面は内閣府の中に行政簡素化タスクフォースを起ち上げるのも一案であろう。

おわりに

　行政簡素化の手法は多様であり，その国情に合わせた簡素化手法が求められることはいうまでもない。だが，本書が提起している行政簡素化の戦略，手段，および制度・機関という3点セットでの，政府が一丸となった行革簡素化の推進という視点は魅力的であるばかりか，有効であり，実際このアプローチは着実に成果をあげつつある。

　ここで提起されている行政簡素化の戦略は，ミクロ・レベルからマクロ・レベルへのアプローチという点にその特徴がある。逆方向の行革で何度か失敗を経験してきたわが国にとって，こうしたアプローチは実施に値する試みであり，現在実施中の公務員制度改革等と一体で推進すれば，必ずや一定の成果が期待できよう。

　たしかにわが国は，簡素化戦略のレベルで相当大きな問題を抱えており（RIAの普及度の低さ，SCMのような規制負担の計測法の欠如），また簡素化手段を十分に整えているともいえない（プロセス・リエンジニアリングの不徹底，電子政府化の遅れ）。したがって，行政負担の削減目標の設定，とりわけ数値目標の設定は長期的な展望の下でしか実行できないかもしれない。だが，それは，わが国の規制改革を他のOECD加盟国から一歩も二歩も後退させ，ひいては日本政府の信頼度を低下させるおそれさえある。行政簡素化の数値目標の設定という点については，わが国独自の行政慣行や行政文化に「なじまない」との批判や反論が一部の政治家・官僚から寄せられよう。だが，明確な目標設定とその推進プロセスの監視がなければ，また透明性と説明責任が確保されていなければ，行政改革は実質的にはなんら進展しないのであって，これは不可欠な手続と認識すべきである。

　わが国の政府としては，とりあえず，RIAの推進，日本版SCMの設計と計

測の実施を図りながら（戦略レベル），数値目標の設定を試行し，同時に電子政府化（電子ベースのワンストップ・サービスの推進と前提条件としての規制のコード化），プロセス・リエンジニアリングなどの簡素化手段の開発とその利用の促進に努めるべきであろう。

わが国の規制改革の進捗度を，OECDの規制改革に関する国際比較研究に依拠して，1990年代から現在に至るまでの長期の視点で捉えて見ると，橋本政権でようやくOECDのなかの「中進国」の仲間入りをし，小泉政権でトップテンに近づく位置にまできたことがわかる。この間の規制改革がセイフティ・ネットなどの補完政策の欠落で格差問題をもたらしたのは事実であるが，この規制改革こそ，競争政策の推進や不良債権の処理と並び，日本経済の回復をもたらした原動力であったことを忘れてはならない。財政逼迫により政策自由度が奪われている中で，市場重視型の公共政策は基本的に誤っていなかったのである。

だが，他の先進諸国は，規制改革と連動させて，行政改革，政府の組織効率化，政策評価といった側面でも新しい段階を切り開きつつある。わが国も，中途半端のままに終わっている特殊法人・公益法人改革を含めて（規制ないし行政負担に関係している機関が多い），規制改革を行政簡素化に連動させ，両者を一体的に推進する必要がある。

21世紀の先進国の経済・社会は，ますます複雑さ，不確実性を増すであろう。そこで政府が，国民に健康で文化的な社会生活，安定した経済生活を保障するには，規制代替策を用いたとしてもなお安全性，健康・医療，環境といった面で規制の維持・強化は免れないところである。したがって規制の質の改善とその数の削減が図られなければ，その負担に民間活力が圧迫されかねない。「規制大国」を改造し，「効率的な政府」を構築する必要があるのである。わが国がこれを実現するには，財政改革（特別会計の整理など），政府組織の改革（市場化テスト等によるアウトソーシング，PFI，バウチャーなど）が欠かせないが，やはりその機軸になるのは規制改革およびそれとリンクした行政簡素化である。

とりわけ，日本経済の将来を支えるイノベーション政策の中でアントロプレ

ナーの不振が他の先進国に比べ目立っていることを考えれば，行政簡素化，とくに中小企業に対する行政遵守コストの削減は喫緊の課題であるといえる。

　読者のなかには，「構造改革の負の遺産，影の部分が明確になっているのになにをいまさら規制改革か」と反発する人や「日本経済は回復しており，もはや急進的な改革は不要である」と考えている人もいるかもしれない。だが，第２次土光臨調期の行政改革機運が，バブル経済で一気に吹き飛ばされたように，現下の景況が改革機運を損なっていないか自戒する必要があろう。先進国の規制・行政改革は着実に進んでおり，グローバル化，法・制度の標準化が進む中で，わが国だけが改革を先延ばしすることは許されない。改革の影の部分（格差問題など）が政治問題化しているが，効率と公平の問題はついに「程度問題」である。格差の固定化，社会正義の喪失，機会均等の崩壊などいくつかの重要な問題に留意しながら，セイフティー・ネットを整備しつつ，市場活用型の改革を前進させるべきであろう。

注
（１）　例えば，ビジネスの遵守コストを測る場合には，次のような手続が，最低限必要である。ステップ１は規制目録からの情報義務の抽出とその分解，ステップ２は関連する規制からの分離と分析すべき規制の確認，ステップ３は情報義務のタイプの分類，ステップ４は情報義務，データ提出義務，行政的な行動等の明確な区分，ステップ５は被規制者数（人口），情報義務に含まれているデータ提出義務とその頻度（義務履行の回数：年度ベース），ステップ６はビジネス・インタビュー（個人，グループ，電話，多様なアンケート等）の準備（ガイドラインの作成）と専門家によるその評価，ステップ７は費用パラメーターの推定（ビジネス内部で対処する場合の時間，時間価値，固定費，また外部に委託する場合の時間，時間価値，および他に規制情報の取得等に要した費用），ステップ８はインタビューのための特定の（規模別）企業の選択，ステップ９は質問書の作成と送付，ステップ10はビジネス・インタビューの実施，ステップ11は時間，時間価値の規準化と各分野の資源評価，ステップ12は専門家を含めた算定された行政遵守コストの検討など，がそれである。少なくとも，こうした手続をすべての情報義務を伴う規制について実施し，それを総計し，それを分散分析にかけることで，はじめて一国レベルの遵守コストを推計できるのである。

（2）　電子政府の進捗状況については，これ以外にも，米国ブラウン大学の調査分析，また早稲田大学電子政府・自治体研究所の「評価ランキング調査」などがある。後者の最新のランキングによれば，日本は総合で4位ということになるが，OECDをはじめ国際機関との評価のズレが大きく，とうてい国際的に通用するものとは思えない。早稲田大学の「新指標」は，(1) ネットワーク・インフラの充実度，(2) アプリケーション・インターフェイス・オンラインサービス，(3) マネジメントの最適化，(4) ホームページの状況，(5) 最高情報責任者制度（CIO）の導入・評価，(6) 電子政府の戦略・進行状況，の6分野26項目を評価・検討しているが，利用者の観点から評価する視点が弱い。(2) と (4) でこれに関連する動き——(2) では，更新状況，情報公開度，関連リンク，多言語対応が，また (4) では電子入札，電子納税，電子投票，電子決済，ユーザー対応——が評価されているが，情報公開法の施行（2001年）にもかかわらず，公開されている情報は瑣末な情報が多く，国民にとって肝心な意思決定に関わる重要な情報はそう容易に閲覧・入手できない状態にある（例えば，公益法人，独立行政法人等）。また，アプリケーション・インターフェイス・オンラインサービスも，徐々に導入されているものの，国民や企業の利用度は相変わらず低い。そうした意味では，このランキングはわが国の電子政府化を過大評価しているといわざるをえない。

（3）　これは，情報通信技術が不連続に発展するときの，わが国の政府，公共事業体（NTT，NHK）に共通する対応の不手際といってよい。アナログ放送からデジタル放送への転換，固定電話からブロードバンド通信への移行においても，同様な不手際が目立った。

（4）　電子政府は，G2C (Government to Citizen)，G2B (Government to Business)，G2G (Government to Government) の三つの側面から成っている。電子認証，電子署名，セキュリティが電子政府の前提条件をなし，G2Cでは行政の情報公開，ワンストップ・サービス等による市民の行政負担の削減と利便性の向上が，またG2Bでは電子申請に加え電子調達，電子入札，および電子決済の利用の拡大が重要な問題となる。このいずれにおいても，わが国では設計および実際の利用面での取り組みが少数の先端省庁，自治体に限定されている。G2Gでは，文書の電子化と迅速かつ正確な情報取引の実現，情報の共有化，および事務作業の簡素化などによる行政の効率化が目標とされているが，電子認証基盤の整備面で一部進展があったものの（総務省による各省庁認証局，民間認証局のブリッジ認証），汎用電子申請の仕組みづくりは，コンピューター使用ソフトの不統一もあり，いまだ完成していない。政府への信頼を確保するための安全面でのセキュリティ技術も十分ではなく，住基ネットの利用も欧米に立ち遅れている。

（5） 新しい公共経営（NPM）の視点から見た行政改革論は，D. オズボーンの『脱官僚主義』という著作に代表されよう。そこでは「行政の遺伝子」を「改革のDNA」に変える五つの戦略が唱えられている。それは「五つのC」とも呼ばれ，核心戦略（行政の目的を明確にすること：Core Strategy），結果戦略（勤労インセンティブを設けること：Consequent Strategy），顧客戦略（サービスの受け手に対する説明責任を明確にすること：Customer Strategy），管理戦略（権限の範囲，帰属を明確に決めておくこと：Control Strategy），そして文化戦略（職員が持っている価値観，規範を変えること：Culture Strategy）から成っている。いささかゴロ合わせ的な観はあるが，包括的であり，行政改革の壁（行政慣行，行政文化を盾にとった官僚の抵抗）を突破する視点を提供している点で参考になる。

（6） この本は，OECDが，行政簡素化戦略を支える行政（規制）遵守コストの計測を加盟国横断的に行った最初の調査であるばかりか，ビジネス関係者，とりわけ中小事業者にとって行政簡素化が重要な緊急課題になっていることを知らせる重要な資料である。現在，OECDは先進国の重要な経済政策課題の一つとして，「イノベーションの促進」を挙げているが，中小企業がその重要な担い手になることを考えれば，その成功には行政簡素化が欠かせない。この本はそのことを証拠ベースで明確にしている点で重要なのである。

（7） 実際，規制影響分析の導入や電子政府の導入などで，こうした混乱状態が発生している。たとえば，RIAについては，総務省（政策評価局）が政策評価法を根拠にそのなかに規制政策評価を含めるかたちでRIAの取り込みを行っているが，また同時に内閣府（国民生活局）も公共料金を監視する立場からRIAガイドラインを作成している，といった具合である。わが国の規制・行政改革をさらに一歩前進させるためには，法的根拠，権限，機能が重複しがちな総務省と内閣府の関連部局を早急に統合する必要があるように思われる。

参考文献：

OECD（2006），*Modernizing Government: The Way Forward*.（平井文三『世界の行政改革』明石書店）

OECD（2002），*Regulatory Policies in OECD Countries: From Interventionism to Regulatory Governance*.

OECD（2004），*OECD Reviews of Regulatory Reform Japan: Progress in Implementing Regulatory Reform*.（山本哲三訳『脱・規制大国日本』日本経済評論社）.

OECD（2003），*From Red Tape to Smart Tape: Administrative Simplification in OECD Countries*.

OECD (1997), *Regulatory Impact Analysis: Best Practices in OECD Countries.*
UNPAN-DEPePA (2002), *Benchmarking E-Government: Global Perspective-Assessing the UN member states.*
SCM Network (2007), *International Standard Cost Model Manual: Measuring and reducing administrative burdens for businesses.*

用語解説

・イニシアチブ（initiative）

　一般的には，自発的に，率先して計画を立て，行動を起こし，ものごとをある方向に導く力のことを指し，主導権，主唱，先制，発議権，進取の精神などと訳されている。政治・行政学的には，直接民主主義の理念に基づく制度として，国や地方の有権者が一定数の連署による請求を通して，法律・条例の制定や改廃を提案することを意味していたが（「直接発案」，「住民発案」），間接民主制の下でも，住民の直接的な政治参加を意味する用語として定着した。ここでは，官に対し民の発意，主導という意味が守られているが，近年ではこの用語はさらに広義の解釈され，政府・自治体が主体となった戦略行動にも一般的に用いられるようになった。さまざまな地方自治体のローカル・イニシアティブ，小泉政権期の「日米投資イニシアティブ」，産業経済省の「感性価値創造イニシアティブ」などが，その事例である。主体を問わず，一般に戦略を立て（立案），政策や計画を練り，それを一定の指針に即して執行し，目標を達成するまでの一連の行為をイニシアティブと呼んでいる。本書では，文意が明確な場合には，構想，計画，政策などと訳しているが，微妙な場合は，イニシアティブとカタカナ表記している。

・イントラネット（intranet）

　イントラネットとは，限定された範囲（社内，官庁内，地域内）においてコンピュータ・ネットワークを構築するときに，インターネットの標準化された技術（通信プロトコル）を利用することで（LAN, WAN への TCP/IP の取り込み），低コスト化と同時にベンダー（情報の供給・販売者）の独立性を高めようとする取組み，およびそのようにして構築されたネットワーク（情報共有システム）のことを意味する。企業内イントラネットには，他の多くの企業も同じインターネット標準技術を用いていれば，対応製品の開発・製造・出荷で，またコストの削減（カスタムメイドよりもコストを低く押さえることができるので）で利点がある。こうしたイントラネット間の通信は，業務で使用される場合，セキュリティ，通信コストの観点から，インターネットではなく，独自の専用線で行われる場合が多い。フレームリレー・サービスなど，インターネットを通さずに，イントラネットを繋ぐサービスが広く利用されている。イントラネットの代表例としては，大手コンビニの POS が有名である。だが，最近では電子メールなどのインターネット・アプリケーション技術が導入されたこともあり，イントラネットは製造・流通業，金融機関といった枠を超え，ビジネス・サービスを提供する事務所，大学，教

育・研究施設，および行政（政府・自治体）に普及しつつある。

・SMS（short message service：ショート・メッセージ・サービス）
　携帯電話同士で短い文字メッセージを送受信できるサービス。日本のSMSとしてはNTTドコモの「ショートメール」や，auの「Cメール」などがある。事業者により規格が異なるため，同じ事業者の加入者の間でしか送受信できない。ウィルコム（旧DDIポケット）のPメールを皮切りに各社がサービスを開始した。SMSは，やがてNTTドコモのiモードメールの普及により，異なる事業者間でもメール交換が可能となった。いまや，SMSは携帯版Eメールへと移行・発展しつつある。

・カフカテスト（Kafka test）
　"less paper, more fun"をスローガンとする，ベルギーの行政簡素化のためのテスト。このテストによれば，最も不満の多い行政手続は，交通違反金の支払であり，ビジネス関係者に負わされる統計収集義務，建築許可の書類申請などがこれに続いている。このテストは，ターゲットを市民，企業または自営業，その他のターゲット・グループに分類し，それぞれについて結婚，雇用，税，もしくは起業や会計など，さまざまな分野において行政負担を測定し，簡素化を行っている。その結果，2年間でレッド・テープのコストを25％（17億ユーロに相当）も削減したと報告されている。

・簡素化テスト（Simplex Test）
　ポルトガルは，EUのリスボン戦略に則り，電子政府政策と行政簡素化政策を統括した簡素化プログラム計画を打ち出した。このプログラムを推進する主体としてタスクフォースUCMA（Coordination Unit for Administrative Modernization）が創設された。このUCMAは2006年に永続的な機関として位置づけられた。簡素化プログラムは，規制手続を簡素化することでビジネスの行政負担を軽減し，ポルトガルの産業競争力を強化することに主眼を置いている。プログラムは，簡素化テストと規制影響分析（RIA）から成るが，簡素化テストについては，2004年に，ベルギーのカフカ・テストから学んだといわれている。テストは，以下の4点から成り立っている。
　①規制政策とその代替策が新たに生み出す行政負担の評価
　②それがターゲット・グループに負わせるコストの定量分析
　③それが「優れた電子行政」の慣行に従っているかどうかの調整
　④体系的かつ一貫した法規の見直しプロセスの一部であることの証明

・官僚制の弊害是正計画 (Initiative to Reduce Bureaucracy)

国民の負担を緩和し,ドイツの競争力を向上させる戦略であり,連邦政府のイニシアティブのヘッドラインには,

・内閣はレッド・テープ(官僚形式主義)による規制を近代化すること
・政府は官僚制の是正を真剣に検討すること
・市民が当局に直にオンラインでアクセスできるようにすること
・政府は官僚制のジャングルを伐採すること
・無意味な行政を整理・処理すること
・行政を最小化すること

が挙げられている。また,五つの戦略的な行動領域として,労働市場(自営業者を含む),中小企業,R&D,市民社会(ボランティア活動領域を含む),およびビジネス関係者・市民への行政サービスを取り上げている。具体的には,住民登録法の簡素化(インターネット手続の導入),職業訓練改革,電子健康保険カードの導入(必要文書の7億枚削減),リサイクル・廃棄物処理法の改正,連邦建築法の改正,および司法を近代化させるための法律の作成などが進められている。

制度的には,戦略,目標,タイムリミットなど計画の中心部分は,政府から委託された「行政改革委員会(Committee of State Secretaries)」がこの計画の運営に責任を負うが,実際にはその下に置かれた「官僚制是正に関する事務局(Secretariat on the Reduction Bureaucracy)」が各省に簡素化の提案を出すよう指導し,各省の提案を取り纏め,それを選択し,執行状況を監視することによって,委員会を支援している。

ギアリング効果 (effect of the operational gearing)

ここでいうギアリング効果とは,会社の財務のなかで,固定費が売上高と営業利益の関係に及ぼす効果を指している。この概念はシンプルであるが重要である。

例えば,費用構造こそ異なるものの,同一の費用で,同じ売上高,利益をあげている,そういう二つの会社を想定しよう。

(単位:百万円)

	会社1	会社2
売上高	100	100
可変費	60	80
固定費	30	10
利　益	10	10

今,二つの会社の売上高が50%増加し,それに比例して可変費も50%増加すると仮定すれば,上の数字は

(単位:百万円)

	会社1	会社2
売上高	150	150
可変費	90	120
固定費	30	10
利　益	30	20

となり，会社1の利益は3倍，会社2の利益は2倍ということになる。ギアリング効果とは，固定費がこのように利益に及ぼす効果を指す。固定費の比率が高いと企業には高い利益率がもたらされるが，他面新規事業の開拓など，企業家精神が働かなくなるおそれがある

・規制影響分析 (Regulatory Impact Analysis：RIA)

　Regulatory Impact Analysis or Assessment の略称であり，規制が経済・社会に及ぼす影響ないし効果を定性的，定量的に分析するものである。1980～90年代に政府の効率化計画の一環として公共事業等の大型プロジェクトを中心に事前・事後の政策評価の流れが定着するが，RIAはそうした政策評価の規制政策版として位置づけられる。規制行政は一般行政の一大部分を占めているので，ここに政策評価が適用されることの意義は大きい。現在，ほとんどすべての先進国が，OECDをはじめとした国際機関の提言もあり，規制改革を推進するための重要な政策手段の一つとして，このRIAを用いている。RIAは，規制行政に政策意思決定プロセスの透明化，説明責任の強化，意思決定の質の向上（より効果的な政策措置の選択），公開性，市民参加による開かれた行政の推進など，ポジティブな効果を及ぼすものと期待されている。

・基線測定 (baseline measurement)

　基線（ベースライン）とは，規制影響分析（RIA）では，従来の政策がなんら変更されず，「現状のまま（status quo）」，もしくは「不作為（do nothing）のまま」事態が推移する場合の状態を指す。RIAではこれを基点に諸種の政策オプションが比較・検討され，もっとも効率的かつ効果的な政策が選択されることになる。その際，一貫性のある政策評価のモデル・計算式が作成され，それにデータが入れられ，各選択肢を同一のモデル式で定量的に分析することになるが，それを基線測定と呼んでいる。例えば，二酸化炭素排出量削減計画の場合では，その計画がなかった場合の排出量がベースラインとなり，それを基点にさまざまな政策選択肢（規制，課税，補助金，排出権取引市場など）の費用と便益が測定され，もっとも純便益ないし費用対策効果の大きい政策が選択されることになる。

これに対し，SCMではベースラインは初回に計測された総行政遵守コストとされ，それを基線にその後の遵守コストの変動が推計されることとなる。

・行政的規制（administrative regulation）

OECDは，規制を大きく経済的規制，社会的規制，および行政的規制の三つのカテゴリーに分類している。その定義によれば，経済的規制とは，価格設定，競争，市場参入・退出など市場における企業の意思決定に直接的に介入する規制であり，主に経済分野に影響を与えるものである。また，社会的規制とは，健康・安全，自然環境，および社会的結束など，「公共の利益」を保護する規制であり，広く市民・国民生活一般に影響を与えるものである。これに対し，行政的規制は，政府が情報を収集し，個人・企業の意思決定に直接・間接に介入するとき，それに伴い発生するすべての文書業務や行政手続を指している。介入分野やそれが影響・効果を及ぼす領域から区分された概念ではないことに注意を要する。

・共同体アキス（acquis communitaire）

EU加盟国が受容しなければならない，EU基本条約に基づく法体系の総体を指す言葉で，数千ものEU法から成り立っている。EU法には，①国内法に優先し，各加盟国に直接適用される「規制（Regulation）」，②各国の国内法を通じて拘束する「指令（Directives）」，③特定の加盟国・企業・個人を拘束する決定（Decisions），④拘束力のない「勧告，意見（Recommendations, Opinions）」など，拘束力が異なる4段階の法令がある。

・コード化（codification）

法規のコード化とは，狭義の意味では，一つの領域の一群の法規を，それらの内容を変化させることなく，単一の法律で置き換えることを意味する。だが，広義の意味では，ある特定の領域の法令を収集し，主題別に見直し，法律コードを作成するプロセスないし手続を意味している。1804年のナポレオン法典（市民法）が有名だが，イギリスのようなコモン・ローの国でも，海上保険等の判例は，古くからコード化されていた。現在の法律コード化の典型事例として，米国の公法が挙げられる。米国では公法が，法令速報（slip law），制定順法律集（session law）のかたちで，コード化されている。一般的な法律トピックスをベースに，連邦法規（公法）が1から50までのタイトル（法律表題）で区分されている。因みに，タイトル第18番では刑法，第28番では内国税に関する法令がコード化されている。

これに対し，規制のコード化とは，多くの場合，統計やコンピュータ処理での取り扱

いを容易にするために，また利用者の規制情報へのアクセスを容易にするために，規制を記号化し，体系化することを意味する。コード化の基礎となるデータベースを作成するに当たっては，実用性を高めるため，取り扱いやすさ（表記法），一貫性・体系性（重複の回避），エラーを検知・訂正する仕組みなど，一定の基準が求められる。規制のコード化に際しては，規制原理を見直し，改訂のプロセスで実用性の高い規制コード体系を構築する必要がある。そうしたコード化は規制の簡素化でも重要な役割をはたすのである。

・コミットメント（commitment）

「関与，委任，約束」などを意味する。責任を持って関わること，そのことを明言すること（言質を与えること），責任をもって約束することを指す。政治・行政分野で用いられる場合には，契約や交渉などに関係したり，声明や公約を指すときに用いられる。なお，金融分野では，通常，有価証券の売買や売買契約を指している。

・スマート・テープ（Smart Tape）

レッド・テープ（Red Tape）に対置するかたちで提案されたOECDの造語で，Specific, Measurable, Agreed, Realistic, Time-related Tape（特定された，測定可能な，合意された，現実的な，そして時宜にかなったテープ）の省略形と説明されているが（OECD (2005) *Modernizing Government: The Way Forward*，この名称を最初にタイトルに付した報告書（OECD (2002) *From Red Tape to Smart Tape: Administrative Simplification in OECD Countries*）では，smart は何の解説もつけられずに用いられており，文字通り「賢い」，「きびきびした」，「気のきいた」規制といったイメージで発想された用語と見て大過ないであろう。

・「製品市場規制」の指標（indicator of product market regulation）

OECDは，1990年代後半から，製品市場と労働市場の規制について，その厳しさの程度を示す指標を作成している。さまざまな詳細な規制データを，多段階アプローチで分析している。すなわち，まず，規制のフレームワークを構成する各要素に定量化コードを割り当て（定量化），ついでそれをストックされている規制データと加盟国へのアンケート調査結果を用い，一般的な分散に従いウェイトづけを行い，第一段階の指標を作成する。そのうえで，それを多変量解析を通して，summary indicator, overall indicator に要約していくのである。こうして開発された指標は，一連の規制要素間の相互関係の分析にとどまらず，OECD加盟国間の規制の度合いを比較する有効な手法として位置づけられ，OECDが加盟国の規制改革審査を行うときの有力な分析道具とされている。

この指標モデルはいまも進化しており，それがもたらす分析結果の客観性は増している。ただし，規制の質は多様な観点から分析可能であり，定量化になじまない側面を必ず残す。この点，OECDの指標は，そうした限界を見定めながら，規制を市場機構への相対的な親密度（relative friendliness）から捉えるという限定的なアプローチを採っており，相当信頼度は高いといえる。指標は，経済的規制については市場アクセス，投入・産出，価格の設定などでの企業の意思決定の自由度，国際通商，および投資などから，行政的規制については遵守手続，ビジネス・公衆に負わされている情報義務などから，労働保護規制については常雇・不定期の雇用などから作成されている。OECDはこの分析を通して，先進国間の規制の国際標準化は進展しているものの，国により経済的規制，労働規制にはいまだ大きな差異があること，競争を制限する経済的規制を行っている国は，一般的に行政負担の重い，また国有企業を有する国に多いこと，労働の自由化は国によりバラバラになされているが，共通の傾向として正規労働者の保護に手厚いこと，そして製品市場で競争制限的な規制を行っている国ほど労働市場の規制も厳しいことなどを指摘している。最後に，1998年時点での日本の製品市場規制および労働保護規制の一般的指標は，それぞれ1.5（規制緩和度，カナダと並び10位）と2.6（規制緩和度，17位）であった。製品市場規制についていえば，2003年に指標は1.3と低下しているが，順位は9位でほとんど変わっていない。

・「多チャンネル」配信サービス（multi-channel delivery service）
　ここでは，行政側が，利用者に対し公共サービスへのさまざまなアクセス手段を用意し，提供することを意味している。従来のカウンターや電話といったチャンネルにとどまらず，インターネット，e-メイル，SMS，デジタル・テレビなど情報技術を活用したさまざまなチャンネルを提供することにより，公共サービスおよび行政サービスを利用する人々の利便性の向上と満足度の向上を実現することをその目標としている。

・デジタル・ディバイド（digital　divide）
　パソコンやインターネットなどの情報技術（ICT）をめぐり発生する格差を指している。ICTに接することができる人々と接することができない人々の間に発生する格差（地域，貧富），またそれを利用するスキルおよび能力をめぐり発生する格差（処遇，待遇）などが指摘されている。だが，とりあえず克服されるべき課題は，情報インフラの未整備による地域間格差に代表される，いわゆる機会不均等の問題である。情報技術を使いこなせるか否か，またそれをどの程度使いこなせるかは，本人の努力によるところが大きいからである。こうした格差以外にも，この問題を先進国，途上国を含めた国際規模の情報技術格差問題として採りあげる事例もある（2000年夏の沖縄サミットの議題）。

だが，もともとこの問題は貧富の差や地域差が激しいアメリカで発生した問題であったことを考えれば，とりあえずは一国規模で解決すべき問題である。

・電子政府（E-Government）

　知識産業社会の到来を予想したうえで，それに見合う政府として，米国などの主要先進国で構想され，ICT技術の発展と並行するかたちで構築されてきた。ここでいう政府とは第一義的には行政府だが，最近では，立法府，司法府を含むかたちで，いわば広義の政府全体で電子政府化に向けた取り組みが進展している。電子政府が，知識産業の興隆に対応できる政府ということで構想されたことからも明らかのように，電子政府の役割は，民間経済主体の情報化社会に向けた挑戦の支援，投資のための環境整備（規制改革など），企業・市民への質の高い行政サービスの提供，（アウトソーシング，官民共同入札を含む）行政組織の効率化，政府の透明性の改善（情報公開）などにあるとされている。したがって，電子政府は，単に電子ベースの情報技術の利用，事務処理の電子化というにとどまらぬ行政改革をそのうちに内包していることになる。電子政府の下では，公共工事など政府の発注・調達業務，許認可・ライセンスから住民票登録に至るビジネスおよび市民生活に関連する各種の手続，および行政文書の管理などにコンピュータ・システムやインターネットが用いられることになる。したがって，行政の効率化，行政コストの削減，サービスの質の向上，より的確な民意の反映などが期待されるが，他面，セキュリティ，暗号化，電子認証，個人情報保護などで技術的・政策的課題が残されている。

・パブリック・コメント手続（Public Comment Procedure）

　行政機関が政策を法律・政令・省令等で策定するにあたり，事前にその案を公開し，広く国民から直接意見や情報を募集し，それを政策決定に反映する手続制度である。規制政策については，OECDのわが国規制改革に対する勧告もあり，平成17年6月，行政手続法の改正に伴いこの制度が導入された。法制化以前にも，「規制の設定又は改廃に係る意見提出手続について（平成11年3月23日閣議決定）」によって政府全省庁の統一ルールが形成されていたが，有名無実に近かった。新設のパブリック・コメント手続は，行政の意思決定過程における公正性の確保，透明性の向上，市民参加型行政の推進（国民・事業者等の多様な意見・情報を把握し，それを意思決定に組み込むこと）に貢献するものと期待されている。この手続の問題点として，行政側の提案が専門的にすぎ，文章も難解（お役所言葉）であること，募集期間が短すぎることなどが挙げられている。

・パブリック・コンサルテーション（Public Consultation）
　政策決定プロセスにおいて行政が，関連利害団体，専門家，有識者，および広く市民一般と協議，相談し，その意見を意思決定に反映する制度であり，市中協議とも訳されている。行政意思決定の透明化，行政への市民参加に資するものとして，いまや意思決定プロセスに不可欠な要素となっている。わが国に従来から設置されている審議会・委員会や行政主催の市民トークも，広義の意味では，市中協議の中に含まれるが，委員の選考・任命をめぐり，また「やらせ」問題などで，問題点も指摘されている。

・標準コスト・モデル（Standard Cost Model）
　政府の規制によってビジネス関係者および市民が負わされる遵守コストないし行政負担を定量的に測定する手法である。1993年にオランダ政府が開発し，定量分析を介し，行政的費用の削減目標値の設定が可能になったこともあり，EUで急速に普及し，いまや先進国で一般化している。遵守コスト推定のためのデータ収集は，主にアンケートやインタビューを通じて行われている。規制を，
　①情報義務の集団，
　②各集団のなかのデータ提供義務の群，
　③各群のなかの行政関連活動の束
といったかたちで，順次分解していき，それぞれの行政要求を満たすのに必要なコストを，価格，時間，頻度（被規制者数×1年当たり回数）の三つの要素を掛け合わせて計測する。標準コストモデルの基本公式は，

　　行政関連活動1単位当たりのコスト＝P（価格×時間）×Q（頻度）

で表わされる。規制を遵守するため，企業内の担当者が，1人が1日3時間働いたとしよう。時間価値が1万円，被規制者の数が10万人，情報義務に対応するのが年2回ならば，標準コストは60億円（3万円×20万）ということになる。オランダのSCMによる測定を見ると，税関系，財務会計，製品の安全性，保険関連，自然保護，公共料金，労働条件などが，標準コストの上位を占めている。因みに，欧州のSCMは，A群（EU法，国際法関連法規），B群（国際法規に影響を受けるが，執行は当事国に委ねられる法規），およびC群（一国内の法規）に3区分されている。

・プロセス・リエンジニアリング（Process Re-engineering）
　既存の経営方法，生産方法を批判し，抜本的にビジネスの仕組みやプロセスを見直す経営革新を「ビジネス・プロセス・リエンジニアリング」，略称して「リエンジニアリング」と呼んでいる。その目的は，ビジネスの流れを根本から見直し，理想的な作業の

流れ、組織の組み換え、新しい仕組みを作り出すことにあるとされ、単純な業務の見直しやカイゼンとは区別されている。また、リエンジニアリングはしばしば情報システム主導のSIS（戦略情報システム）を伴うが、SISはリエンジニアリングの一手段にすぎないものとされ、SISと区別されている。プロセス・リエンジニアリングは、業務内容やその流れを見直し、組織構造をそれに合わせて改革する点で、企業の業務行程・組織改革に関係しており、企業目標（効率化・最適化）の達成に貢献するものと期待されている。多くの場合、高度な情報技術を有力な手段として用いることが多い。米国産業復活の有力な経営手法として1990年代以降、広く知られるようになった。この経営革新の波が、行政領域に及んだものが、行政簡素化の一手段としてのプロセス・リエンジニアリングである。

・分散分析（Analysis of Variance：ANOVA）

複数の標本集団（通常、t検定が使えない三つ以上の標本集団）について、要因ごとに分類されたデータ群（標本集団）を比較し、その群が他と区別される群であるかどうかを検定する統計手法である。正規分布を前提にしているが、標本規模が大きいとき、三つ以上の標本間の差を検定するのに威力を発揮する。分散を分析するのではなく、分散を用いて標本間の平均値の有意差を検定する手法であることに注意を要する。ここでは、帰無仮説は「母集団の平均のどの組み合わせにおいても差はない」というかたちで立てられ、対立仮説は「少なくとも一つの組み合わせに差がある」ということになる。次のような手続に従い、平均からのズレ（分散）を分析することになる。まず、全体のズレを群間のズレと群内のズレの和で把握し、次いで順次、平方和、自由度、平均平方、F値を求めるかたちで分散分析表を作成し、仮説を検定する。ここで得られるF値が、有意（5%、1%）であるかどうかをF分布表を用いて検定するのである。ただし、1要因ではなく、二つ以上の要因となると、「交互作用」が加わり、分散分析表と検定式はやや複雑となる。ANOVAには、データ間に対応がない、もしくは対応があっても考慮しない要因分散分析とデータ間の対応を考慮して行う反復測定分散分析がある。

・米国の文書業務削減法（US Paperwork Reduction Act）

ライセンス、許認可に要する文書手続の簡素化を目標にした代表的な法案として、知られている。この法律は、個々の連邦政府当局に情報収集義務の分析・整理を課し、そこから連邦規模の情報収集予算（ICB）を引き出す、包括的かつ強制的なプログラムである。重要なことは、これが永続的なプログラムとして、1980年の成立以降、立法、政策立案プロセスに「埋め込まれてきた」ということである。1回かぎりのエピソードで終わるものではなかったのである（1998年、GEPA）。この法律により、連邦機関は公衆

から情報を収集するとき，行政管理予算庁（OMB）の承認を得なければならない。この法律の目的は，公衆が，連邦政府の要求に応え情報を提供する場合，そこで必要となる文書業務に煩わされることがないよう，情報提供・文書作成の負担を最小化させることに置かれている。連邦機関は，予算を認めてもらうためには，OMB に，自分の情報収集手法が必要な情報を公衆から入手するもっとも効率的な手法であることを示さなければならない。

・ベスト・プラクティス（best practice）

一般的にはもっとも経営効果をあげる効率的な実践手法，もしくは先進的な事業体の成功事例を指す。ビジネスや経営の世界では，ベスト・プラクティスは世界で最も優れていると考えられる先進企業の業務プロセス，業務推進の方法，ビジネス・ノウハウを意味する。他の先進企業の優れた経営手法を目標として用い，自社をその目標（理想的状態）に近づける経営管理手法として登場し，普及した。他との比較で確認された最良の実践手法は，それがモデル化されたとき，ベスト・プラクティスと呼ばれることになる。この概念は，行政の世界にも翻訳され，もっとも優れた行政手法，行政慣行，および行政の成功事例を「ベスト・プラクティス」と呼ぶようになった。因みに，OECD は，規制改革に関連して，RIA（規制影響分析）のベスト・プラクティスをはじめ，多くのベスト・プラクティスを定義している。日本政府も，総務省が「u-Japan（ユビキタス日本）ベスト・プラクティス事例集」を，また国土交通省が「ベスト・プラクティス：鉄道を元気にする34の取組」などを発表している。

・ボローニャ会議（Bologna Ministeral Conference）

先進国，中進国，途上国の50カ国が，2000年6月に，ボローニャに集まり，グローバル化のなかで中小企業が直面している問題を論じた会議である。会議は，経済のIT化，グローバル化が進むなかで，中小企業が新技術を採用し，競争力を高め，成長を維持するために何が必要かという観点から「中小企業政策に関するボローニャ憲章（Bologna Charter）」を承認した。また，イタリア政府を中心にした中小企業国際ネットワークの起ち上げが，それに枠組みを与えることになった。会議では，環境問題（環境規制との両立など）から教育問題（人材育成など），マーケティング（e‐ビジネスなど），金融問題（金融サービスへのアクセスなど），技術開発（環境技術など），資金繰りの問題（機関投資家との情報交換など），官民パートナーシップ（規制情報へのアクセスなど），はては中小企業政策の費用対効果の確保に至るまで，中小企業を振興するための問題が包括的に検討された。会議は，中小企業のグローバル市場への参入を促すため，中小企業間の国際的協力を，また政府には他国との間のグローバル・パートナーシップを推進

することを提言している。

・マリアンヌ憲章（Marianne Charter）

フランスのシラク政権は，国家改造のグランド・デザインを，公共経営と国家構造の現代化，行政手続の簡素化と行政サービスの改善，電子政府の発展，人材資源管理の刷新の四つの領域で設計し，2004〜2005年にかけて，各省に改革に向け戦略を練るよう要請した。マリアンヌ憲章は，このうちの第二の領域に，とりわけ行政簡素化に関連しており，企業・市民への行政対応の標準化，行政サービスの質の改善，公衆の要望の重視を目標にしている。憲章は六つの省でのパイロット実験の後，2005年1月，分権化された公共サービス群に一般的に適用され，新たな行政理念として普及を見ることになった。この憲章により，行政には，市民および企業の要望に誠実かつ迅速に応え，不満・苦情にきちんと対処し，利用者の要望に耳を傾けるなど，一連の努力が求められた。すなわち，省庁をはじめとした公的機関は，この憲章に基づき利用者アクセスの容易化，厳格・公正な行政運営，行政決定の透明化などに努めなければならないことになった。マリアンヌ憲章は，その副題 "顧客満足の確保に向けて（Making towards guaranteed customers satisfaction）" が示すように，行政サービスを顧客指向型のそれに変えることを一大目的にしている。現在，2,100を超える政府機関や司法機関がこの憲章を遵守しており，行政対応が大きく改善されたと報告されている。

・MISTRAL

1994年，オランダ政府は，企業の行政負担を測定するため，MISTRAL（Measuring Instrument Administrative Burdens）計画を打ち立てた。この手法は，次の三つの段階，すなわち (1) ビジネスと行政当局との間での「データの譲渡ないしやり取り（例えば，文書，電話通信，検査など）」について詳細な分析がなされる段階，(2) 各データの譲渡・やり取りに要する時間とそれに要する人数，および人件費（外部専門職および内部担当者の賃率）が決定される段階，(3) データがコンピュータ処理されて行政遵守コストが測定される段階で，機能することになる。MISTRALは，ボトムアップ・アプローチであり，導入された当初はかなり労働集約的な作業となった。法規によって要求されるすべての行政行動を詳細に調査し，それを基礎に行政遵守コストのベースラインを設定する必要があったからである。ベースラインは，第三者機関が，規制に影響を受けるビジネス関係者や規制当局との協議を参考にしながら，観察した遵守コストの「平均値」を基礎に計測した。MISTRALは，さまざまな法律や規制の行政遵守コストを，また情報義務の評価を定量的に分析するのに用いられており，その対象領域は，労働法関連，税金関連（企業財務会計，法人税），社会保障関連，環境法関連の分野にまで及

んでいる。最近では，すべてのオランダの省庁は，ビジネスに課されている行政負担を削減するため，法規を整理・統合するとき，MISTRALによる測定結果を用いることになっている。

　MISTRALは省庁に，
　①立法によって企業が負う行政負担の程度を正確に評価すること
　②新規規制案や代替案について，行政負担を事前に評価すること
　③ある政策分野において行政負担削減のための最適な戦略を発見すること
　④一定の政策分野のさまざまな関係者から約束や承認を取りつけること
　⑤すべての規制や法律による負担の削減度合いを年度単位で測定すること
を可能にする手法として高く評価されている。

・リスク・ベースのアプローチ（risk based approach）

　主に米国やイギリスで，金融分野，公衆衛生・安全性に関わる分野（医薬品，食品・飲料など）における規制およびその点検・検査で用いられているアプローチであり，リスク管理の技法をその基礎に置いている。規制影響分析（RIA）の費用便益分析に適用される「比例性の原則（費用が便益を上回るような規制は改廃されるべきである，という）」から見ると，社会的規制や環境規制のなかには，不必要になったものや，成果のわりに複雑で，コストのかかる規制も多い（過剰な規制）。こうした状況に対し，確率論的なリスク評価に基づき，問題の発生確率が極端に低い予防的な規制を見直そうという動きが広まり，米国の食品医薬品局（FDA），イギリスの金融サービス庁（FSA）などで，こうしたリスク・ベースのアプローチが公然と採られるようになった。OECDも最近これを公式に推奨している。イギリス政府は，レッド・テープの削減を目的にした2006年の規制改革法改正に際し，リスク・ベースのアプローチを一般的に採用している。

・レッド・テープ（Red Tape：行政形式主義・繁文縟礼）

　一般的には，ほとんど意味のない，形式的な行政文書，細かすぎ，複雑すぎる手続，もしくはそうした文書および規則の束を意味する。ここでは，妥当性を失った，厄介な行政慣行，とくに不必要な規制負担をビジネス界や市民に負わせている行政慣行を指している。したがって，レッド・テープとは形式のみを重んじた不要かつ煩瑣な行政手続，もしくはそれにより行政の運営が非効率（遅滞・延滞）に陥っている状態，ないし利用者（ビジネス関係者，市民）が要らざる行政負担を負わされている状況を指している。レッド・テープ（Red Tape）という用語は，H. カウフマン『レッド・テープ：その起源，使用法，および濫用』（1987年）の出版を契機に，行政学，とりわけ「新しい公共経営NPM」理論で急速に普及した概念であるが，もともとは膨大な公文書を束ねる

「赤いリボン」(イギリス)にその語源を発している。

・ワンストップ・ショップ(One-stop Shop)
　関連する商品やサービスをすべてそろえた総合店舗を指す。例えば，固定通信サービスから，携帯・ブロードバンド・通信サービスまで包括的に提供している情報通信キャリアや，預金から，投資信託，株式・債権，保険まで扱うユニバーサル銀行が，これにあたる。行政分野においては，電子化や広域連携によって，ビジネス関係者や市民による行政への要求にすべて応えられる総合サービス・センターを指すことになる。複雑な行政手続きを一箇所で包括的に行うことから，これを通した行政サービスは費用削減と利便性の向上をもたらすものと期待されている。なお，これを，電子政府に応用すると，利用者にとっては一カ所にアクセスしさえすれば必要なすべての情報・関連情報を入手できるような制度(単一窓口制度)が望ましいということになる。

あとがき

　本書の翻訳のきっかけは，2007年3月，OECD東京支部で開催されたジョセフ・コンヴィッツ Josef Convitz 氏の「行政改革に関する講演」にある。コンヴィッツ氏は，その講演で諸外国の事例を紹介しながら，行政簡素化の必要性，標準遵守コスト・モデルの有効性について熱心に論じた。

　彼は，OECDパブリック・ガバナンス部局の「規制管理および改革委員会」を率いているチーム・リーダーであり，かって私がOECDコンサルタント（2004年）を務めたとき，彼が率いたOECD規制改革チームによる対日規制改革モニタリング調査（2004年に実施され，その報告書は『脱・規制大国日本』として邦訳されている）に協力し，一緒に仕事をしたことがある。そうした縁が，本書翻訳の一つの契機になっている。

　だが，それだけではない。OECD規制改革チームは，2004年の時点ではRIAの導入・普及に規制改革の一大焦点を置いていた。最近でも，2007年のAPEC-OECD競争政策会議（ジャカルタ）で，OECD競争政策委員会は，APEC諸国にRIAの導入を強く提唱している。

　ところが，RIAは，とりわけ応用一般均衡モデルや消費者余剰法を用いた費用便益分析や政策の定量分析はそう容易ではなく，その歩みは遅々たるものである。一昨年9月，訳者は内閣府が作成した「RIAガイドライン」（英訳版），総務省（政策評価局）が作成したレポート「2005年度RIAの実施状況」，およびRIAの基礎データを記した一覧表（英語版）を携えてOECD事務局の規制改革チームを訪問した。そのときの話によれば，規制改革チームは，加盟国のRIAの進行状況についてウオッチしているものの，その質についての審査・評価については実施国まかせであり，情報を収集しているにすぎないとのことであった。定量分析のモデルの良し悪しから，データの品質まで含めて，規制改

革チームが加盟国のRIAシステムに言及するのは、スタッフの数からして相当むずかしい気がしたものである。実際、彼らのRIAをめぐる作業の焦点は非加盟国へのRIAの普及に置かれており、先進国向けの仕事は一段落している感があった。

だが、コンヴィッツ氏の講演は、それは私の勘違いで、RIAの推進は、RIAの一部をなす規制コストの測定というかたちで、すなわち標準コスト・モデルの開発とその利用というかたちで、EU諸国をはじめ、アングロ・アメリカン諸国でも着実に進んでいることを知らせてくれるものであった。たしかに、RIAのなかの便益の定量化・金銭価値化のほうは、規制の対象、種類、タイプ等により、方法論、モデル、計算式の設計からデータの使用法まで分析手法が多岐にわたり、そう簡単に共通のRIA品質評価法を見いだせるとは思えない。だが、規制コスト、とりわけ遵守コストについては、標準コスト・モデル（SCM）を基礎に今後はRIAの品質が評価されるようになろう。

本書は行政簡素化との関連で、標準コスト・モデルの意義、普及状況等についてかなり詳細に論じている。このことが、RIAの研究に取り組んでいる私に本書の翻訳を決意させたもう一つの理由である。ただし、基礎データのないところで、行政簡素化の重要な戦略である行政負担の事前評価システム、またその鍵をなす標準コスト・モデルの意義を論じられるものではない。そのために、本書は、OECDが初めて規制遵守コストを調査・分析した報告書 *Businesses' Views on Red Tape* の主要部分を追加翻訳し、添付している。

だがなんといっても、本書の翻訳を思い起った最大の理由は、わが国の規制改革、行政改革に停滞ないし後退傾向が見受けられることである。わが国の規制改革、行政改革は、原理・原則を明確にした上で、政策・戦略、政策手段、および制度・機関の3点セットで改革に迫るというOECDのアプローチに、またそれを具現している本書に多くの学ぶべき点があると思われたのである。

本書は、私が翻訳のすべてに責任を負うものであるが、ビジネス調査報告書の取りまとめと用語解説で大学院生の林承煥、村岡浩次両君の助けを借りている。両君に感謝したい。最後になるが、いつもながら、この翻訳作業を暖かく

見守ってくれた日本経済評論社の谷口京延氏，および変則的な翻訳書になることについてOECD本部との調整に労を傾けてくれたOECD東京支部の小野田迅児氏に深甚の感謝の意を表したい。

2007年12月末日

【訳者略歴】

山本　哲三（やまもと・てつぞう）
1947年生まれ
1974年北海道大学大学院経済学科博士課程（中退）
ケンブリッジ大学客員研究員，OECDコンサルタントを兼任し
現在，早稲田大学商学学術院教授
主要著作　『M&Aの経済理論』（中央経済社，1997年），『最適規制』（監訳，文真堂，1998年），『ネットワーク産業の規制改革』（編著，日本評論社，2001年），『規制改革の経済学』（文真堂，2003年），『成長の持続可能性』（編著，東洋経済新報社，2005年）『脱・規制大国日本』（翻訳，日本経済評論社，2006年）など

世界の行政簡素化政策──レッド・テープを切れ──

| 2008年3月20日　第1刷発行 | 定価（本体2800円＋税） |

編　者	ＯＥＣＤ
訳　者	山　本　哲　三
発行者	栗　原　哲　也

発行所　㈱日本経済評論社
〒101-0051　東京都千代田区神田神保町3-2
電話 03-3230-1661　FAX 03-3265-2993
info@nikkeihyo.co.jp
URL：http://www.nikkeihyo.co.jp
文昇堂印刷・美行製本

装幀＊渡辺美知子

乱丁本落丁はお取替えいたします．
Ⓒ YAMAMOTO Tetsuzo 2008　　　Printed in Japan　ISBN978-4-8188-1967-2

・本書の複製権・譲渡権・公衆送信権（送信可能化権を含む）は㈱日本経済評論社が保有します．
・JCLS　㈱日本著作出版権管理システム委託出版物）
本書の無断複写は著作権法上での例外を除き禁じられています．複写される場合は，そのつど事前に㈱日本著作出版権管理システム（電話03-3817-5670、FAX03-3815-8199、e-mail: info@jcls.co.jp）の許諾を得てください．

脱・規制大国日本
—効率的な政府をめざして—

OECD編・山本哲三訳

A5判 二八〇〇円

規制改革とは、政府が戦略的になること。規制改革は日本をどこまで変えたのか。構造改革は経済回復に貢献したのか。

市場か政府か
—21世紀の資本主義への展望—

山本哲三著

四六判 二九〇〇円

レーガンの規制緩和やサッチャーの民営化政策等欧米の実験と問題点をとりあげ、規制緩和と民営化が推進された歴史的背景を整理し市場と政府のあり方を分析する。

プライスキャップ規制
—理論と実際—

OECD編・山本哲三訳

四六判 二八〇〇円

公共事業における公正な利益配分・報酬率・競争を促すためのプライスキャップ規制とは。各国の事例を集めたOECDの報告をふまえてその特徴、意義および課題を理論的に整理。

成長か衰退か
—日本の規制改革—

OECD編・山本哲三訳

A5判 二八〇〇円

日本は規制改革をどう進めるべきか。わが国の規制システムの現状と規制改革の経緯を踏まえ、ラジカルかつ有益な勧告がOECDから提出された。日本はこれにどう応えていくのか。

構造分離
—公益事業の制度改革—

OECD編・山本哲三訳

A5判 二八〇〇円

公共事業の規制緩和は構造分離という新段階に入った。競争促進のためには構造措置の検討が不可欠である。ユニークな組織改革を実行できるかどうかが日本の将来を決める。

世界の規制改革（上・下）

OECD編・山本哲三・山田弘監訳

A5判 各五五〇〇円

規制改革は経済全般にどのような効果をもたらすのか。OECDの規制改革を分野別に検討し、政府規制の質の向上、公的部門の改革、そして消費者利益・イノベーションの促進に向けた政策を提言。

（価格は税抜）

日本経済評論社